BUY BIO

Bye~
Zombie
Bio

BUY
바이 바이오
BIO

K - 바 이 오
투자의 맥을 짚다

민경문 지음

Buy!
BlueChip
Bio

어바웃어북

'바이오포비아'에서 벗어나
BUY BIO를 준비해야 할 때

"좋은 바이오 종목 있으면 찍어줘!"

"○○바이오, 이번에 FDA 신약 승인될 거라는데 지금 들어가도 되니?"

"○○테라퓨틱스의 임상 2상 데이터는 '호재'로 보면 되는 거지?"

제약/바이오 담당 기자로 일하다보면 주변에서 이런 질문을 많이 받는다. '대박'이 날 만한 내부자 정보를 기대했던 것일까. 묻는 이의 상당수는 생명과학이나 약학 전공자가 아닌 일반투자자들이다. 업종 이해도가 낮은 상태에서 고수익을 추구하다보니 '찌라시'나 '리딩방' 등에 의존한다. 직접 '공부'하기보다는 누군가 정보를 떠먹여주길 원한다.

이는 신약개발로 점철되는 바이오 업종의 특성과도 무관치 않다. 국내 바이오텍 대다수가 실적이 없으니 재무제표 수치를 따지는 건 무의미하다. R&D 기술력을 파악하기에는 관련 용어부터 너무 어렵다. 당장 임상시험 데이터를 해석하는 일부터 난제다. 그렇다고 매번 관련 논문을 찾아 읽고 학회나 컨퍼런스에 일일이 참석할 수도 없는 노릇이다.

거의 모든 업종의 투자환경이 '기울어진 운동장'이라지만, 바이오는 기울기가 좀 더 가파르다. 검증되지 않은 기술을 가진 바이오 기업의 주가가 폭등과 폭락을 반복하는 이유다. 펀더멘털(fundamental)이 취약한 만큼 주가 변동성은 여타 업종과 비교할 바가 아니다. 이 과정에서 '묻지마 투자'에 나선 개미들은 폭탄 돌리기의 피해자가 된다. 이른바 정보 비대칭이 난무하는 K-바이오의 현주소다.

필자는 '비전공자'들도 바이오 투자를 위한 자가진단이 필요하다고 생각했다. '매수' 또는 '매도' 버튼을 누르기 전에 마지막으로 점검해야 하는 체크리스트와 같은 툴(tool) 말이다. 'R&D'나 '사이언스'에 대한 식견도 중요하지만 좀 더 익숙한 정보를 활용해 바이오 기업의 면면을 따져보고 싶었다. 이는 공시, 뉴스 그리고 IR 속에 숨겨져 있는 다수의 지표들을 어떻게 해석하느냐의 문제이기도 하다.

기업 지배구조가 어떻게 구성돼 있는지, 핵심 경영진이 얼마나 자주 교체되는지 등의 지표가 바로 그것이다. 회사가 외부에서 조달한 자금을 어떻게 쓰는지는 내부 통제 정도를 가늠하는 척도가 된다. 보유현금과 버닝 레이트(burning rate)의 상관관계를 따져보는 건 사업의 지속가능성과 밀접하게 맞닿아 있는 연결고리를 찾아내는 작업이다. 중요한 건 이러한 정보들은 일반투자자 입장에서 그렇게 '비대칭적'이지 않다는 사실이다.

기존 바이오 관련 도서들은 신약개발의 최신 트렌드나 기술을 설명하는 데 상당한 지면을 할애한다. R&D가 어려운 만큼 R&D를 먼저 이해해야 한다는 전제가 깔려 있다. 하지만 '전공자'라고 해도 학교에서 배운 이론만

가지고 신기술로 무장한 바이오 기업들의 투자가치를 판단하긴 어렵다. 주가에 영향을 미치는 임상시험 결과나 기술이전(라이선스아웃, license-out)을 회사가 공개하기 전에 섣불리 예단해서 투자했다간 곤란한 상황으로 이어질 수 있다.

임상 3상을 진행한 국내 바이오 기업들이 결과적으로 어떤 상황을 맞이했는지 기억할 필요가 있다. 필자는 지난 2019년부터 팬데믹 시기를 거쳐 2023년에 이르기까지 K-바이오 업계가 거품의 시기를 지나고 다시 그 거품이 무너지는 모든 과정을 제약/바이오 전문기자의 시선으로 지켜봤다. 이를 통해 어떤 바이오 기업들이 위기에서 살아남았고, 또 의미 있는 성과를 이어왔는지 분석했다. 그런 의미에서 이 책은 지난 5년의 제약/바이오 업계를 취재한 탐사보고서라 하겠다. K-바이오는 시행착오를 거치며 시나브로 성숙해지고 있다.

책을 통해 국내 바이오 업계의 모순과 편견을 깨고 싶은 바람도 있다. 바이오 기업 대주주가 지분을 파는 것을 무조건 악재로만 받아들이거나, 파이프라인 숫자를 늘리면 기업가치가 올라간다고 믿는 투자자들이 여전하다. 기술이전한 파이프라인이 반환되면 마치 실패한 기업으로 낙인찍는 단순한 접근법도 지양해야 한다. 이 과정에서 미디어들이 바이오 기업들을 얼마나 '과대포장'해 왔는지도 따져볼 필요가 있다.

시중에 나와 있는 대박나는 투자비법을 담았다는 책들을 펼쳐보면 허망하기 그지없다. 아무리 눈을 씻고 봐도 특별한 투자비법을 찾아볼 수 없다. 혹여 투자비법이란 게 있다 하더라도 세상에 공개된 순간 더 이상 비법(秘法)이 아니지 않을까. 실제로 대박 나는 투자비법이 담겼다는 책을 읽고 주식부자가 됐다는 얘기를 들어본 적이 없는 건 비단 필자만일까.

이 책은 물론 수익 대박을 위한 바이오 투자비법을 제시하지 않는다. 당연히 특정 종목을 찍는 데 초점을 맞추지도 않는다. 바이오 기업들의 불확실한 주가 상승 잠재력(upside potential)에 베팅하기보다는 이들의 하방위험(downside risk)을 최소화하는 데 있어서 꼭 알아둬야 할 핵심 포인트를 짚는 데 방점을 찍었다. 이 책의 집필 방향이 바이오 기업들의 지속가능한 경영과 직결되는 이유다.

투자자들은 바이오를 향해 실현불가능한 대박의 '꿈'을 키우거나 거의 모든 정보가 사기라는 부정적인 '벽'을 쌓는 일을 이제 그만 멈춰야 한다. 대신 '옥석'을 가리는 혜안을 길러야 한다. 책의 제호를 '바이 바이오'라는 중의적 의미로 정한 건 이 때문이다. 자가진단을 통해 문제가 있는 바이오 기업은 걸러내고(Bye Bio), 장기적으로 투자가치가 충분하다고 판단되는 바이오 기업을 골라내야 한다(Buy Bio)는 뜻에서다. 여기에는 다소 부침은 있겠지만 결국 바이오 헬스케어 산업이 우상향할 것이라는 믿음이 깔려 있다.

책 집필을 앞두고 K-바이오 산업에 대한 치열한 고민거리를 던져준 박병준 가신길TV PD와 졸고를 마지막까지 꼼꼼히 점검해준 이원범 어바웃어북 에디터에게 지면으로나마 감사드린다. 지난 1년간 휴일에도 책 쓴다고 가장 노릇 제대로 못한 남편을 지켜봐준 아내와 소율이, 지홍이에게 많이 사랑한다고 전하고 싶다.

2024년 겨울
광화문에서

C O N T E N T S

CHAPTER · 1

K-바이오텍, 암흑기 혹은 과도기

CHAPTER · 3

바이오텍 기업가치의 베일을 벗기다

바이오텍 투자 타임? 리스크 진단 타임!

CHAPTER · 5

차세대 바이오텍의 새 주인은 누구인가

BUY
BIO

권두특집

권두특집 1

바이오 필드에도
봄은 오는가

〉〈〉〈〉〈〉 바이오 반등? 금리의 문고리에 달렸다 〉〈〉〈〉〈〉

바이오 업계에 '겨울'이 올 거라고 SNS상에 글을 남긴 게 2021년 일이다. 그동안 바이오 기업 임·직원뿐만 아니라 투자자까지 모두 3년 여 동안 기나긴 동절기를 보내온 것 같다. 주가 하락으로 인해 자금 조달이 어려워진 일부 상장사들은 지속가능성을 위협받고 있다. 이는 고스란히 비상장 바이오 기업들의 펀딩 부진으로 이어졌다. 투자자들은 오롯이 손실을 감내하는 중이다.

업계에서는 해마다 코스닥 퇴출리스트에 오를 것으로 예상되는 바이오 기업들이 거론된다. 이는 좀비바이오(76쪽) 증가로 이어질 공산이 크다. 하지만 이러한 상황을 나쁘게만 받아들일 필요는 없다. 썰물이 빠졌을 때 비로소 누가 벌거벗고 헤엄쳤는지 알 수 있는 법이다. 겪어야 할 건 겪고 넘어가야 한다는 얘기다. 이 책의 핵심 주제이기도 한 '옥석가리기'를 위해서라도 중요하다.

여기저기에서 바이오 업황에 대한 긍정적 시그널이 포착되곤 있지만 지난 3년과 다른 반전을 기대해선 곤란하다. 모태펀드* 예산이 소폭 오르긴 했지만 제약/바이오에 대한 정부 차원의 적극적 지원 가능성은 높지 않다. 반도체나 2차전지 등에 비하면 '후순위'인 것만은 분명해 보인다. 오히려 2023년 말 파두(143쪽)의 뻥튀기 상장 논란 이후 바이오 기업 IPO를 향한 '유탄'을 우려해야 할 처지다. 기술성 평가 허들이 다시 높아질 수도 있다.

그럼에도 불구하고 국내 제약/바이오 업계를 둘러싼 시장의 관심은 여전하다. 다소 부침은 있겠지만 헬스케어 산업이 꾸준히 우상향할 것이라는 투자자들의 믿음이 자리잡고 있다.

2025년부터 65세 이상 고령인구가 전체 인구의 20%를 넘는 '초고령 사회'에 진입한다는 사실은 당장 우리가 마주한 현실이다. 이에 따라 대기업을 위주로 단기성과 중심의 사업에서 벗어나 장기적인 관점에서 바이오 등 원천기술에 대한 R&D 투자를 늘리고 있다.

아울러 바이오가 기나긴 겨울을 벗어나 봄의 전조를 알리는 시그널이 감지되고 있다. 그 중 하나는 '금리'다. 미국에 이어 한국은행이 기준금리를 올리기 시작했을 때가 2021년 8월이었다. 이때부터 1년 6개월간은 금리상승의 시기였다. 0.5%였던 기준금리가 2023년 1월 3.5%까지 치솟았다. 주목할 점은 해당 기간 국내 제약/바이오 기업들도 부진을 면치 못했다는 사실이다.

바이오 기업 대부분은 당장 안정적인 수익을 내지 못하는 만큼 임상 등 R&D에 필요한 자금을 외부에서 조달해야 한다. 보통 대출(debt)이나 주

---

* 정부가 기금 및 예산을 벤처기업 또는 창업투자조합에 직접 투자하지 않고, 벤처캐피털에 출자하는 '상위의 펀드(fund of funds)'를 말함.

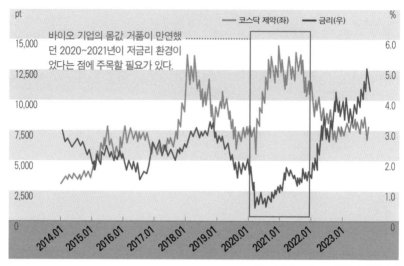

⋊⋉ 10년물 미국 국책금리와 코스닥 제약 지수 추이

바이오 기업의 몸값 거품이 만연했던 2020~2021년이 저금리 환경이었다는 점에 주목할 필요가 있다.

— 코스닥 제약(좌) — 금리(우)

자료 : FnGuide, FRED, 키움증권 리서치센터

대부분의 바이오 기업이 수익을 내지 못하는 만큼 임상 등 R&D에 필요한 자금을 외부에서 조달해야 한다. 보통 대출이나 주식 발행을 통해 이뤄지는데 이 과정에서 이자 등 조달 비용이 발생한다. 금리가 높으면 같은 현금을 확보하더라도 비용 부담이 커질 수밖에 없다. 고금리 상황일수록 바이오 기업의 밸류에이션 하락이 불가피한 이유다.

식(equity) 발행을 통해 이뤄지는데 이 과정에서 이자 등 조달 비용이 발생한다. 만약 금리가 높아진다면 같은 현금을 확보하더라도 비용 부담이 커질 수밖에 없다. 고금리 상황일수록 바이오 기업의 밸류에이션(valuation, 기업가치) 하락이 불가피한 이유다. 바이오 기업의 몸값 거품이 만연했던 2020~2021년이 저금리 환경이었다는 점에 주목할 필요가 있다.

2023년 초 고점을 찍었던 국내 기준금리는 2023년 12월 현재까지 7연속 동결로 이어지고 있다. 그리고 이제는 금리인하를 둘러싼 논의도 감지되고 있다. 포문을 연 것은 미국 연방준비제도(Fed, 연준)였다. 2022년 3월부터 2023년 7월까지 11차례 금리인상을 단행했던 연준이 9~11월 금리동결 이

후 2024년 금리인하를 예고한 것이다.

이처럼 공격적인 금리인상 사이클이 사실상 끝났다는 시그널은 바이오 같은 성장주로선 호재가 아닐 수 없다. 2019~2021년의 저금리 수준까지는 아닐지라도 당장의 자금 조달 비용을 낮출 수 있을 것이라는 기대감이 크다. 아울러 라이선스 거래와 같은 사업개발 영역과 바이오 기업 간 인수합병(M&A) 활성화에도 우호적인 환경을 조성할 것으로 보인다.

⟫⟫⟫ 비만이 바이오를 살찌운다 ⟪⟪⟪

항암제나 뇌질환 치료제(CNS) 등으로 점철된 국내 신약개발 업계에 비만 치료제가 화두로 떠오른 점도 시장 반등의 기폭제가 되고 있다. 2023년 전 세계 제약/바이오 업계를 강타한 키워드 역시 비만 치료제가 단연 1순위로 꼽힌다. 특히 당뇨 치료제로 개발됐지만 체중조절 효능이 확인되면서 비만 치료제로 변모한 'GLP-1(글루카곤 유사 펩티드-1) 유사체'가 글로벌 의약품 시장을 휩쓸고 있다. 2017년 최초의 GLP-1 비만 치료제로 허가받은 삭센다 이후 위고비, 마운자로를 비롯한 비만 치료제가 연이어 출시됐다.

업계 쌍두마차인 덴마크의 노보 노디스크(Novo Nordisk)와 미국 일라이 릴리(Eli Lilly)의 매출은 폭발적으로 증가했고 주가도 급등했다. 노보 노디스크는 유럽시장에서 가장 몸값이 비싼 회사가 됐다. 글로벌 제약사를 중심으로 비만 치료제 물질을 둘러싼 기술도입 거래도 크게 늘고 있다.

최근에는 GLP-1 비만 치료제가 심혈관 질환과 염증, 치매 환자에게도 효능이 있을 것이라는 연구결과까지 나오고 있다. 실제로 위고비가 후기 단계 실험에서 심장병과 뇌졸중 위험을 20% 감소시켰다는 결과가 발표되기

⚔ 글로벌 비만 치료제 시장 전망

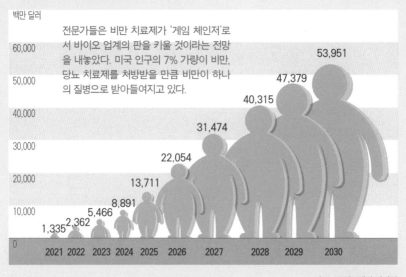

백만 달러

전문가들은 비만 치료제가 '게임 체인저'로 서 바이오 업계의 판을 키울 것이라는 전망을 내놓았다. 미국 인구의 7% 가량이 비만, 당뇨 치료제를 처방받을 만큼 비만이 하나의 질병으로 받아들여지고 있다.

연도	금액
2021	1,335
2022	2,362
2023	5,466
2024	8,891
2025	13,711
2026	22,054
2027	31,474
2028	40,315
2029	47,379
2030	53,951

자료 : 모건스탠리 리서치

도 했다. 국제 학술지 〈사이언스〉가 GLP-1 유사체 개발을 '2023 혁신적인 연구 성과(Breakthrough of the Year)' 중 첫 번째로 꼽은 이유다.

이 때문에 전문가들은 GLP-1 비만 치료제가 '게임 체인저'로서 바이오 업계의 판을 키울 것이라는 전망을 내놓고 있다. 미국 인구의 7% 가량이 비만 및 당뇨 치료제를 처방받을 만큼 비만이 하나의 질병으로 받아들여지고 있다. 위장장애 등 일부 부작용이 있긴 하지만 업계에서는 2023년 10조 원 규모의 비만 치료제 시장이 2030년에는 100조 원까지 늘어날 것이라는 전망이 제기되고 있다.

국내 제약/바이오 업계에서도 너나 할 것 없이 비만 치료제 시장 경쟁에 뛰어드는 분위기다. 다만 'another GLP-1'이 아니라 'post GLP-1'으로 가야 하는데, 대부분 패스트 팔로워(fast follower)* 전략에 주력하는 것 아니냐는 지적이 제기된다. 주사형만이 아니라 간편하게 먹을 수 있는 경구용 비만치료제 개발 그리고 월 1회 제형 등으로 투약 주기를 늘려갈 수 있느냐가 관건으로 지목되고 있다.

---

* 새로운 제품이나 기술을 빠르게 따라감. '퍼스트 무버(first mover)'가 새로운 제품이나 기술을 처음으로 시장에 출시하고 그 과정에서 시장을 개척하고 고객의 니즈를 파악한다면, 패스트 팔로워는 퍼스트 무버가 개발한 제품이나 기술을 빠르게 따라잡아 시장에 출시함으로써 시장을 선점하고 수익을 창출하는 전략.

제약/바이오, 가까운 미래 프리뷰

▶◀ 비상장 제약/바이오, 머지않아 자금 숨통 트일까 ▶◀

유동성 버블의 정점기였던 2021년 국내 비상장 제약/바이오/헬스케어 기업들이 시장에서 조달한 자금은 3조 원에 달했다. 이후 거품이 꺼지기 시작하면서 2022년 전체 조달 자금은 2조 원 정도로 줄었고, 2023년은 그 절반 수준인 1조 원 정도에 그친 것으로 나타났다. 자체 매출 없이 외부 펀딩에 의존해야 하는 바이오 기업으로선 최악의 춘궁기를 겪고 있는 셈이다.

일부 기업들은 예정된 임상계획을 줄이거나 인력을 감축하는 등 구조조정에 착수했다. '버는 돈'이 없으니 '쓰는 돈'을 줄여야 했다. 그러다보니 연구개발(R&D)이 메인인 바이오 기업 상당수는 존립 자체가 흔들릴 수밖에 없었다. 가진 돈으로 근근이 연명해야 하는 '좀비바이오'가 꾸준히 늘어난 이유다. 간혹 펀딩에 성공한 바이오 기업도 있지만 밸류에이션을 높여서 자금을 조달하는 건 '언감생심'이었다.

무엇보다 벤처캐피털(venture capital, VC) 등 기관투자가들이 자금 집행을 줄인 것이 영향을 미쳤다. 벤처투자 '큰손'인 연기금과 공제회의 벤처펀드 출자액이 큰 폭으로 감소했고, 모태펀드 예산 역시 2022년(5,200억 원) 대비 39.7% 감소한 3,135억 원으로 편성됐다.

상황이 이렇다보니 민간 출자도 보수적인 기조로 돌아설 수밖에 없었다. 그마저도 시리즈A 중심의 창업 초기 회사보다는 시리즈C 단계 이후의 바이오 기업에 후속투자(follow-on)하는 방식을 선호했다. 자금 회수를 위해선 아무래도 IPO 가능성이 높은 쪽으로 의사결정을 내릴 수밖에 없었다.

다행스러운 건 2023년 하반기를 지나면서 변화된 모습이 나타나고 있다는 점이다. 2023년 상반기만 해도 월평균 자금 유치액이 500억 원 안팎이었는데 같은 해 7월 이후에는 1,000억 원의 자금이 꾸준히 몰리고 있다. 11월 한 달만 보면 2,500억 원이 넘는 투자금이 비상장 바이오 및 헬스케어 기업에 유입된 것으로 파악된다. 단순히 '연말효과'로 보기 어렵다는 점에서 고무적이라는 의견이 나온다.

더 이상의 금리상승이 없을 것이라는 기대감과 함께 바이오 기업 창업자와 기존 주주들이 밸류에이션에 대한 욕심을 낮추기 시작했다는 점이 거래 성사에 긍정적으로 작용했다는 평가다. 일부 기관투자가들은 비상장 단계에서 피투자회사의 몸집을 키우기보다는 일단 낮은 밸류에이션으로 상장한 뒤 시가총액을 높여서 엑시트(exit, 자금 회수)를 단행하는 형태를 선호하기도 한다.

특히 VC 입장에서는 더 이상의 자금 집행을 미뤄서는 곤란하다는 분위기가 한몫하고 있다. 펀드 만기도 그렇지만 시장이 좋지 않다고 해서 드라이파우더(dry powder, 투자를 집행하지 않은 펀드자금) 상태로 자금을 묵혀두는 것이 한계에 직면한 것 아니냐는 분석이다. 2023년 상반기 대비 IPO 문턱이 조금씩 낮아지고 있다는 점도 의사결정에 일조했을 가능성이 높다.

물론 세부적으로 투자가 이뤄진 회사 면면을 보면 신약개발사를 중심으로 한 바이오보다는 헬스케어 영역에 좀 더 초점이 맞춰진 모양새다. 금액이 적더라도 꾸준히 현금 창출이 발생하는 의료기기 업체들에 대한 선호도가 높다는 점을 방증한다. 특히 2023년 하반기에는 AI(인공지능) 진단 관련 투자가 많았는데, 루닛, 제이엘케이, 뷰노 등 바이오에 AI를 접목한 상장사들의 주가가 호조를 보였다는 점과 무관치 않아 보인다.

그렇다면 가까운 미래에 비상장 제약/바이오 기업들의 자금 조달 여건은 어떻게 예상해볼 수 있을까.

일단 2023년 이후 상장 제약/바이오 기업들의 밸류에이션 변화에 주목할 필요가 있다. 코스닥과 코스피에 상장된 주요 제약/바이오 기업들이 포함된 2023년 말 KRX헬스케어 지수는 연초 대비 7% 이상 상승했다. 일부 바이오 기업들의 잇따른 글로벌 기술이전 소식과 함께 미국 현지에서의 신약 승인 성과 등이 업종의 투자심리(투심)를 자극했다는 분석이다.

2021년 대비 반토막 났던 미국의 S&P 바이오텍 지수도 2023년 하반기부터 변화된 모습을 보이고 있다.

유통시장의 주가 변화가 비상장 기업들의 밸류에이션에 반영되는 데는 시간이 걸리기 마련이다. 전문가들은 보통 6개월 정도 후행하는 경향을 보인다고 말한다. 상장 제약/바이오 기업들의 주가가 올랐다고 해서 비상장 바이오 기업들의 밸류에이션에 바로 변화가 생기는 것은 아니지만 시간이 지나면 긍정적인 영향을 기대해 볼 수 있다. 궁극적으로는 상장사 몸값이 높아져야 VC 등 기관투자가들도 자금 회수에 대한 기대감을 갖고 투자 집행을 할 수 있기 때문이다.

연기금과 공제회 등 기관투자가들의 자금 지원 역시 2023년보다는 전향적으로 이뤄질 수 있다는 기대감이 커지고 있다. 벤처캐피털 자금원의 핵심이 되는 모태펀드의 정부 예산안이 2023년(3,135억 원) 대비 2024년 4,540억 원으로 45% 증액 편성됐다. 정부 출자 은행 등도 이 같은 행보에 발을 맞출 가능성이 높다. 유망 R&D 기술력을 보유한 회사의 경우 정부 차원에서 유동성 공급을 이어가야 한다는 명분도 한몫을 하고 있다.

잇따라 조성되고 있는 K-바이오·백신 펀드도 비상장 제약/바이오 기업에 대한 자금 지원을 위한 마중물 역할에 나설 전망이다. K-바이오·백신 펀드는 세계적 수준의 혁신신약을 개발하고 이른바 '백신자주권'을 확보한다는 취지로 보건복지부와 국책은행이 초기 출자해 조성하는 펀드다. 그동안 1호 운용사인 유안타인베스트먼트가 1,500억 원 규모의 펀드를, 2호 운용사인 프리미어파트너스가 1,116억 원의 펀드를 조성한 바 있다. 2024년에는 1,000억 원 규모의 3호 펀드도 만들어질 예정이다.

미국 바이오 시장의 반등 여부도 관건이다. 그동안 줄곧 나스닥 등 현지 상장사들의 주가 흐름이 선행지표로 작용해 왔던 것과 무관치 않다. 다만

⊃⊂ 미국 바이오텍 IPO 추이

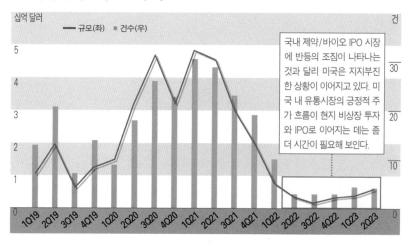

자료 : EvaluatePharma, 키움증권 리서치센터에서 재인용

국내 제약/바이오 IPO 시장이 조금씩 살아날 기미를 보이는 것과 대조적
으로 미국은 1년 넘게 지지부진한 분위기가 이어지고 있다. 미국 내 유통
시장의 긍정적 주가 흐름이 현지 비상장 투자와 IPO로 이어지는 데는 좀
더 시간이 필요해 보인다. 일단 지금의 금리인하 시그널이 미국 내에서 어
느 정도까지 현실화되는 지를 주의 깊게 지켜봐야 할 듯하다.

⟩||||⟨ 기술특례 IPO 출격 앞둔 제약/바이오 ⟩||||⟨

2023년 국내 제약/바이오(헬스케어 포함) IPO 시장을 복기해보자. 총 11곳
의 제약/바이오 기업들이 코스닥에 입성(기술특례 기준)했는데, 2021년(9건),
2022년(8건)으로 줄곧 하락세를 그린 것과 비교하면 분명 달라진 모습이다.
하지만 전체 코스닥 기술특례 상장 건수 자체가 35건으로 역대급 기록

을 달성했다는 점을 주목할 필요가 있다(77쪽). 제약/바이오 기업의 IPO가 늘어난 만큼 비바이오 기업의 IPO 건수도 늘어났다는 의미다. 전체 건수 중에서 제약/바이오 기술특례 상장사가 차지하는 비율 역시 30% 전후를 꾸준히 유지하고 있다.

세부적인 공모 흥행 지표만 봐도 아직 시장이 회복됐다고 말하긴 어려워 보인다. 제약/바이오 상장사 절반 정도는 희망 공모가 범위(공모가 밴드) 안에서 공모가격이 결정되지 못했다. 하단에 턱걸이하거나 하단 이하에서 가격이 형성된 경우가 대부분이었다. 일부는 앞서 시리즈C 또는 프리 IPO 당시 진행했던 가치보다 낮은 밸류에이션으로 공모가격이 산정됐다.

그만큼 IPO 과정에서 투자자들의 눈높이를 맞추기 위한 가격할인이 불가피했다는 얘기다. 해당 제약/바이오 기업 입장에선 당초 목표했던 자금을 조달하지 못했다. 실제로 최근 3년간 코스닥 제약/바이오 상장사(기술특례 기준)들의 공모액 추이를 보면, 2021년 6,242억 원, 2022년 1,963억 원에 이어 1,681억 원(2023년)으로 꾸준히 줄어들고 있다.

2021년과 비교하면 2년 사이 공모액이 약 27% 수준으로 떨어진 셈이다. 2021년의 경우 코로나19 팬데믹으로 인해 제약/바이오 기업들의 IPO가 유례없이 흥행한 바 있다. 기술특례가 아닌 일반 상장 루트를 택한 제약/바이오 기업까지 포함한 공모액은 3조2,600억 원에 달했다. 반면, 2023년 제약/바이오 IPO 기업 중에서 최대 공모액은 큐로셀의 320억 원이었다.

바이오 기업의 IPO 부진이 장기화하면서 아예 상장 일정을 미룬 곳도 적지 않았다. 실제로 2023년 들어서만 시선바이오머티리얼스(분자진단), 글라세움(대사질환), 한국의약연구소(임상시험 수탁), 에이비메디컬(진공채혈관), 메디컬아이피(의료AI 솔루션), 레보메드(골수추출 키트), 쓰리메디비전(3D 영상), 엔솔바이오사이언스(펩타이드 신약개발) 등이 상장 예비심사 청구를 자진 철회했다.

⊃⊂ 2024 제약/바이오 기술특례 IPO 전망

회사명	주요 사업	현황
지피씨알	표적항암제	2023.12 예심 청구
웰마커바이오	바이오마커	2023.12 기술성 평가 통과
토모큐브	3차원 비표지 바이오 분석	
넥셀	Ipsc 기반 신약 독성 평가	
에이치이엠파마	마이크로바이옴	
쓰리빌리언	희귀질환 유전자 진단	
넥스트바이오메디컬	내시경용 지혈재료	2023.11 예심 청구
엑셀세라퓨틱스	세포 배양배지	
라메디텍	레이저 의료기기	
하스바이오	치과 의료기기	
뉴라클사이언스	항체 기반 신약	2023.11 기술성 평가 통과
퓨처메디신	뉴클레오사이드 기반 신약	2023.10 예심 청구
아이빔테크놀로지	생체현미경	2023. 9 예심 청구
엔젤로보틱스	의료용 재활로봇	2023. 9 기술성 평가 통과
아이엠비디엑스	NGS 액체생검	2023. 8 예심 청구
옵토레인	디지털 PCR	
씨어스테크놀로지	웨어러블 의료기기	
이엔셀	세포 · 유전자 치료제 CDMO	2023. 7 예심 청구
하이센스바이오	난치성 치과 질환	
노브메타파마	당뇨 및 대사 질환	
온코크로스	AI 신약	2023. 7 기술성 평가 통과
피노바이오	ADC 플랫폼	2023. 5 예심 청구
디앤디파마텍	뇌질환 신약개발	

　그렇다면 2024년 IPO 시장은 어떨까. 2023년 12월 기준으로 기술성 평가 통과 또는 코스닥 예심 청구를 단행한 제약/바이오 기업들은 모두 23곳 정도다. 이 가운데 절반 정도가 신약개발사로 파악된다. 2021년처럼 수천억 원의 IPO 공모액을 기대할 만한 회사는 나타나기 어려워 보인다. 각 신

약 후보물질의 모달리티(modality)*만 보면 항체, ADC, 뉴클레오사이드, 저분자 등 다양하다.

눈에 띄는 부분은 IPO 재도전에 나선 기업들이 많다는 점이다. 피노바이오, 디앤디파마텍, 퓨처메디신, 노브메타파마, 엑셀세라퓨틱스 등 바이오기업 중 절반 정도가 재수생들이다. 온코크로스, 넥스트바이오메디컬도 마찬가지다. 일부는 앞서 기술성 평가를 통과했는데도 시장 여건이 좋지 않아 IPO를 포기했던 만큼 2024년 IPO에 사활을 걸고 있다. 2023년 말 와이바이오로직스와 큐로셀, 에스엘에스바이오 등이 IPO 재도전에 성공한 점은 분명 고무적이다.

2017년 설립된 피노바이오는 ADC 플랫폼 및 표적항암제 개발사다. 2021년 기술성 평가에 고배를 마신 이후 다시 준비한 끝에 2023년 1월 기술성 평가 허들을 넘는데 성공했다. 2022년 10월 셀트리온과 자체 개발한 ADC 플랫폼(PINOT-ADC) 관련 기술이전 계약을 맺었으며, 2023년 12월에는 미국 컨쥬게이트바이오(Conjugate Bio)와 총 3,200억 원 규모의 ADC 기술수출을 성사시켰다. 동아에스티, 롯데바이오로직스 등 대기업이 피노바이오에 전략적 투자를 단행했다.

2014년 설립된 디앤디파마텍도 피노바이오와 같이 2023년 5월 코스닥 예심을 청구했으며 12월 승인이 이뤄졌다. 앞서 2020년과 2021년 두 번의 거래소 심사 문턱을 넘지 못했던 만큼 세 번째 도전에서 성공한 셈이다. 회사는 주력 파이프라인인 파킨슨병 치료제 물질개발이 좌초되면서 비만·당뇨·지방간 치료제를 전면에 내세웠지만 상당한 몸값 하락을 감수해야 했다. 일단 비만 치료제 시장의 성장 기대감이 높아진 만큼 2024년을 상장

---

* 의약품이 표적을 타깃하는 방법 또는 약물이 약효를 나타내는 방식으로, 치료접근법을 의미.

의 적기로 보고 있다.

넥스트바이오메디컬은 2014년 설립된 고분자 · 약물전달시스템 기술 기반 치료재료 개발사다. 2021년 거래소 예비심사를 청구했지만, 결과가 지연되면서 2022년 6월 자진 철회했다. 이후 기술성 평가를 A,A로 통과한 이후 2023년 11월 다시 예심 청구에 나섰다. 2022년 9월 주력 제품인 내시경 지혈재 '넥스파우더'가 미국 FDA 승인을 받은 점이 긍정적으로 부각된다.

물론 이들 IPO 예정 기업들이 원만히 공모 일정을 마무리할 지는 불확실하다. 2023년 코스닥 상장사인 파두의 매출 쇼크로 인해 제약/바이오 기업이 상당수인 기술특례 IPO를 둘러싼 불신이 커지고 있다. 상장을 위해 회사의 미래가치를 과하게 부풀렸다는 '뻥튀기 상장' 논란이 거래소의 상장심사 문턱을 더욱 높일 것이라는 우려 탓이다.

이와 함께 부동산 프로젝트파이낸싱(PF) 부실을 둘러싸고 커지는 불안감도 아킬레스건이 될 수 있다. 부도 위기로 몰리고 있는 건설사들도 적지 않아 보인다. 엄밀히 따지면 바이오와 정반대의 산업 영역이지만 부동산 PF에서 촉발된 유동성 경색이 바이오 기업의 자금 조달에 직격탄을 날릴 수 있다는 지적이다. 2022년 레고랜드 PF 사태로 인한 조달 비용 상승이 바이오 업계 전반의 펀딩 여건 악화로 이어졌다는 점을 기억할 필요가 있다.

K-바이오 파이프라인 전망

SK바이오팜의 뇌전증 약물(엑스코프리) 이후 잠잠했던 국내 개발 신약의 미국 FDA 승인이 2022년부터 본격화되고 있다. 한미약품이 스펙트럼 파마슈티컬스(Spectrum Pharmaceuticals)에 기술이전한 호중구감소 치료제(롤베돈)가

2022년 승인을 받았고, 2023년에는 셀트리온(짐펜트라)과 녹십자(알리글로)가 각각 미국시장 입성에 성공했다.

SK바이오팜은 엑스코프리 실적을 바탕으로 2024년부터 본격적인 흑자 전환을 기대하고 있다. 국내 제약사가 후보물질 발굴과 품목허가까지 독자적으로 진행해 2019년 미국 FDA 최종 허가를 받은 사례로 주목을 받았다. 2021년 782억 원이었던 미국 내 엑스코프리 매출은 2022년 1,692억 원으로 늘었다. 2023년 매출은 3분기 누적 기준으로 2,000억 원에 육박하고 있다.

셀트리온의 경우 2023년 10월 램시마 피하주사(SC, subcutaneous) 짐펜트라가 FDA 신약 허가를 받았다. 셀트리온이 미국시장에서 신약으로 승인받은 첫 번째 사례로 2024년 2월 현지 출시가 예정돼 있다. 이미 출원 완료한

✄ 2024년 주요 제약/바이오 기업 파이프라인 타깃

기업명	내용
셀트리온	짐펜트라(램시마의 피하주사 제형) 미국 출시 계획
유한양행	레이저티닙 폐암 1차 치료제로 국내 보험 등재 레이저티닙 + 아미반타맙 비소세포폐암 1차 치료제 FDA 승인 목표
에이치엘비	리보세라닙 + 캄렐리주맙, 간암 1차 치료제 FDA 허가 목표
레고켐바이오	LCB71(중국 Cstone 기술수출) 임상 1상 중간결과 발표 LCB84(Trop-2ADC) 임상 1/2상 중간결과 발표
한미약품	에페글레나타이드 국내 임상 3상 환자 투약 예정
동아에스티	미국 자회사 뉴로보를 통해 DA-1726(NASH/비만) 임상 1상 개시 목표
휴젤	보툴리눔 톡신제제 '레티보', 미국 FDA 허가 목표
대웅제약	보툴리눔 톡신제제 '나보타', 중국 허가 목표
HK이노엔	위식도역류질환 치료제 '케이캡' 미국 임상 3상 완료
한올바이오파마	자가면역질환 치료제 'HL161' 중국 허가 목표
메드팩토	백토써팁+키트루다 병용 글로벌 2b3상 IND 승인

SC 제형과 투여법에 대한 특허를 통해 2040년까지 독점 판매가 가능할 것으로 기대된다. 미국 TNF-α 억제제 시장 중에서 짐펜트라가 우선 타깃으로 하는 IBD(중등도~중증 궤양성대장염) 시장은 약 98억 달러(12조8,000억 원) 정도다.

GC녹십자는 2023년 12월 FDA로부터 혈액제제 'ALYGLO(알리글로)'의 품목 허가를 획득했다. 인간 혈액의 액체 성분인 혈장에서 특정 단백질을 분리·정제한 의약품으로 선천성면역결핍증, 면역성혈소판감소증과 같은 1차성 면역결핍질환 치료에 사용된다. 네 번째 도전 끝에 국산 혈액제제 중에서 처음으로 미국시장에 진입했다는 점에서 의미가 남다르다. GC녹십자로선 약 11조 원 규모로 추정된 미국시장 공략이 가능해진 셈이다. 미국은 세계 최대 면역글로불린 시장으로, 자가면역질환자의 증가에 따라 면역글로불린 수요가 지속적으로 늘어나고 있다.

2024년에는 유한양행, 에이치엘비 등이 미국 FDA 신약 승인의 바통을 이어받을 준비를 하고 있다. 유한양행의 경우 폐암 치료제인 렉라자의 글로벌 판권을 보유한 J&J 이노베이티브 메디슨(옛 얀센)과 FDA 허가 신청을 추진하고 있다. 렉라자 + 리브리반트 1차 치료제 병용요법에 대한 품목허가 신청이다. 2023년 10월 유럽종양학회(ESMO)에서 해당 병용요법의 임상시험 결과를 발표했는데, 병용투여군의 무진행 생존기간(PFS)이 23.7개월로 나타났다. 이는 경쟁약물인 아스트라제네카(AstraZeneca) 타그리소의 PFS(16.6개월)보다 높은 수치다.

에이치엘비는 중국 항서제약의 PD-1 항체 캄렐리주맙과의 병용요법으로 간암 치료제 리보세라닙의 임상 3상을 진행했다. 그 결과 병용치료군의 전체 생존기간 중앙값(mOS)은 22.1개월로, 앞서 허가받은 로슈(Roche)의 '아바스틴 + 티쎈트릭(19.2개월)', 아스트라제네카의 '임핀지 + 임주도(16.4개월)'

✄ 국내 개발신약 미국 FDA 허가 히스토리

연도	개발사	제품명	적응증
2003년	LG화학	팩티브	항생제
2014년	동아에스티	시벡스트로	항생제
2016년	SK케미칼	앱스틸라	혈우병
2019년	SK바이오팜	수노시	수면장애
2019년	SK바이오팜	엑스코프리	뇌전증
2022년	한미약품	롤베돈	호중구감소증
2023년	셀트리온	짐펜트라	자가면역질환
2023년	녹십자	알리글로	혈액제제

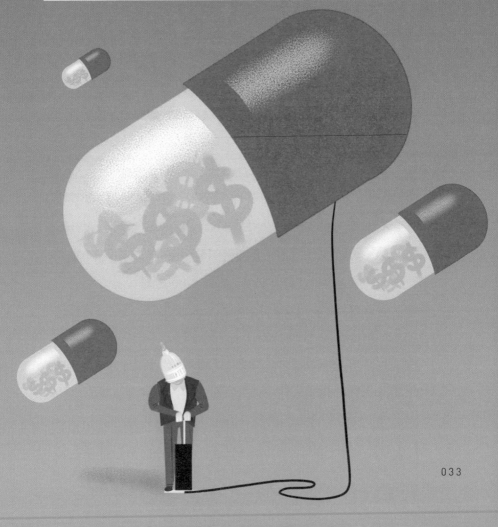

조합에 비해 우월하다는 입장이다. 에이치엘비는 2023년 5월 FDA에 리보세라닙의 신약허가신청서(NDA)를 제출했으며 빠르면 2024년 상반기에 결과 확인이 가능할 전망이다.

신약과는 별개로 휴젤의 보툴리눔 톡신제제 레티보의 미국 허가도 관심거리다. 휴젤은 2022년 10월 레티보 2개 제품에 대한 품목허가를 신청했고 2023년 4월 FDA로부터 보완요구서한(CRL)을 수령했다. 이후 공장 설비 및 일부 데이터·문헌에 대한 보완 작업을 완료하고 허가신청서를 다시 제출했다. 2021년 이후 벌써 세 번째 도전이다. 휴젤이 중국과 유럽에 이어 세계 최대 보툴리눔 톡신 시장인 미국까지 진출할 지 여부에 업계의 이목이 쏠린다.

미국을 제외한 국가 중에는 대웅제약과 한올바이오파마가 중국 내 의약품 승인을 목표로 하고 있다. 대웅제약은 2021년 중국 국가약품감독관리국(NMPA)에 보툴리눔 톡신 나보타의 품목허가를 신청한 상태다. 2023년 6월에는 국내 34호 신약인 펙수클루(위식도역류질환 치료제)의 중국 품목허가 신청으로 세계 최대 규모의 항궤양제 시장에 도전장을 던졌다.

한올바이오파마는 중국 하버바이오메드에 기술이전한 Fc수용체(FcRn) 억제제 계열 자가면역질환 신약 후보물질 '바토클리맙'의 중국 허가를 준비하고 있다. 2023년 3월 톱라인 데이터 확보 이후 6월 중국 NMPA에 신약 승인신청서(BLA)를 제출했는데 임상 3상 추가 데이터를 포함해서 다시 제출키로 했다. 상업화에 성공하면 중국 내 바토클리맙의 연간 매출액을 기반으로 한올바이오파마가 로열티를 수령하게 된다.

2024년에는 비만 치료제를 둘러싼 국내 제약사들의 임상 계획도 예정돼 있다. 한미약품의 에페글레나타이드는 전 세계적으로 주목을 받고 있는 비만 치료제인 삭센다, 위고비와 같은 GLP-1 관련 제제로, 2023년 10월 식약처로부터 임상 3상 시험계획을 승인받았다. 2024년부터 본격적인 환자 투약이 이뤄질 전망이다. 에페글레나타이드는 2015년 당뇨병 치료제로서 글로벌 제약사인 사노피(Sanofi)에 기술이전됐지만 2020년 반환된 이후 비만 치료제 후보물질로 탈바꿈했다.

동아에스티는 미국 자회사 뉴로보 파마슈티컬스를 통해 비알코올성지방간염(NASH)·비만 신약개발에 주력하고 있다. 뉴로보 측은 동아에스티에서 도입한 비만 치료제 후보물질(DA-1726)의 임상 1상 계획서를 FDA에 신청할 예정이다.

대원제약의 경우 2023년 8월 식약처에 마이크로니들(미세 바늘) 패치 기업 라파스와 공동 개발 중인 비만 치료제 후보물질(DW-1022)의 임상 1상 시험계획을 신청한 상태다.

HK이노엔의 P-CAB 계열 위식도역류질환 치료제인 케이캡은 미국 임상 3상을 마무리하는 대로 품목허가를 진행한다는 입장이다. 국산 30호 신약으로 2019년 출시된 케이캡은 국내 소화성궤양용제 시장점유율 1위를 달리고 있다.

레고켐바이오는 TROP2 타깃 ADC(LCB84)의 임상 결과에 기대를 걸고 있다. 유방암 등 고형암 타깃 파이프라인으로 2023년 6월 FDA로부터 임상 1/2상 승인을 받은 이후 10월부터 환자 투여를 시작했다. 레고켐바이오의 첫 번째 자체 임상 파이프라인이라는 점에서 시장의 주목을 받고 있다. 2023년 말에는 얀센과 해당 파이프라인에 대한 기술이전 계약을 맺기도 했다. 중국 제약사 씨스톤(CStone)에 기술수출한 LCB71(ROR1 타깃)은 2022년 3월부터 중국·미국·호주에서 임상 1상이 진행 중에 있으며 2024년 상반기에 완료가 예상된다.

CHAPTER · 1

K-바이오텍,
암흑기 혹은 과도기

01 제약/바이오, 파티는 끝났다?

2000년대 초반 코스닥시장을 강타했던 '닷컴버블'을 기억하는가. IT기업이라는 '딱지'만 붙으면 주가가 폭등하던 시기였다. IT가 신사업으로 주목을 받으며 투자자들의 매수를 부추겼다. 여기에 정부의 벤처기업 육성책도 한몫했다. 일부 상장사들은 주가수익비율(PER)이 9,999배라는 전설적인 기록을 남기기도 했다. 초단타매매나 주가조작 등으로 점철된 주식시장은 투기판이나 다름없었다.

거품은 오래가지 않았다. 2000년 말 코스닥지수는 그해 3월의 사상 최고치 대비 81% 이상 떨어진 채로 거래를 마감했다. 제대로 비즈니스 모델이 구축되지도 못한 상태로 급등한 종목들이 그 이상의 몸값 하락을 겪었다. 상당수는 상장 폐지로 이어졌다. 이후 코스닥이 지수 1,000을 회복하는 데는 20년 이상의 시간이 필요했다. IT 버블이 남긴 후유증이었다.

하지만 버블이 항상 나쁘게만 이어지는 건 아니다. 돈의 출처가 어떻든 간에 대규모 투자금 유입은 특정 산업의 기술 혁신에 기여한다. 버블이 없었다면 IT산업에 대한 수많은 관심도 없었을 것이고 결과적으로 네이버나 카카오와 같은 기업도 존재하지 못했을 가능성이 높다. 국내 바이오 산업이 겪은 거품과 그 거품이 붕괴되는 과정 역시 크게 다르지 않다는 생각이다.

2000년대 닷컴버블과의 '평행이론'

국내 바이오 시장의 버블은 2004년 '황우석사태'를 빼놓고 얘기할 수 없을 듯 하다. 서울대 수의대 황우석 교수와 연구팀이 세계 최초로 인간의 난자를 이용해 체세포를 복제해 배아줄기세포를 만들었다고 밝힌 것이 시작이었다. 줄기세포 관련 주들이 급등했고 '바이오(bio)'라는 단어가 연일 경제지 헤드라인을 장식했다. 사실 이때까지만 해도 바이오는 버블이라기보다 종목 테마주로서 관심을 받는 수준이었다.

거품이 본격화되기 시작한 건 2010년대 중후반부터다. 2015년 한미약품이 사노피에 단행했던 글로벌 기술이전 거래가 트리거(trigger)였다. 추후 파이프라인이 반환되긴 했지만 K-바이오도 해외에서 통할 수 있음을 보여준 사례였다. 이후 셀트리온, 신라젠 등 바이오 기업들의 주가가 폭등했고 덩달아 투기성 자금들이 관련 종목들로 쏠렸다.

'따상'의 주인공인 SK바이오팜이 상장했던 2020년은 버블의 정점이었다. 이제 막 임상에 돌입하는 적자 신약개발사들이 조 단위 시가총액을 자랑했다. 여기에 전 세계를 강타했던 코로나19 팬데믹 사태는 시장에 기름을 부었다. 코로나19 치료제를 개발하겠다는 임상시험 계획만으로 10조 원의 몸값을 찍은 회사도 등장했다.

언제나 그렇듯 거품은 꺼지기 마련이다. 바이오 기업의 주가 상승이 가팔랐듯이 이들의 몸값이 떨어지는 과정 또한 급격하게 진행됐다. 주가 폭락은 개인투자자들의 손실로 이어졌고 기업들의 자금 조달을 위축시켰다. 버는 돈 없이 외부 조달에만 의존해야 하는 바이오 기업들은 지속가능한 경영을 걱정해야 할 상황이 됐다.

바이오 기업이 외부 여건 변화에 취약하다는 점도 주가 하락을 가속화한 측면이 있다. 금리상승, 전쟁, 부동산 PF 사태 등과 같은 이벤트가 터질 때마다 가장 먼저 밸류에이션 타격을 입는 건 바이오 기업이었다. 그만큼 재무 여건을 포함해 펀더멘털(fundamental)이 상대적으로 취약하다는 뜻이다. 상장사로서의 지위를 위협받는 바이오 기업들도 점점 늘어났다.

⊃⊂ KRX 헬스케어 지수 추이

'따상'의 주인공인 SK바이오팜이
상장하던 2020년은 버블의 정점이었다.
이제 막 임상에 돌입하는 적자 신약개발사들이
조 단위 시가총액을 자랑했다.
여기에 전 세계를 강타했던
코로나19 팬데믹 사태가 시장에 기름을 부었다.
코로나19 치료제를 개발하겠다는
임상시험 계획만으로 10조 원의 몸값을
찍은 회사도 등장했다.

상장사의 위기는 고스란히 비상장 바이오 기업들에 전이됐다. 피어그룹 (peer group)에 있는 상장 바이오 기업들의 주가가 폭락한 이후 일정 시일이 지나면서 비상장사들의 밸류에이션에도 악영향을 미치기 시작했다. 그동 안 창업자와 벤처캐피털(VC) 등 투자자들이 펀딩 라운드가 지속될수록 바 이오 기업의 '몸값'을 끌어 올리는데 주력해 왔음을 기억할 필요가 있다. 고(高) 밸류에이션 논란이 끊이지 않았지만 IPO를 통한 '자금 회수(엑시트)' 가 순탄했던 만큼 크게 문제될 게 없었다.

하지만 최근 몇 년간 코스닥을 중심으로 바이오 기업에 대한 IPO 문턱이 높아졌고 이들의 밸류에이션도 재조정이 불가피했다. 엑시트 전략에 차질 을 빚은 VC들이 자금 투입에 몸을 사리면서 바이오 기업들은 기존 펀딩을 이어가는데 어려움을 겪어야 했다.

국내 바이오 기업의 거품 붕괴는 결국 가격이 정상화되는 과정이다. 지 금은 바닥을 다지는 시기로 봐야한다. 닷컴버블이 그랬듯 시장은 바이오 버블이 꺼진 이후를 기다리고 있다. 글로벌 시장과 비교하면 국내 바이오 업계는 '산업 사이클' 관점에서 아직 초기 단계에 머물러 있다. 그리고 지 금은 성장통을 겪고 있는 상황이다.

미국 바이오 업계가 2000년 초반 닷컴버블과 2008년 금융위기를 겪을 때 마다 도약의 계기를 마련했다는 점에 주목할 필요가 있다. 버블이 꺼지면서 자연스럽게 구조조정이 이뤄졌고, 그 결과 자본이 집중되면서 2002~2010 년까지 총 30개의 블록버스터급 항체 치료제 출시로 이어졌다.*

국내에서 IT 버블 이후 네이버와 카카오(옛 '다음')가 살아남은 것처럼 이 제는 어떤 바이오텍이 K-바이오의 서바이버(surviver)로 남을지 지켜보는 것

---

* 〈바이오의약 산업의 현재와 미래를 말하다〉, (한국산업기술진흥협회 기고문) _김태억

이 관전 포인트다. 여기에는 전 세계 바이오/헬스케어 산업이 부침은 있겠지만 결코 사라지지 않고 우상향할 것이라는 시장의 믿음이 깔려있다.

✳ '꿈'에만 베팅해선 곤란하다 ✳

주목할 점은 거품이 꺼질 때까지 아무도 그게 버블인지 깨닫지 못한다는 것이다. 바이오 버블도 그랬다. '신약개발'이라는 사업 목적을 내세우는 것만

중앙선데이   2023년 8월 19일

새롬기술, 반년 새 150배 폭등 후
거품 빠져 급락 '원 위치'

지금껏 코스닥에서 가장 드라마틱한 주가 변동을 겪은 종목은 새롬기술(현 '솔본')이다. 새롬기술은 IT 관련 주 투자 광풍이 불던 닷컴버블 무렵인 1999년 8월 코스닥에 상장했다. 당시 이 회사 공모가는 2,300원이었지만, 상장 이후 주가가 연일 무섭게 오르면서 2000년 3월 초엔 28만 원을 돌파했다. 불과 반년여 사이에 주가가 150배 급등하면서 역대 국내 증시 최단 기간 최고 상승률을 기록했다.

하지만 새롬기술의 주가는 오래가지 못했다. 닷컴버블 붕괴로 2000년 말부터 곤두박질치더니 5,000원대로 회귀했다. 이후 2004년 새롬기술은 '솔본'으로 사명(社名)을 바꿨고, 약 20년간 부침을 거듭한 끝에 현재 주가는 2000년 말보다도 낮은 4,000원대를 기록 중이다. 주가 급등 당시 새롬기술은 다이얼패드를 개발해 인터넷 무료전화를 출시, 기업의 성장성을 돋보이게 했다. 당시만 해도 국제전화는 통화료가 매우 비쌌는데, 이를 무료로 쓰게 한다는 게 시장에서 기대감을 하늘 높은 줄 모르고 키웠다.

으로도 뭉칫돈이 몰렸다. 상장 문턱이 낮다보니 투자자들의 자금 회수도 큰 무리가 없었다. 임상시험 데이터나 기술이전 등 사업성을 따지기 이전에 '묻지마 투자'가 횡행했다. '바이오 불패'로 회사와 투자자가 모두 꿈에 부풀어 있던 만큼 상식적인 밸류에이션을 기대하기란 쉽지 않았다.

오죽하면 미래의 꿈에 의존해 기업가치를 산정하는 PDR(price to dream ratio)이라는 지표가 만들어졌을까. 바이오 기업의 경우 대부분 수익을 내지 못하는 만큼 영업이익률, EBITDA(상각 전 영업이익)와 같은 기존의 재무적 잣대를 적용하기가 쉽지 않다. 결과적으로 PER(주가수익비율), PSR(주가매출비율) 등의 지표가 아닌 '꿈'의 크기를 통해 기업가치를 설명하려는 시도였던 셈이다.

한국투자증권은 2020년 PDR 측정을 위해 전체 시장규모(TAM)라는 개념을 제시했다. TAM은 해당 산업의 전체 시장규모를 말한다. 시가총액을 TAM에 해당 기업의 시장점유율을 곱한 값으로 나눠 PDR을 산출한다. 예를 들어 시가총액 2조 원 규모의 A업체가 100조 원의 시장규모인 산업 내에서 10%의 시장점유율을 영위한다면 PDR은 0.2라는 얘기다.

$$PDR = \frac{기업가치(시가총액)}{TAM \times 시장점유율}$$

물론 바이오주를 PDR로 설명하기에는 한계가 분명했다. 개발 중인 신약의 시장규모를 측정하거나 향후 시장점유율을 예상하기가 쉽지 않기 때문이다. 각 신약 후보물질의 효능, 임상시험 성공 여부, 경쟁사 간 협력 구도 등 수치화하기 어려운 다양한 요인이 기업가치에 반영될 수밖에 없다. 그럼에도 신약개발 자체가 '꿈'이기 때문에 꿈 자체에 베팅하면 된다는 논리가 횡행했다.

상황이 이렇다보니 바이오 기업들이 좀 더 비현실적이고 허황된 시나리오를 내놓을수록 투자자들은 열광했다. '기존과 다른 기전의 모달리티', '다수의 적응증에 모두 효과를 보는 만병통치약', '면역항암제를 뛰어넘는 차세대 항암제' 등과 같은 IR 문구들이 버블 시기에 유독 많이 눈에 띄었던 이유이기도 하다. 물론 이들 대다수는 임상적으로 증명된 데이터를 공개하지 못했다. 전 세계적인 버블 속에서도 K-바이오 기업들에 대한 고 밸류에이션 논란이 배가된 이유이기도 하다.

바이오 거품이 꺼지고 있는 상황은 해외나 국내나 크게 다르지 않았다. 나스닥 주요 바이오 기업들의 시가총액 하락률은 국내보다 훨씬 변동 폭이 컸다. 한번에 70~80% 이상 주가가 떨어지거나 동전주로 전락하는 경우가 비일비재했다. 국내처럼 상·하한가 제도가 없는데다 투자자들이 성장성이 없다고 판단해 자금 지원을 끊으면 그만이었다. 회사로선 '자발적 퇴출'이 불가피했다. 국내처럼 거래소 특례 조항이나 상장 적격성 심사 등으로 당국이 개입해 생명 연장 여부를 결정하진 않는다는 얘기다.

보유현금보다 시가총액이 낮은 나스닥 상장 바이오 기업도 수두룩하다. 생명과학 기업 EQRX의 사례를 살펴보자. 이 회사는 나스닥 상장사로 2022년 말 기준 약 14억 달러의 현금을 보유했다. 부채도 거의 없었다. 하지만 2023년 8월 미국 제약사 레볼루션 메디슨(Revolution Medicines)으로 최대주주가 바뀌고 같은 해 11월 초 합병이 이뤄질 때까지 시가총액은 11억 달러 수준에 그쳤다. 이 마저도 M&A 성사에 따른 주가 상승이 반영된 결과다. 2023년 말 기준 시가총액 3억 달러 이하의 나스닥 바이오 기업 상당수가 보유현금보다 시가총액이 낮은 상황인 것으로 파악된다.

시가총액이 보유현금보다 낮다는 의미는 무엇일까. 국내 한 바이오 기업 CFO는 "일정 현금을 가지고 있다고 해도 이를 통한 파이프라인의 상업화까지는 어렵다는 시장 인식이 반영되는 것"이라며, "만약 무차입으로 1조 원 이상 현금을 가진 국내 바이오 기업이라면 임상 단계와 별개로 최소 3~4조 원의 몸값은 인정받지 않을까"라고 말했다. 이는 어쩌면 국내 상장 바이오 기업을 둘러싼 밸류에이션 모순과 시장 한계가 여전하다는 지적으로도 볼 수 있겠다.

⋈ 시가총액이 보유현금보다 낮은 주요 나스닥 바이오텍

단위 : 백만 달러

시가총액 : 2023.12.28 기준, 현금성자산 : 2023.9.30. 기준

회사명	시가총액	현금성자산	비고
Achilles Therapeutics	35.48	140.14	세포 치료
IO Biotech	128.47	165.5	암 백신
Adverum Biotechnologies	76.38	117.8	유전자 치료
Atea Pharmaceuticals	258.65	595.13	항바이러스
Bolt Biotherapeutics	40.62	119.72	항체 치료
Context Therapeutics	18.36	21.68	항체 치료
Equillium	23.88	46.31	자가면역 치료
Kezar Life Sciences	70.93	218.2	저분자신약

* 자료 참고 : PRISM MarketView

시가총액이 보유현금보다 낮다는 것은, 어느 정도 현금을 가지고 있다고 해도 이를 통한 파이프라인의 상업화까지는 어렵다는 시장 인식이 반영되었음을 의미한다.

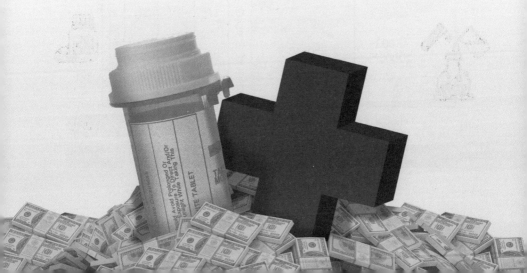

))))(((업사이드보다는 다운사이드 리스크 주목))))(((

버블이 꺼지면서 바이오 투자자들의 생각도 조금씩 달라지고 있다. 예전 만큼의 유동성 장세가 단기간 내 다시 돌아오지 않을 것이라는 보수적인 인식이 자리잡기 시작했다. 한방을 노리는 '묻지마 투자'의 위험성에 대해 선 투자자들도 충분히 체감하고 있다. 신약개발 성공이라는 막연한 환상을 갖고 바이오 기업에 베팅해선 곤란하다는 얘기다.

　통상 신약개발에는 약 12~15년의 기간이 소요된다. 후보물질 3~5년, 전 임상 1~2년, 임상 4~6년, 신약허가 1년 등으로 각각의 험난한 관문을 넘어 야 한다. 최종 신약이 나오기까지 투입되는 금액만 수천억 원에 달하는데 다 해당 비용도 점점 더 증가 추세다.

무엇보다 임상시험을 수행하는 약물이 최종 신약으로 허가받을 확률은 10% 도 되지 않는다. 그럼에도 상당수 투자자들은 성공 가능성에만 베팅할 뿐 실 패할 수 있다는 시나리오를 염두에 두지 않았다. 임상시험의 성공 확률이 이

⊃⊂ 신약개발 단계 및 소요기간

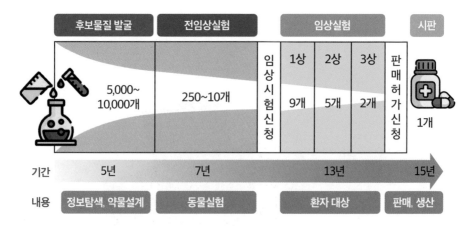

처럼 낮은데도 바이오 투자에 대한 '대박'만을 기대해 왔다는 얘기다.

지금과 같은 시기에는 바이오 기업들의 불확실한 주가 상승 잠재력 (upside potential)에 베팅하기보다 이들의 하방위험(downside risk)을 최소화하는 것이 투자자로선 더 중요하다. 불확실한 호재성 이벤트만으로 고수익을 노리는 투자는 그만큼 손실 위험도 커질 수밖에 없다. 기업가치 변동성이 심하고 펀더멘털이 취약한 바이오 기업의 경우 더욱 그러하다. 이보다는 기업가치 하락 요인이 있는지를 따져보고 이를 투자 결정에 반영하는 것이 효과적일 수 있다.

하방위험 관리는 예측 가능한 리스크를 제어한다는 의미도 있다. 사실 임상시험 결과가 어떻게 나올 지에 대해서는 전문가건 비전문가건 누구도 예상하기가 어렵다. 하지만 바이오 기업이 자금관리를 어떻게 하고 있는지, 경영진의 도덕성이 어떠한지, 지배구조상 후계 구도가 마련돼 있는지 등은 투자 결정을 앞둔 상황에서 중요한 '체크리스트'가 된다. 아무리 장래 유망하고 상업화 기대가 높은 신약 기술을 가지고 있어도 이 같은 부분들이 충족되지 않는다면 당초 기대했던 결과로 이어지지 않을 가능성이 높다.

바이오 기업의 하방위험이 낮다는 건 '지속가능한' 경영이 가능하다는 뜻이기도 하다. 시장 침체기에는 바이오 기업의 서바이벌과 직결되는 부분이다. 자금 조달이 어려워지면서 생존 위험에 직면한 바이오 기업들의 경우 R&D 기술력을 검증하는 것보다 당장의 현금보유고가 더 중요한 팩터가 된다. 실제로 최근 몇 년간 코스닥 시장에서 주가가 상대적으로 덜 떨어진 바이오 기업들은 가용현금을 충분히 보유했다는 공통분모가 있다. 선제적으로 펀딩을 단행했거나 라이선스아웃 등으로 일정 수준의 현금흐름 구조를 만들어 놓은 곳들이다.

))))((미디어도 바이오 버블의 '공범'이다))))((

그동안의 바이오 버블은 투자자들이 '다운사이드 리스크'를 고려하지 않고 '업사이드'에만 베팅한데 따른 결과다. 그리고 그 원인의 상당부분은 각종 언론사, 유튜브 등을 포함한 미디어가 제공해 왔다고 해도 지나치지 않을 것이다. 바이오 '비전공자'인 개인투자자 입장에선 뉴스 등이 1차적인 정보 접근 창구인 만큼 해당 내용을 있는 그대로 받아들였을 가능성이 높다.

문제는 이 과정에서 과장 보도가 적지 않았다는 점이다. 기술이전이 아직 성사되기 전인데 거래 성사가 임박했다는 기사가 나올 때가 있다. 임상시험 결과를 두고 대책 없이 긍정적인 전망만을 보도하는 것도 같은 맥락이다. 이럴 때마다 주식창은 불기둥을 그린다. 아이러니하게도 실제로 의미 있는 결과가 나온 이후 주가가 떨어지는 경우가 있다. 시장에서는 이를 '재료 소멸'로 받아들인다. 소문에 사서 뉴스에 팔아야 한다는 속설이 맞아떨어지는 순간이다.

해당 뉴스가 결국 바이오 기업 대표이사의 희망사항에 그쳤던 것으로 판명되는 데는 그리 오랜 시간이 걸리지 않는다. 기사 제목만 보고 '묻지마 투자'를 결정한 개미들은 이후 손실을 감수해야 했다. 조회 수 높이기에 매몰됐던 언론의 자극적인 기사들이 시장을 왜곡시킨 셈이다. 일부 '비전공자'인 기자들이 바이오 기업의 R&D 상황을 과학기술적인 마인드를 바탕으로 제대로 검증하기가 어려운 측면도 있다.

국내에서 바이오 기업과 언론은 '윈-윈' 관계에 가깝다. 바이오 기업 입장에선 뉴스를 통해 R&D 기술 등에 대한 홍보가 이뤄져야 주가를 올릴 수 있고 자금 조달이 용이해진다. CEO 인터뷰는 검증 툴이라기보다는 회사 입장을 대변하는 창구로 봐야할 것이다. 광고나 협찬 등은 이에 대한 반대 급부로 미디어에 제공하는 비용인 셈이다.

증권사 리서치 보고서도 비슷한 측면이 있다. 회사 방문 등을 통한 심층 분석보다는 특정 테마를 잘 봐야한다는 식으로 투자자들을 현혹하는 사례가 적지 않다. 증권사와의 이해관계가 얽혀있다보니 매도 리포트보다는 매수 리포트가 대부분을 차지한다. 그렇다고 애널리스트 가이던스대로 주가가 상승하는 것도 아니다.

상황이 이렇다보니 이들에 대한 바이오 투자자들의 신뢰도는 점차 하락하고 있다. 콘텐츠를 작성하는 기자와 애널리스트 모두 조직에 속해있다보니 독자적인 의견을 내기 힘든 측면이 있다. 하지만 지금처럼 바이오 버블이 꺼지는 과정에서 미디어와 증권사 스스로 변하지 않는다면 결국 또 다른 거품을 양산할 것이다. 이는 곧 투자자들이 시장을 떠나게 하는 돌이킬 수 없는 상황을 초래한다.

02 '돈 버는' 바이오의 탄생

사명에 '바이오' 세 글자만 들어가도 주가가 천정부지로 치솟던 때가 있었다. 2019~2020년이 그랬다. 버블의 시대였다. 강관 제조, 폐기물 처리, LED조명 업체가 신약개발사로 둔갑했다. '짝퉁 바이오'의 출현이다.

이들은 생명과학 전공 출신의 연구원 한 명 없는데도 정관상 사업 목적에 '신약개발'을 추가하며 바이오 기업임을 자처했다. 기존 사업이 부진하던 상황에서 오로지 주가를 올리기 위한 목적으로 비즈니스를 급조했다. 당시 이들의 보도자료를 보면 면역항암제, CAR-T 등 소위 뜨고 있는 테마로 포장됐다. 신규 파이프라인을 도입하고 관련 인력을 확충하는 등 진정성을 보이는 업체들도 있지만 일반투자자 입장에선 이를 구분하기 쉽지 않다.

이들의 주가가 추락하는 데는 그리 오랜 시간이 걸리지 않았다. 묻지마 투자에 나섰던 개미들은 피눈물을 흘려야 했다. 신약개발 한우물만 파도 모자란 판에 짝퉁 바이오들이 시장을 더욱 혼탁하게 만든 셈이다.

)⫶⫶⫶('짝퉁 바이오'가 사라지고 있다)⫶⫶⫶(

버블의 시대 이후 약 5년이 흐른 지금 '짝퉁 바이오'들은 과연 어떻게 됐을까. 이들 중에 현재까지 코스닥시장에서 존재감을 보이는 곳은 찾아보기 어렵다. 상당수는 신약개발을 중도포기하고 본래 사업으로 복귀했다. 아예 거래 정지되거나 상장 폐지 절차를 밟은 업체들도 부지기수다. 비바이오 기업이 바이오사업을 영위하려는 분위기가 사실상 사라졌다고 해도 지나치지 않다. 기존 사업과 별도로 '복수전공'을 하겠다는 자세로 바이오에 임했다가는 필패(必敗)일 수밖에 없다는 사실을 절실히 깨달았을 것이다.

투자자들 역시 바이오라는 이유만으로 무턱대고 돈을 넣었다가 '폭탄 돌리기'의 희생양이 된다는 점을 뼈저리게 체득했다. 그만큼 시장을 바라보는 눈도 매서워졌다. 코로나19 치료제/백신 개발 테마주에 혼쭐난 투자자들이 '원숭이 두창'(monkey fox)을 둘러싼 미디어의 으름장(?)에 더 이상 속지 않는 것과 같은 맥락이다.

이는 제약/바이오를 포함한 헬스케어 업체들의 IR(investor relation) 자료에서도 여실히 드러난다. 2019~2020년만 하더라도 진단키트 제조를 포함한 일반 헬스케어 업체들까지 신약개발 계획을 미래 사업 포트폴리오에 포함시키는 데 거리낌이 없었다. '신약'이라는 키워드만으로 기업가치에 플러스 요인이 되는 시절이었다. 당시에는 진단시약 관련 회사의 경우 신약개발사 대비 밸류에이션 책정 과정에서 불이익을 받기도 했다. 일부 매출이 발생하긴 했지만 의미있는 수준이 아닌데다 신약개발사처럼 드라마틱한 주가 상승으로 이어지지 않은 점 등이 영향을 미쳤다(물론 코로나19 팬데믹을 거치면서 일부 진단키트 업체들이 실적주로 주목을 받긴 했다).

하지만 최근에는 달라진 분위기가 역력하다. 창업 이후 십수년이 지나도

⊃⊂ 2018~2020년 바이오 사업을 개시한 국내 상장사 사례

회사명	신규 바이오사업	기존 사업	비고
필룩스 (현 KH필룩스)	CAR-T	LED조명	거래 정지
인콘	항암제	영상보안장비	
인스코비	골관절염염증치료제 자가면역질환치료제	MVNO(알뜰폰)	2018년 셀루메드 인수
폴루스바이오팜 (옛 암니스)	바이오시밀러 및 CMO	전자계측기 및 통신장비 제조	2022년 2월 상장 폐지
코디엠(현 더코디)	항암제	반도체 및 LED 장비	
알파홀딩스 (옛 알파칩스)	면역항암제	반도체칩 설계	거래 정지
제넨바이오 (옛 태양기전)	이종장기 이식	폐기물 처리	2023년 상반기 외부감사인 의견 거절
코센	혈우병관절염 통증치료제	스테인리스 강관 제조	
한국코퍼레이션 (현 엠피씨플러스)	AI 및 맞춤형 신약개발	콜센터 운영 대행	2022년 2월 상장 폐지
투비소프트	면역항암제	기업용 소프트웨어 개발 및 공급	

의미 있는 R&D 성과를 보여주지 못한 채 무너지는 바이오 기업들이 속출하고 있다. 해외 기술이전 실적이 나오고 있긴 하지만 투자자들의 눈높이를 맞추기는 역부족이다. 신약개발사를 둘러싼 불신은 주가 하락으로 이어지고 있다. 바이오 버블이 붕괴되고 있는 것이다.

국내 한 세포배양 플랫폼 업체 대표는 "과거에는 신약개발 시나리오를 IR 자료에 넣는 경우가 많았지만 이제는 관련 내용을 모두 지운 상태"라며 "당장 돈을 벌 수 있는 사업 위주로 어필하는데 주력하고 있다"고 말했다. 실현 가능성이 높지 않은 신약개발을 굳이 불필요하게 언급했다가 오히려 자금 조달에 악영향을 미칠 수 있다는 판단이다.

국내 한 비상장 헬스케어 회사의 경우 계열사로 있는 상장 신약개발사와의 합병을 논의했다가 주주들의 반대로 논의가 무산됐다. 우회상장을 노렸지만 합병 이후 밸류에이션이 낮아질 것을 우려해 의사결정을 철회했다. 신약이라는 키워드만으로 묻지마 투자가 이뤄졌던 4~5년 전과 비교하면 극과극의 변화다. 신약개발에 대한 진입장벽이 그만큼 높아졌고 투자자들의 기대수익률이 낮아졌다는 '긍정적인' 해석으로 읽히는 대목이다.

'테마'의 원조격인 바이오가 요즘에는 덜 '테마스럽게(?)' 느껴지는 점도 이와 무관치 않아 보인다. 2023년의 경우 2차전지가 증시 키워드로 부각되긴 했지만, 초전도체, 후쿠시마 오염수, 살충제, 양자컴퓨터 등 온갖 테마주가 쏟아져 나왔다. 특허 취득이나 회사 실체도 없이 기술 발표만으로 관련 주가 급등락을 반복했다. 이들 테마의 주기는 점차 짧아지고 있는 형국이다.

정보비대칭성과 묻지마 투자는 더 이상 바이오의 전유물이 아닌 듯하다. 적어도 바이오는 초전도체처럼 논문 발표만으로 주가가 오르지는 않는다. 바이오에는 미국 FDA나 국내 식품의약품안전처 등과 같은 검증기관이 엄연히 존재한다. 바이오를 주식시장에서 테마로 치부하는 것에 더 이상 동의하기 어려운 이유다. 바이오가 긴 세월에 걸쳐 산업적 생명력을 유지해왔음은 움직일 수 없는 사실이다. 바이오가 산업의 중심축으로 자리매김할 것임을 의심하는 시장분석가들은 이제 거의 없을 것이다.

흑자전환 타임

해외처럼 빅파마(big pharma)가 없는 국내에서 '제약사가 아닌' 바이오 기업의 적자는 당연한 것으로 받아들여졌다. 버는 돈 없이 보유현금 대부분을 R&D 비용에 쓰다 보니 마이너스가 불가피했다. 설사 현금 유입이 이뤄져도 금융상품 투자나 건강기능식품 판매 등과 같은 '부업'에서 발생된 사례가 많았다. 상황이 이렇다보니 유상증자와 같은 외부 자금 조달에 지속적으로 의존할 수밖에 없었다.

하지만 최근에는 매출이나 이익을 내는 바이오 기업들이 하나둘 나타나고 있다. 신약개발사의 경우 기술이전 성사로 계약금 또는 마일스톤 금액이 유입되기 시작했다. 일회성이 아니라 꾸준히 '흑자 바이오'로서의 존재감을 과시하는 곳도 있다. 이들은 외부자금 조달이 아닌 자체적인 현금흐름 창출로 사업의 영속성을 이어갈 수 있게 됐다는 점에서 주목할 만하다. 코스닥 기술특례 상장사라면 관리종목 유예기간 만료 이후 상장사로서의 자격을 유지하는데도 도움이 된다.

에이비엘바이오의 사례를 살펴보자. 회사는 2023년 3분기 누적기준으로 매출액 556억 원, 영업이익 71억 원을 기록했다. 2022년에 이어 흑자 바이오로서의 존재감을 이어가는 중이다. 2021년만 해도 523억 원의 영업적자를 기록한 것과 비교하면 대대적인 변화다. 2022년 1월 글로벌 제약사인 사노피에 파킨슨 치료 후보물질(ABL301)을 기술이전하면서 계약금과 마일스톤(milestone, 개발 단계별 성취도에 따라 받는 기술료) 등이 유입됐기 때문이다.

알테오젠도 2023년 3분기 누적 기준으로 매출 641억 원, 영업이익 42억 원을 기록하며 흑자전환 기대감을 높였다. 무엇보다 핵심 R&D 플랫폼(ALT-B4)을 해외 업체에 이전한 데 따른 기술료 수입이 한몫했다. ALT-B4는 인간 히알루로니다제를 기반으로 기존 정맥주사 제형을 피하주사(SC) 제형으로 바꾸는 기술이다. 이 같은 기술력에 힘입어 시장에서는 알테오젠의 해외 매각 가능성도 배제하지 않고 있다.

오스코텍의 경우 2024년부터 흑자 바이오텍으로서 재도전을 노리고 있다. 무엇보다 비소세포폐암 치료제(렉라자)의 임상개발 성과가 한몫을 하고 있다. 오스코텍은 '렉라자'의 원개발사 '제노스코'의 모회사다. 오스코텍이

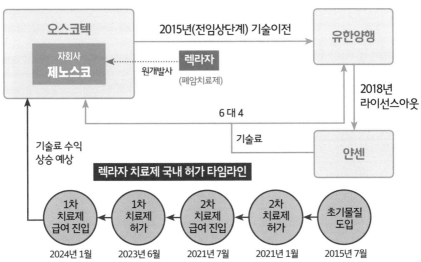

⋊⋉ 오스코텍 '렉라자' 기술이전 수익 구조

전임상 직전 단계였던 렉라자를 2015년 유한양행에 기술이전했는데 2018년 다시 얀센(Jassen)에 글로벌 라이선스아웃(licence-out, 기술이전)이 이뤄졌다. 얀센이 지급하는 기술료는 유한양행과 오스코텍이 6대4 비율로 나눠 갖는 구조다.

오스코텍이 2018년 개별기준 매출 116억 원, 영업이익 21억 원을 기록한 것도 당시 유입된 계약금 수입 일부를 분배받은 덕분이었다. 만약 유한양행과 얀센이 실시한 렉라자의 글로벌 병용 임상 3상 이후 미국 FDA 품목허가까지 이뤄진다면 추가적인 기술료 및 판매 로열티까지 기대할 수 있다.

레고켐바이오도 흑자 달성이 유력한 바이오 기업으로 꼽힌다. 2023년 12월 말 얀센과 계약한 ADC 신약후보물질(LCB84) 기술이전 덕분이다. 총 거래액 2조2,400억 원에 (반환의무 없는) 계약금만 1,300억 원인 빅딜이다. 레고켐바이오는 그동안 다수의 기술이전 성과에도 해마다 매출액을 크게 상회하는 연구개발비로 적자를 면치 못했다.

대웅제약 자회사인 한올바이오파마의 사례는 조금 독특하다. 외형상으로는 미국 파트너사 이뮤노반트(Immunovant)와 자가면역질환 치료제 임상 등으로 신약개발에 박차를 가하고 있다. 이와 동시에 국내 여타 제약사처럼 장염 및 전립선암 치료제 등의 제네릭(generic)* 판매를 통한 영업이익도 꾸준하다.

신약개발사는 아니지만 상장 이후 꾸준히 매출 실적을 이어가는 헬스케어 기업도 주목해 볼 만하다. 의료 AI회사로 분류되는 루닛이 대표적이다.

---

* 신약으로 개발한 약이 특허기간이 만료되어 동일성분으로 다른 회사에서 생산하는 복제약. 제형이 같을 수도 다를 수도 있지만, 약효 동등성이나 생동성 실험을 거쳐 생산되므로 약효는 본래의 약과 동일.

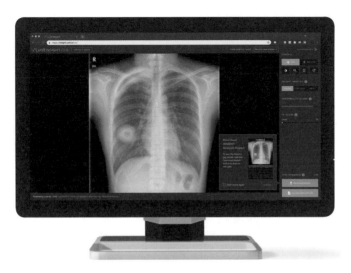

루닛은 딥러닝 기술을 기반으로 한 의료 AI 스타트업이다. 흉부 엑스레이 및 유방 촬영을 AI 알고리즘이 분석해 크기가 작거나 다른 장기에 가려져 있어 놓치기 쉬운 병변 종양이나 판독하기 어려운 기흉·결핵·폐렴과 같은 주요 질환을 조기에 진단하도록 돕는 소프트웨어인 '루닛인사이트'를 개발·판매한다.

아직 적자이긴 하지만 루닛의 2023년 3분기 누적 기준 매출액은 196억 원으로 2022년 전체 매출(138억 원)을 이미 상회했다. 암 진단 솔루션 등의 해외 매출 증가가 한몫했다는 분석이다. 같은 의료 AI업종으로 분류되는 회사 대부분이 미미한 매출을 기록해 왔던 것과 비교하면 상당한 진척이다.

))))))((바이오텍 창업, '될 놈'만 된다))))))((

바이오텍을 창업만 해도 웬만하면 펀딩을 받던 시절이 있었다. 바이오 버블이 극에 달하던 2019~2020년이 그랬다. 시장에 자금이 워낙 풍부하다보니 박사후연구원(post doc) 과정을 중도에 그만두고 창업 대열에 뛰어드는 연구자들이 적지 않았다. 이들 회사는 '프리 시리즈A' 등과 같은 창업 극초

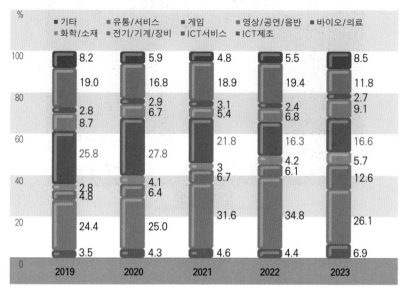

⚡ 업종별 신규 투자 비중 추이

%

■ 기타　　■ 유통/서비스　　■ 게임　　　■ 영상/공연/음반　■ 바이오/의료
■ 화학/소재　■ 전기/기계/장비　■ ICT서비스　■ ICT제조

	2019	2020	2021	2022	2023
기타	8.2	5.9	4.8	5.5	8.5
유통/서비스	19.0	16.8	18.9	19.4	11.8
게임	2.8	2.9	3.1	2.4	2.7
영상/공연/음반	8.7	6.7	5.4	6.8	9.1
바이오/의료	25.8	27.8	21.8	16.3	16.6
			3	4.2	5.7
	2.8	4.1	6.7	6.1	12.6
	4.8	6.4	31.6	34.8	26.1
	24.4	25.0	4.6	4.4	6.9
	3.5	4.3			

자료 : 한국벤처캐피탈협회

바이오 기업을 창업만 해도 웬만하면 펀딩을 받던 시절이 있었다. 바이오 버블이 극에 달하던 2019~2020년이 그랬다. 시장 자금이 워낙 풍부하다보니 박사후연구원(post doc) 과정을 중도에 그만두고 창업 대열에 뛰어드는 연구자들이 적지 않았다. 실제로 2020년 바이오/의료 분야의 신규 투자 비중이 27.8%로 ICT서비스(25.0)보다 컸다. 이후 바이오 거품이 급격히 꺼지면서 투자금이 빠져 나갔다가 2023년 들어 다시 투자 비중이 살아나는 추세다.

기 단계의 펀딩 라운드에서도 200~300억 원의 높은 밸류에이션을 책정받았다. 지금으로선 상상도 할 수 없는 일이다.

지금은 바이오 스타트업 열풍이 예전만큼은 못하다. 지난 몇 년간 신규 바이오 기업 설립이 눈에 띄게 줄어들었다. 시장 악화로 초기 펀딩이 쉽지 않아졌고, IPO까지 이뤄진다는 보장이 없다는 게 발목을 잡았다. 이미 상당수가 사업화에 뛰어들었기 때문에 창업에 나설만한 대학 교수나 연구원들을 더 이상 찾기 어려워졌다는 점도 영향을 미치고 있다.

어쩌면 과거에 너무 많은 바이오텍이 설립된 것 자체가 문제였는지도 모른다. 신약개발 경험이 전무한 상황에서 바이오 전공자라는 이유만으로 학연과 지연을 통해 투자를 받는 경우도 있었다. 결과적으로 진정성이 결여된 바이오텍들이 '머니게임'에만 집중했고 손실은 투자자들이 떠안아야 했다. 다행히 지금은 일부 검증된 회사들에 한해서 제한적으로 펀딩이 이뤄지는 모습이다.

벤처캐피털(VC)도 달라지고 있다. VC는 물질 발굴(discovery)에서 수백억 원, 전임상(preclinical) 단계에서 수천억 원의 밸류에이션을 책정할 정도로 바이오 기업의 몸값 경쟁을 주도했던 이들이다. 전문 심사역이라는 지위가 무색할 정도로 적당히 테마만 유사하면 거기에 맞춰 투자금을 집행하기에 바빴다. 아무리 밸류에이션이 올라가도 웬만하면 IPO가 성사됐기에 자금회수에도 별다른 문제가 없었다.

하지만 이제는 VC 입장에서 바이오 기업을 바라보는 잣대 자체가 높아졌다. 이는 자금 회수 시장이 어려워진 것과도 무관치 않아 보인다. 과거와 달리 검증된 데이터와 마일스톤을 달성한 회사를 중심으로 선별적인 투자 결정이 이뤄지고 있다. 한 바이오 전문 VC 심사역은 "임상 데이터를 제대로 볼 줄 아는 심사역과 인맥으로 투자를 해왔던 심사역이 가려지고 있다"며 다행스러워 했다.

⋈⋈⋈ 달라진 공시 제도, 정보공개 투명성 ⋈⋈⋈

과거 열거주의에서 포괄주의 공시 제도로의 변화도 제약/바이오 시장 환경을 긍정적으로 바꾸는 요인이 되고 있다. 그동안 정해진 항목에 한해서만 공시의무를 지다보니 다양한 기업별 투자 정보를 공정하고 정확하게

⊃⊂ 투자 판단 관련 주요 경영사항(임상시험 결과)

투자 유의사항		• 임상시험 약물이 의약품으로 최종 허가받을 확률은 통계적으로 약 10% 수준으로 알려져 있습니다. • 임상시험 및 품목허가 과정에서 기대에 상응하지 못하는 결과가 나올 수 있으며, 이에 따라 당사가 상업화 계획을 변경하거나 포기할 수 있는 가능성도 상존합니다. • 투자자는 수시공시 및 사업보고서 등을 통해 공시된 투자 위험을 종합적으로 고려하여 신중히 투자하시기 바랍니다.
1. 제목		(예) ○○○용 치료제 ABCDE의 미국 FDA 제2상 임상시험 결과
2. 주요 내용	1) 임상시험명칭	임상시험계획서(protocol)상 명칭 기재
	2) 임상시험단계	(예) 국내 임상시험 제2상
	3) 임상시험승인기관	(예) 미국 식품의약국(FDA)
	4) 임상시험실시국가	(예) 미국
	5) 임상시험실시기관	(예) 미국 내 4개 병원
	6) 대상질환	개발 중인 의약품에 의해 치료 효과가 기대되는 병이나 증상 등을 기재
	7) 신청일	○○○○년 ○○월 ○○일
	8) 승인일	○○○○년 ○○월 ○○일
	9) 등록번호	(예) NCT94055090(미국 임상 등록 사이트(clinicaltrial.gov)에서 임상시험 진행결과 확인 가능)
	10) 임상시험 목적	해당 임상시험의 목적 및 평가하고자 하는 주요 내용 등을 기재
	11) 임상시험 방법	임상시험 대상 환자의 규모, 실시 기간, 실시 방법(다기관, 무작위배정, 이중눈가림, 위약대조, 용량비교, 평행시험 등) 등을 설명
	12) 1차 지표	임상시험계획서(protocol)상 확인되는 1차지표 기재(국내 임상인 경우 식약처 안전나라, 미국 FDA인 경우 clinicaltrials.gov에 기재될 내용과 동일해야 함)
	13) 임상시험기간	(예) ○○○○년 ○○월 ○○일 ~ ○○○○년 ○○월 ○○일
	14) 목표 시험대상자 수	(예) 300명
3. 시험결과	1) 1차 지표 통계분석방법	임상시험계획서(protocol)상 확인되는 1차 지표의 통계분석방법 등 기재 (예) P-value ≤ 0.025
	2) 결과값	(예) *1차 지표에 대한 평가 결과, 시험군과 대조군 사이에 유효성의 차이를 입증하지 못했다(p값 반드시 기재). * 통계적 유의성 등에 대해 규제기관의 검증이 면제되는 경우 면제 사유를 구체적으로 기재
4. 사실발생(확인)일		○○○○년 ○○월 ○○일
5. 향후 계획		후속 임상시험 단계 신청 일정 등 임상시험 진행 관련 사항에 한하여 기재
6. 기타 투자 판단과 관련한 중요 사항		

• 상기 사실발생(확인)일은 당사가 외부 통계분석 업체로부터 topline data를 전달받은 날짜입니다.

* 임상시험 결과 기재상 유의사항 : 통계적 유의성을 나타내는 결과값이 p-value일 경우 반드시 p-value값을 기재.
  임상시험 계획 승인 당시 기재한 1차 평가변수에 대한 시험 결과만 기재.

담아낼 수 없다는 지적이 꾸준히 제기돼왔다. 결과적으로 임상시험 조작이나 불투명한 회계처리 등에 따른 투자자 피해가 적지 않았다.

'포괄주의 공시'라 함은, 규정에 열거되지 않은 내용이라도 영업 및 생산활동, 재무구조에 직접적인 연관성이 있고 주가 또는 투자자의 판단에 중대한 영향을 미칠 수 있는 정보라면 공시의무가 부여되는 것을 말한다. 중요 정보를 기업 스스로 결정해 공시하고 위반 시 제재를 받는 만큼 기업 입장에선 부담감이 커질 수밖에 없다.

거래소는 2016년 포괄주의 공시의무를 도입한 이후 2020년부터 제약/바이오 기업에 대한 구체적인 포괄 공시 가이드라인을 제시해 왔다. 임상시험수탁기관(CRO)에서 임상시험 톱라인 데이터(topline data) 또는 임상시험결과보고서(clinical study report)를 제출받았을 때 해당 내용을 공시해야 한다는 점 등이 대표적이다. 특히 일반투자자가 쉽게 이해할 수 있도록 임상 관련 주요 내용(임상 진행 경과, 임상시험 통계적 유의성 여부 등)을 충실히 기재해야 한다. 과거에는 '임상시험 개시' 또는 '종료 여부'만 공시하다보니 결과에 대한 기업들의 자의적인 해석이 적지 않았다.

주가에 상당한 영향을 미칠 수 있는 기술이전(도입)과 관련된 공시 역시 정보공개 투명성을 높이는 쪽으로 바뀌고 있다. 기술이전 계약이 기본적으로 조건부 계약인 만큼 선급금과 조건부 금액(마일스톤, 로열티 등)을 명확히 구분해서 기재하도록 한 것이 대표적이다. 임상시험 중단에 따른 계약 조건 미성취로 기존 기술이전(도입) 계약이 해지되거나 변경된 때도 마찬가지다. 기술이전 계약상대방에 대한 구체적인 정보(국적, 설립일자, 최근 사업연도 매출액)를 공개하도록 한 것도 같은 맥락이다. 실체가 모호한 페이퍼컴퍼니나 자회사 등으로 기술을 이전하는 것과 같은 '짜고 치는 라이선스 거래'를 최소화하기 위해서다.

03 1세대 바이오의 퇴장, 새로운 자본과의 합종연횡

2020년은 바이오 버블이 본격화되는 시점이었다. 당시만 해도 설립 20년 안팎의 1세대 바이오 기업들이 국내 시장에서 차지하는 존재감은 상당했다. 상위 20개 시가총액 순위 기준으로 전체의 절반 가량을 차지할 정도였다. 이들 가운데 블록버스터 신약개발사가 나타날 것이라는 투자자들의 기대감도 적지 않았다.

하지만 지금 상황은 어떨까. 버블이 꺼지고 있는 현재 시가총액 상위권에서 명맥을 유지하고 있는 1세대 신약개발사는 일부에 그치고 있다. 이들 조차도 과연 언제까지 투자자들이 기다려 줄지 알 수 없는 노릇이다. 나머지는 일부 '돈 버는' 의료기기 업체들이 명맥을 유지하고 있을 뿐이다.

1세대 신약개발사 상당수는 당초 계획했던 R&D 계획이 차질을 빚으면서 투자자들의 외면을 받아야 했다. 어쩔 수 없이 경영권을 내놓는 회사들도 등장했다. 국내 바이오 산업의 호황기를 이끌던 바이오텍 창업 1세대가 역사의 뒤안길로 물러나고 있는 것이다.

이들의 퇴장을 어떻게 봐야할까. 후발주자들의 '롤 모델'이 되어주지 못한 아쉬움은 있지만 결과적으로 세대교체 또는 시장이 정상화되는 과정으로 봐야할 것이다.

))⚬((체념하는 투자자들, "20년을 기다렸지만……"))⚬((

국내 바이오벤처는 닷컴버블이 맹위를 떨치던 2000년을 전후로 태동했다. 헬릭스미스(옛 바이로메드), CG인바이츠(옛 크리스탈지노믹스), 제넥신 등 이름만 들어도 알 법한 회사들이 이즈음에 설립됐다. 업계에서는 이들을 가리켜 '1세대 바이오텍'이라 부른다. 닷컴버블 이후 수많은 IT 벤처들이 역사의 뒤안길로 사라진 가운데, 1세대 바이오텍 상당수는 여전히 생존을 이어가고 있다.

엄밀히 말하면 '버티고 있다'는 표현이 맞을 수도 있겠다. 20년이 넘었지만 아직까지 이들 중에 의미 있는 R&D 성과를 거둔 곳은 찾아보기 힘들다. 여기서의 성과는 신약개발 과정에서 라이선스아웃 등을 통해 지속적인 현금 창출 기반을 마련했는지가 하나의 기준이 될 것이다. 대부분은 제대로 버는 돈 없이 외부 자금에 의존해 회사를 운영해 왔다.

개인투자자들은 기다림의 한계에 직면했다. 그동안 주주배정 증자 참여 등을 통해 꾸준히 자금을 지원해 왔지만 결과적으로 손실만 누적됐다. 신약개발 자체가 오랜 시간을 기다려야 하는 비즈니스라는 사실을 모르는 건 아니지만, '밑 빠진 독에 물 붓기'가 아닐까라는 우려 역시 꾸준히 제기됐다. 그동안의 증시 침체는 기술특례 상장제도를 둘러싼 불신으로까지 이어지는 분위기다.

1세대 바이오텍의 균열은 점점 기업의 생존 문제로 귀결되고 있다. 창업자가 더 이상 버티지 못하고 회사를 매각하는 사례들도 생겼다. 이 과정에서 창업자가 의미 있는 엑시트를 단행한 경우는 찾아보기 어렵다. 대부분 3자배정 유상증자 형태로 최대주주 변동이 이뤄진 만큼 창업자는 지분율 희석을 감수해야 했다. 주인이 바뀌면서 기존 사업이 아닌 새로운 비즈니스를 모색하는 바이오 기업들도 적지 않다.

아직까지 창업자가 바이오 기업을 이끄는 사례도 있지만 '지속가능성'이 문제다. 60~70대 나이 등을 고려했을 때 기존 창업자가 경영을 계속 이어갈 수 있을지에 대한 의구심이다. 이는 결국 2세 경영이나 M&A 등을 포함한 지배구조 변화로 이어지기 마련이다. 회사 밸류에이션에 곧바로 영향을 미치는 사안인 만큼 투자자로서도 민감하게 받아들일 수밖에 없다.

〰️ 새 주인 찾은 신라젠과 헬릭스미스, 재기할까 〰️

신라젠과 헬릭스미스는 국내 바이오 업계를 얘기할 때 빼놓을 수 없는 회사다. 신약개발 대박을 꿈꾸며 이들에 투자한 개인투자자들에 힘입어 양사의 시가총액은 한때 수조 원에 달했다. 하지만 2019년 나란히 임상 3상에서 기대했던 결과를 내놓지 못하면서 기업가치가 추락했다. 성장 한계에 직면한 최대주주 역시 경영권을 넘길 수밖에 없었다.

바이오 대장주로서 이름을 날리던 신라젠은 2021년 최대주주가 엠투엔으로 변경됐다. 대부업체인 리드코프를 자회사로 두고 있는 엠투엔이 신라젠 유상증자에 3자배정으로 600억 원을 투자하는 구조였다. 치과의사 출신이자 신라젠 최대주주였던 문은상 전 대표 등은 횡령·배임 혐의로 구속·기소됐다. 이 과정에서 신라젠은 주식시장에서 2년 6개월에 걸친 거래 정지를 감수해야 했다.

그동안의 임상에서 신라젠을 울고 웃게 만들었던 항암 바이러스 펙사벡은 신장암 환자 대상으로 병용임상을 이어가고 있다. 2022년 9월에는 스위스 바이오 기업 바실리아(Basilea)로부터 항암제 물질을 신규로 도입하기도 했다.

⊃⊂ 코스닥 시가총액 기준 톱20 바이오 기업 변화

(단위: 억 원)

2020년 1월 2일 기준		2023년 12월 말 기준	
종목명	시가총액	종목명	시가총액
에이치엘비	4조8,851	에이치엘비	6조5,552
헬릭스미스	2조152	알테오젠	5조1,402
메디톡스	1조7,480	클래시스	2조4,453
휴젤	1조6,769	루닛	2조3,322
메지온	1조6,872	휴젤	1조8,504
젬백스	1조5,566	레고켐바이오	1조7,838
제넥신	1조4,898	메디톡스	1조7,589
에이비엘바이오	1조1,054	에스티팜	1조2,752
신라젠	1조232	HK이노엔	1조2,593
알테오젠	9,700	씨젠	1조1,960
코미팜	9,653	에이비엘바이오	1조1,782
차바이오텍	7,688	메지온	1조1,539
오스코텍	6,964	파마리서치	1조1,301
크리스탈지노믹스 (현 CG인바이츠)	6,023	차바이오텍	1조1,032
엔지켐생명과학	5,800	현대바이오	1조390
녹십자셀	5,681	보로노이	9,395
에스티팜	5,541	카나리아바이오	9,273
메디포스트	5,552	오스코텍	8,755
레고켐바이오	5,608	바이오니아	8,595
유틸렉스	4,953	펩트론	8,302

* 제약사 등 제외

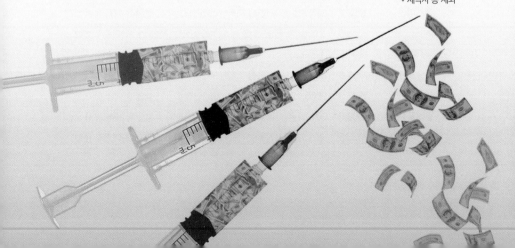

헬릭스미스는 1호 기술특례 상장사로서 2005년
코스닥에 입성했다. 유전자 치료 약물인 엔젠시
스에 대한 기대감으로 한때 시가총액이 3조
원을 넘기도 했다. 하지만 임상 3상에서 FDA
허들을 넘는데 어려움을 겪었고 주주들
의 경영 쇄신 요구가 끊이지 않았다.

2022년 말 헬릭스미스 최대주주
는 카나리아바이오엠으로 바뀌었다.
신라젠과 마찬가지로 3자배정 유상증자
를 통해 M&A가 이뤄지는 구조였다. 카나리아
바이오엠의 자회사인 카나리아바이오는 난소
암 치료를 위한 표적 항암제인 '오레고보맙'의

⌘ 국내 주요 1세대 바이오텍 창업자 지배 현황

기업	설립일	상장일	창업자	비고
CG인바이츠 (옛 크리스탈지노믹스)	2000.7	2006.1	조중명 전 대표(1948년생)	2023년 최대주주 교체
헬릭스미스	1996.1	2005.12	김선영 전 대표(1955년생)	2022년 최대주주 교체
신라젠	2006.3	2016.12	문은상 전 대표(1965년생)	2021년 최대주주 교체
셀트리온	2002.2	2018.2	서정진 회장(1957년생)	창업자 체제 유지
메디포스트	2000.6	2005.7	양윤선 전 대표(1964년생)	2022년 최대주주 변경
제넥신	1999.6	2009.9	성영철 전 회장(1956년생)	2014년 최대주주 변경
마크로젠	1997.6	2000.2	서정선 회장(1952년생)	창업자 체제 유지
바이오니아	1992.8	2005.12	박한오 대표(1962년생)	창업자 체제 유지
알테오젠	2008.5	2014.12	박순재 대표(1954년생)	창업자 체제 유지
레고켐바이오	2006.5	2013.5	김용주 대표(1956년생)	2024년 최대주주 변경

글로벌 임상을 수행하고 있다. 헬릭스미스 창업자이자 기존 최대주주였던 김선영 전 대표는 임상총괄 CSO(최고전략책임자)로서 기존 엔젠시스 임상개발에만 주력한다는 입장을 표명했다. 하지만 헬릭스미스는 2023년 말 바이오솔루션을 새 주인으로 받아들이며 1년 만에 다시 최대주주 변동을 겪어야 했다.

2008년 설립돼 지난 16년간 항체 치료제 연구로 한우물을 팠던 파멥신 역시 기존 투자자들이 원했던 결말로 이어지진 못했다. 회사를 대표하는 항암제 파이프라인(올린베시맙)의 임상시험 데이터가 만족스럽지 못했고 주가 하락이 계속됐다. 기존에 발행했던 전환사채 조기상환 등으로 재무 여건까지 곤두박질치면서 코스닥 상장사로서의 입지조차 흔들렸다. 결국 파멥신은 2023년부터 다수의 3자배정 유상증자를 시도한 끝에 타이어뱅크를 새 주인으로 맞아들였다. 창업자인 유진산 대표는 최대주주 지위를 포기하고 후선으로 물러날 수밖에 없었다.

레고켐바이오도 2024년 초 최대주주가 변경됐다. 창업자가 일부 지분을 회수(엑시트)하는 구조이지만, 기존 대표직을 유지해 투자자의 신뢰를 이어 갔다. 특히 새 주인이 국내 대기업(오리온)인 만큼 신약개발을 위한 자금 지원 측면에서 든든한 뒷배를 얻게 됐다.

〉〉〉〉〈〈 메디포스트와 CG인바이츠, 사모펀드 먹잇감으로 〉〉〉〉〈〈

메디포스트와 CG인바이츠도 경영권이 바뀌긴 했지만 새 주인이 전략적 투자자(SI, strategic investor)가 아닌 사모투자펀드(PEF), 즉 재무적투자자(FI, financial investor)라는 점에서 앞선 사례와 차이가 있다. 보통 PEF들이 영업

현금흐름을 꾸준히 창출하는 기업들을 대상으로 바이아웃(buyout, 지분인수)을 단행한다는 것을 고려하면 이례적인 케이스라고 할 수 있다.

그동안 오스템임플란트나 클래시스 등 의료기기 회사들에 대한 PEF 투자는 종종 있었어도 적자 일변도의 바이오 기업을 사들이는 경우가 드물었던 이유이기도 하다. 메디포스트와 CG인바이츠 모두 일정 매출에도 불구하고 연간 영업이익을 내는 데는 어려움을 겪어 왔다. 무엇보다 창업자가 경영 전면에서 물러난 상황에서 PEF가 어떤 식으로 R&D 중심의 바이오 기업 밸류에이션을 끌어올릴 수 있을 지가 관건이다.

메디포스트는 2012년 식약처 품목 허가를 받은 골관절염 줄기세포 치료제인 '카티스템' 개발사로 잘 알려진 회사다. 창업자인 양윤선 전 대표는 서울대 의대를 졸업한 의사 출신 바이오벤처 창업 1세대다. 스카이레이크 등 PEF 운용사 2곳은 2022년 6월 전환사채(CB)와 전환우선주 등을 사들이는 방식으로 메디포스트 경영권을 인수했다. 회사는 유입된 자금을 활용해 카티스템 미국 임상 3상, 세포·유전자 치료제 위탁개발생산(CDMO) 사업 등에 투입한다는 계획을 밝혔다.

당시 이뤄진 총 1,600억 원 규모의 M&A에는 양 전 대표의 지분 일부를 매각하는 거래도 포함돼 있었다. 당시 시가 대비 일정 프리미엄이 더해진 가격으로 주식을 처분했다. 창업 이후 22년 동안 회사를 이끈 양 전 대표는 이후 메디포스트의 이사회 의장으로 남았다. 이 같은 그의 행보를 두고 바이오텍 1세대의 성공적 엑시트라는 시각과 더 이상 성장동력을 찾지 못해 내린 창업자의 고육책이란 평가가 엇갈린다.

CG인바이츠도 메디포스트와 같은 2000년에 설립된 1세대 바이오텍이다. 창업자는 LG화학 바이오텍연구소장 출신의 조중명 전 대표다. 2015년 국내 바이오벤처로는 처음으로 국내 신약 품목허가를 획득했는데 골관절염 치료

⊃⊂ CG인바이츠 생태계 지배구조 : 디지털 헬스케어 중심의 가치사슬

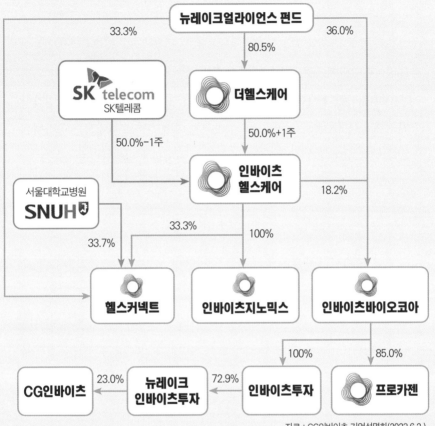

자료 : CG인바이츠 기업설명회(2023.6.2.)

⊃⊂ CG인바이츠 사업별 밸류체인

데이터 확보	인바이츠헬스케어, 인바이츠지노믹스, 프로카젠
분석·물질 발굴	인바이츠바이오코아, 프로카젠
신약 후보물질 개발	CG인바이츠
임상 수탁·판매	인바이츠바이오코아

제인 '아셀렉스'가 그 주인공이다. 하지만 기대만큼 상업적인 성공으로 이어지진 못했고 이후 항암제 개발 등으로 R&D 방향을 선회했다. 이후 CG인바이츠가 자금 조달을 위해 실시한 유상증자 규모만 2,000억 원이 넘었다.

조중명 전 대표의 최종 선택은 M&A였다. 2023년 6월 특수목적법인(SPC) 뉴레이크인바이츠가 3자배정 유상증자 참여를 통해 CG인바이츠의 최대주주로 올라섰다. SPC의 지배구조 정점에는 PEF 운용사인 뉴레이크얼라이언스가 있다. SK텔레콤, 서울대학교병원 등이 투자자로 참여하는 인바이츠 생태계를 통해 디지털 헬스케어 중심의 가치사슬을 만들겠다는 목표를 갖고 있다.

⋈⋈ 제넥신과 셀트리온 그리고 알테오젠, 창업자의 유효기간 ⋈⋈

물론 1세대 바이오 중에도 여전히 창업자가 버티면서 존재감을 발휘하고 있는 사례가 적지 않다. 이들 대부분은 창업자를 대체할 후계자를 찾는데 어려움을 겪고 있다. 당장은 버틸 수 있겠지만 창업자들의 나이를 고려할 때 현 상태를 유지하기란 쉽지 않다.

1999년 설립된 제넥신의 최대주주는 제약사 한독이다. 그동안 포스텍 생명과학과 교수 출신 창업자인 성영철 전 회장이 회사를 이끌어왔지만 자궁경부암 백신 등을 포함한 주요 파이프라인의 사업화 전략은 진전을 보지 못했다. 코로나19 팬데믹 시기에 DNA 백신 개발에 나서 투자자들의 주목을 받기도 했지만 결과는 실패였다. 보유 파이프라인의 기술이전 등에 따른 현금흐름이 발생하긴 했지만 일회성에 그치는 경우가 많았다.

자체 R&D 성과가 부진하다보니 제넥신은 국내외 바이오 기업이나 부동산 투자에 열중했다. 필요한 자금을 계속 유상증자에 의존하다보니 주가 하락도 불가피했다. 외부에서 영입된 전문경영인은 1~2년 만에 사임하기 일쑤였고 내부 핵심 인재들의 이탈이 이어졌다. 성 전 회장 본인 또한 대표이사 사임과 복귀를 반복했고 현재는 사내이사와 이사회 의장직까지 내려놓은 상태다(275쪽).

'바이오베터'(바이오의약품의 개량신약)를 개발하는 알테오젠은 2008년 설립 이래 지난 16년간 창업자인 박순재 대표가 이끌고 있다. 박 대표는 CG인바이츠의 조중명 전 대표와 마찬가지로 LG생명과학(현 LG화학)에서 오랜기간 바이오의약품을 연구한 인물이다. 알테오젠의 '인간 히알루로니다제(ALT-B4)'는 정맥주사(IV) 제형을 피하주사(SC) 제형으로 약물전달 방식을 변경할 수 있는 플랫폼 기술이다.

ALT-B4의 잇따른 기술이전 실적 등에 힘입어 알테오젠은 에이비엘바이오 등과 함께 '흑자 바이오'로 거듭나기도 했다. 과연 언제까지 현 체제로 지속가능한 경영이 이뤄질 수 있을 지에 대해선 물음표가 찍힌다. 알테오젠을 둘러싼 경영권 매각 시나리오가 시장에서 끊이지 않는 이유이기도 하다. 자녀가 있긴 하지만 소수 지분을 보유하고 있을 뿐 회사 경영이나 업무에 관여하고 있지 않다는 점에서 2세 경영을 기대하긴 어려워 보인다.

서정진 회장이 2002년 창업한 셀트리온도 1세대 바이오텍으로 분류된다. 20년이 훌쩍 넘었지만 서 회장은 최대주주이자 경영자로서 여전히 '현직'을 유지하고 있다. 2021년 3월 전문경영인 체제 도입을 이유로 대표직을 사임했지만 2년 만에 다시 주요 계열사의 사내이사로 복귀했다. 서진석 통합 셀트리온 대표 등 2세들이 있지만 셀트리온그룹 경영 전반을 주도하기에는 좀 더 시간이 걸릴 전망이다. 셀트리온과 셀트리온헬스케어 간 성사된 합병 역시 향후 지배구조 변수로 작용할 가능성이 높다.

✕)))(✕ 여전히 '롤 모델'은 필요하다 ✕)))(✕

K-바이오가 투자자의 신뢰를 잃었던 건 그동안 '롤 모델'로 삼을 만한 바이오 기업이 거의 없었다는 점과 무관치 않다. 후발주자들이 벤치마킹 대상으로 삼을 만한 성공 모델이 없다보니 K-바이오는 '신약'으로 돈을 벌기 어렵다는 패배감에 사로잡혀야 했다. 1세대 바이오텍들이 20년 넘게 R&D에 매진해 왔다고 하지만 어느 기업도 만족할 만한 성과를 도출하지 못했다. 독단적 지배구조, 내부통제 이슈 등에서 한계만 노출할 뿐이다.

반대로 생각하면 제대로 된 성공 모델 회사 하나만 등장해도 바이오 업계 전체가 신뢰를 회복할 수 있을 것이라는 기대감이 커진다. 〈기생충〉이 나올 때까지 한국 영화가 미국 오스카시상식에서 작품상을 받을 것이라고 예상한 사람은 많지 않았다. BTS의 등장은 K-팝이 전 세계 음악시장을 휘어잡는 계기가 됐다.

국내 바이오텍의 성공 모델은 지금의 '적자 바이오'가 아니라 '돈 버는 바이오'를 말한다. '돈 버는 바이오'는 외부 자금 조달 없이 자체적으로 현금흐름을 창출해 지속가능한 경영을 이어가는 회사다.

이는 더 나아가 K-블록버스터 신약에 대한 간절함이기도 하다. 글로벌 제약사 머크(Merck)가 개발한 면역항암제 '키트루다'의 2023년 예상 매출액은 한화로 32조 원에 달한다. 업종별로 살펴봐도 단일 제품으로 이 정도 판매실적을 기록하는 사례는 드물다. 투자자들이 '블록버스터 신약'이라는 K-바이오의 부푼 꿈에 끊임없이 베팅해 왔던 이유다. 물론 지금의 K-바이오 수준으로는 여전히 갈 길이 멀게만 느껴지는 것도 사실이다.

1999년 7월 SK케미칼의 위암 항암제 '선플라주'를 시작으로 허가받은 국산 신약은 모두 36개다(2023년 12월 기준, 74쪽). 일부 상업성을 인정받은 신

⊃⊂ 머크의 키트루다 글로벌 매출액 증가 추이 (2023.11.10 환율 기준)

억 원

100,000

80,000   7조9,085   **16.9%(YoY)**   9조2,475

60,000

40,000

20,000

0

3Q22   3Q23

글로벌 제약사 MSD가 개발한 면역항암제 '키트루다'의 2023년 예상 매출액은 한화로 32조 원에 달한다. 단일 제품으로 이 정도 판매 실적을 기록하는 사례는 드물다. 투자자들이 '블록버스터 신약'이라는 바이오 기업들의 부푼 꿈에 끊임없이 베팅해 왔던 이유다.

약도 있었지만 대부분은 시장의 기대치를 충족시키지 못했다. 국내 제약사들의 연 매출이 일반/전문 의약품 판매 수치를 모두 더해서 기껏해야 1조 원대에 그치고 있는 현실과도 맞닿아 있다.

특히 코로나19 팬데믹은 K-바이오의 민낯이 여실히 드러난 시기였다. 코로나19 치료제 및 백신 개발에 뛰어든 업체 대부분이 임상시험에서 만족할 만한 결과를 내놓지 못하고 중도포기를 결정했다(296쪽).

다수의 전문가들은 독자적인 신약개발 완수가 아니더라도 라이선스아웃 성과에서부터 롤 모델을 만들어 나가는 것이 중요하다고 말한다. 임상 3상까지의 모든 과정을 자체적으로 수행할 경우 '과실'을 독차지할 수 있겠지만 임상 비용 등을 고려하면 현실성이 떨어질 수밖에 없다. 길고 긴 임상 과정을 거치면서 시장의 기대감만 잔뜩 불어넣고 정작 마지막 관문을 넘지 못해 대규모 투자 손실로 이어진 사례가 적지 않다.

일단 꾸준한 라이선스아웃 성과를 통해 글로벌 시장의 문을 두드리는 것이 '빅파마'로 향하는 길이 될 것이다. 지난 몇 년간 에이비엘바이오, 알테

⊃⊂ 국내 개발 신약 허가 현황(화합물신약, 바이오신약 기준)

순서	제품명	회사명	주성분	효능·효과	허가일자
36	엔블로정	대웅제약	이나보글리플로진	제2형당뇨병치료제	'22. 11. 30
35	스카이코비원 멀티주	SK바이오사이언스	사스 코로나19 바이러스-2 스파이크 단백질 RBD 항원 (유전자재조합)	코로나19 예방 백신	'22. 6. 29
34	펙수클루정	대웅제약	펙수프라잔염산염	위식도역류질환치료제	'21.12.30
33	롤론티스	한미약품	에플라페그라스팀	호중구감소증치료제	'21.03.18
32	렉키로나주	셀트리온	레그단비맙	코로나19치료제	'21.02.05
31	렉라자정	유한양행	레이저티닙메실산염일수화물	폐암치료제	'21.01.18
30	케이캡정	CJ헬스케어	테고프라잔	위식도역류질환치료제	'18.07.05
29	알자뷰주사액	퓨처켐	플로라프로놀(18F)액	방사성의약품	'18.02.05
28	베시보정	일동제약	베시포비르	만성B형간염치료제	'17.05.15
27	올리타정	한미약품	올무티닙염산염일수화물	표적항암치료제	'16.05.13
26	슈가논정	동아에스티	에보글립틴 타르타르산염	경구용혈당강하제	'15.10.02
25	시벡스트로주	동아에스티	테디졸리드포스페이트	항균제(항생제)	'15.04.17
24	시벡스트로정	동아에스티	테디졸리드포스페이트	항균제(항생제)	'15.04.17
23	자보란테정	동화약품	자보플록사신 D-아스파르트산염	퀴놀론계항생제	'15.03.20
22	아셀렉스캡슐	크리스탈지노믹스	폴마콕시브	골관절염치료제	'15.02.05
21	리아백스주	카엘젬백스	테르토모타이드염산염	항암제(췌장암)	'14.09.15
20	듀비에정	종근당	로베글리타존 황산염	당뇨병치료제	'13.07.04
19	제미글로정	LG생명과학	제미글립틴타르타르산염 1.5수화물	당뇨병치료제	'12.06.27
18	슈펙트캡슐	일양약품	라도티닙염산염	항암제(백혈병)	'12.01.05
17	제피드정	JW중외제약	아바나필	발기부전치료제	'11.08.17
16	피라맥스정	신풍제약	피로나리딘인산염, 알테수네이트	말라리아치료제	'11.08.17
15	카나브정	보령제약	피마살탄칼륨삼수화물	고혈압치료제	'10.09.09
14	놀텍정	일양약품	일라프라졸	항궤양제	'08.10.28
13	엠빅스정	SK케미칼	미로데나필염산염	발기부전치료제	'07.07.18
12	펠루비정	대원제약	펠루비프로펜	골관절염치료제	'07.04.20
11	레보비르캡슐	부광약품	클레부딘	B형간염치료제	'06.11.13
10	자이데나정	동아제약	유데나필	발기부전치료제	'05.11.29
9	레바넥스정	유한양행	레바프라잔	항궤양제	'05.09.15
8	캄토벨정	종근당	벨로테칸	항암제	'03.10.22
7	슈도박신주	CJ제일제당	건조정제슈도모나스백신	농구균예방백신	'03.05.28
6	아피톡신주	구주제약	건조밀봉독	관절염치료제	'03.05.03
5	팩티브정	LG생명과학	메탄설폰산제미플록사신	항균제(항생제)	'02.12.27 US FDA 허가 ('03.4.4)
4	큐록신정	JW중외제약	발로플록사신	항균제(항생제)	'01.12.17
3	밀리칸주	동화약품공업	질산홀뮴-166	항암제(간암)	'01.07.06
2	이지에프 외용액	대웅제약	인간상피세포성장인자	당뇨성 족부 궤양치료제	'01.05.30
1	선플라주	SK케미칼	헵타플라틴	항암제(위암)	'99.07.15

* 자료 : 한국신약개발연구조합

오젠 등이 보여준 것처럼 라이선스아웃을 통한 흑자 바이오 사례가 늘고 있는 점은 분명 긍정적인 시그널이다.

2015년 한미약품이 사노피와 글로벌 라이선스아웃 딜을 체결했을 당시를 떠올려보자. 계약금만 5,000억 원에 달한 빅딜이었다. 훗날 기술반환이 이뤄지긴 했지만 K-바이오가 이 정도 규모의 랜드마크 실적을 만들어 냈다는 사실에 국내 제약/바이오 업계 전체가 흥분했던 기억이 난다.

지금은 이공계 중에서도 의대 지원자가 압도적으로 많지만 한미약품 딜이 성사된 직후 생명과학 연구에 대한 사회 전반의 관심은 어느 때보다 뜨거웠다. 하나의 빅딜이 바이오 업계 전체의 변화로 이어질 수 있다는 것을 방증한 대목이다. 한미약품은 분명 그 시대의 '롤 모델'이었다.

이러한 관점에서 보면 1세대 바이오텍 창업자들도 미래의 롤 모델 발굴 측면에서 의미 있는 역할을 할 수 있다. 그들 자신은 당초 목표를 달성하는 데 어려움을 겪고 있지만 그 과정에서 쌓은 수십 년의 경영 노하우를 후발 주자들과 공유할 필요가 있다.

나이가 많다고 해서 경영 일선에서 물러나 회사의 최대주주 또는 이사회 의장으로만 남는 건 K-바이오 업계 전체를 봐도 손실이 아닐 수 없다. 이들이 직접 엑셀러레이터(accelerator, 창업기획자) 또는 컴퍼니빌더(company builder)*로 나서 원석을 발굴하는 것도 의미가 남다를 것이다. 일부 바이오 1세대 연구자들이 펀드 조성을 통한 바이오벤처 창업 지원뿐만 아니라 사업전략 자문에 나서고 있다는 점은 매우 바람직한 행보가 아닐 수 없다.

---

* 우리말로 '기업을 만드는 기업'으로 해석되는 바, 창업 아이템 구상부터 팀 구성, 자금 조달, 기업 경영까지 주도하며 창업을 이끄는 회사. 개별 기업에 지분 투자 후 제한적으로 경영에 개입하는 VC와 구별.

04 좀비바이오 그리고 옥석가리기

정찬성은 한국을 대표하는 종합격투기 선수다. '코리안 좀비(Korean Zombie)'라는 닉네임으로도 유명한데, 맞아도 맞아도 쓰러지지 않고 오히려 저돌적으로 달려들기 때문에 생긴 별명이다. 상대 선수 입장에서는 온 힘을 다해 가격한 펀치를 맞고도 꾸역꾸역 다가오는 정찬성이 마치 좀비처럼 느껴졌을 것이다.

뜻밖에도 좀비는 바이오 업계에도 존재한다. 이른바 '좀비바이오'! 마땅한 성장동력이 없는 데도 보유한 현금으로 근근이 명맥을 이어나가는 바이오 기업을 일컫는다. 그렇다고 쉽게 망하지도 않기 때문에 '좀비'라는 별칭이 붙은 건지도 모르겠다.

문제는 업황이 어려워질수록 좀비바이오들이 늘어난다는 사실이다. 투자자 입장에서는 좀비를 걸러서 보는 안목이 필요하지만, 쉽지 않다. 하지만 좀비를 죽이지 않으면 투자자도 업계도 살아남을 수 없다. '죽여야 사는' 가혹한 현실이다.

》《 문제는 출구전략이다! 》《

주식시장의 잦은 업앤다운(up&down)에도 바이오 기업을 향한 국내 투자자
들의 구애는 꾸준하다. 어려운 와중에도 2022년에만 200곳이 넘는 국내 비
상장 제약/바이오 기업들이 자금 조달에 성공한 이유이기도 하다. 2021년
과 비교하면 다소 줄긴 했지만 금액만 보면 2조 원에 가까운 자금이 시장
에 흘러들어갔다. 상당부분이 모태펀드 등 정책자금에서 유치한 것이지만
개인투자조합 등 민간자금도 적지 않다.

  여기서 주목할 점은 과연 이들 비상장 바이오 기업들에 대한 '출구전략'
이 마련돼 있는지 여부다. 소위 엑시트(exit)로 대변되는 출구전략은 투자자
(또는 창업자)들이 회사에 투입한 자금에 대한 회수 방안을 말한다. M&A가
쉽지 않은 국내 제약/바이오 업계에서는 사실상 IPO가 유일한 출구전략 수
단이다. 피투자회사가 코스닥이나 코스피 시장에 상장해야 투자자들이 지
분을 자유롭게 거래할 수 있기 때문이다.

ⅩⅭ 2018~2023년 업종별 코스닥 기술특례 상장 현황

	2018년	2019년	2020년	2021년	2022년	2023년
코스닥 기술특례 상장기업	21개	21개	25개	31개	28개	35개
바이오/헬스케어 상장기업	15개	14개	17개	9개	8개	11개
비바이오 상장기업	6개	7개	8개	22개	20개	24개
기술특례 상장기업 중 바이오/헬스케어 비율	71.4%	66.7%	68.0%	29.0%	28.6%	31.4%

비상장 시기의 낮은 밸류에이션 단계에서 자금을 투입했던 벤처캐피털(VC)등 재무적투자자 역시 IPO에 성공했을 때 비로소 차익 실현이 가능해진다. 회사 입장에서는 기업가치를 제대로 평가받음으로써 주식시장에서 자금 조달 창구를 다양화할 수 있다는 장점이 있다.

하지만 국내 바이오 기업들에 대한 IPO 시장은 몇 년 전부터 침체기를 이어왔다. 특히 기술성 평가나 예비심사 승인 등 기준이 엄격해지면서 2022년 코스닥 기술특례로 상장한 바이오 기업(헬스케어, 의료기기 포함)은 불과 8곳에 그쳤다. 버블이 정점을 찍던 2020년(17곳) 이후 2021년부터 계속 감소세에 있다. 이는 그동안 바이오 기업들이 상장 이후 목표로 잡았던 매출이나 R&D 계획을 달성하지 못한 점과 무관치 않다.

투자자들의 신뢰를 스스로 저버린 만큼 주가 하락으로 이어졌고 이는 바이오 기업들에 대한 감독당국의 규제 강화로 작용했다. 2023년 들어 상황이 다소 개선되긴 했지만 바이오 기업들이 예전만큼의 IPO 성적을 회복하기에는 좀 더 시간이 필요해 보인다.

2020년부터 기술특례로 코스닥에 입성한 상장사 가운데 비바이오 업종의 비중이 꾸준히 증가해왔던 점과도 대비된다. 조 단위 공모규모로 주목을 받았던 SK바이오팜(약 1조 원)과 SK바이오사이언스(약 1조5,000억 원)의 경우 코스닥 특례가 아닌 거래소 상장 루트를 활용했던 데다, 두 회사의 IPO 시기 역시 버블 붕괴 직전이었다는 점을 기억해 둘 필요가 있다.

결과적으로 보면 2020~2022년 자금 조달이 이뤄진 비상장 제약/바이오 기업들 가운데 상당수는 여전히 IPO를 진행하지 못하고 비상장인 상태로 남아있는 상황이다. 그 이전에 자금을 수혈했던 기업들까지 누적해서 살펴보면 그 수는 훨씬 커질 수밖에 없다. 유입되는 자금규모에 비해 출구(엑시트)가 계속 좁아지면서 불균형이 가중되는 형국이다.

)))||((늘어나는 좀비들)))||((

그동안의 IPO 부진에 따른 바이오 업계의 후유증은 상당해 보인다. 해당 바이오 기업으로서는 계속 비상장사로 남아서 추가 펀딩으로 '연명'을 해 나가야 하지만 현실적으로 여간 어려운 일이 아니다. IPO 관문을 통과하지 못한 기업들을 대상으로 자금 지원을 이어갈 투자자는 많지 않기 때문이다.

결국 회사는 허리띠를 졸라매고 (운영자금 사용을 최소화하면서) 버티는 수밖에 없다. 자금이 많이 투입되는 임상시험 일정을 줄이고 임·직원 수를 감축하는 등 '서바이벌'에 대비하는 회사들이 늘어나는 이유다.

돈은 못 벌지만 쉽게 망하지도 않는
제약/바이오 업종의 특성은
좀비바이오를 늘리는 배경이 되었다.
상황이 어려워져서 망할 것 같은 바이오 기업이지만
또 다른 회사와 합병하거나 매각되어
극적으로 되살아난다.

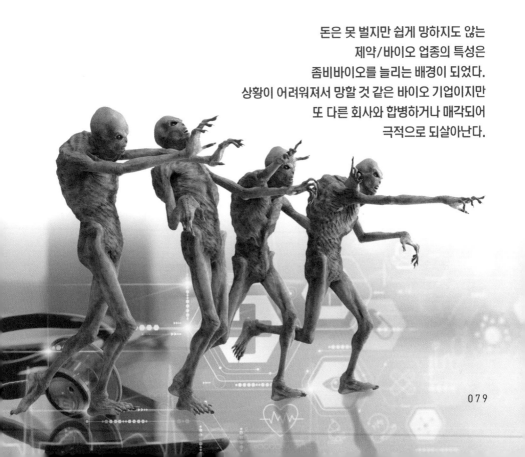

업계에서 이들은 '좀비바이오'로 불린다. 죽은 것 같은 좀비가 인간처럼 살아 움직이듯 이들 좀비바이오는 성장동력을 잃은 상태에서도 끈질긴 생명력(?)을 유지한다. 특정 시리즈 펀딩 이후 오랜 기간 추가 자금 조달을 못 하고 있거나 눈에 띌 만한 R&D 성과를 내놓지 않고 있다면 이미 '좀비 모드'에 돌입했을 가능성이 높다.

돈은 못 벌지만 쉽게 '망하지도' 않는 제약/바이오 업종의 특성은 좀비바이오를 늘리는 배경이 되고 있다. 상황이 어려워져서 망할 것 같은 바이오 기업이지만 또 다른 회사와 합병하거나 매각되는 방식으로 극적으로 되살아난다. 일단 어느 정도의 현금만 있으면 지속가능한 경영을 이어가는데 큰 문제가 없어 보인다. 그럴 듯한 R&D '테마'에 편승해서 VC 펀딩을 이끌어내는 곳도 있다.

바이오 기업의 파산이 드문 만큼 실제 그런 일이 발생할 경우 주요 경제지의 헤드라인을 장식하기도 한다. 2022년 11월 파산한 단백질 기반 1세대 바이오시밀러(145쪽 각주)를 개발하던 폴루스가 그랬다. 코스피 상장사인 폴루스바이오팜을 통해 우회상장을 노리며 '제2의 셀트리온'을 표방했지만 결과적으로 실패로 돌아갔다.

IPO에 실패한 비상장사들 가운데 좀비바이오 비중이 높긴 하지만 상장사들도 예외는 아니다. R&D 성과를 보여주지 못하면서 '동전주'라는 오명을 입더라도 상장 자격을 유지하는 곳들이 적지 않다. 여기에는 투자자 피해를 줄이기 위해 해당 바이오 기업들이 최악의 상황까지 가지 않도록 당국이 제도적 배려(?)를 해주고 있다는 점도 영향을 미친다. 국내 기술특례상장 바이오 기업 중에 거래 정지 등의 사례는 있지만 상장 폐지까지 진행된 회사는 한곳도 없었다.

)))◆(((신약개발사의 생명력이 유독 끈질기다고?)))◆(((

주목할 점은 유독 신약개발 영역에서 좀비바이오 비율이 높다는 사실이다. 하나의 신약을 만들기 위해서는 후보물질 발굴부터 전임상, 임상, 인·허가 등을 포함해 보통 10년 이상의 기간이 걸린다(46쪽). 중간 중간에 기술이전 등의 성과로 일부 매출은 낼 수 있겠지만 대부분 적자 상태로 R&D를 이어간다. 투자자들은 향후 신약개발이라는 최종 목표가 달성됐을 때의 '잭팟'을 기대하며 인내하는 것이다. 이는 바이오 기업이 지속적인 외부 투자를 받을 수 있는 원동력이 되기도 한다.

특정 후보물질이 신약개발에 실패하더라도 돈이 있으면 다른 신규 파이프라인을 장착해서 비즈니스를 이어가면 된다. 그 과정에서 임상 결과가 좋으면 이를 바탕으로 자본시장에서 다시 자금을 조달하는 방식이다. 3자배정 유상증자 형태로 새 주인을 맞아들인 후에 아예 사업을 피봇팅(pivoting)*하는 경우도 있다.

신라젠의 사례를 들어보자. 2016년 기술특례 방식으로 코스닥 시장에 상장했는데 간암 치료제 후보물질인 '펙사벡'의 미국 임상 소식이 전해지면서 시가총액이 10조 원까지 불어났다. 하지만 2019년 임상 실패로 주가는 급락했고 1년 뒤에는 거래 정지로 이어졌다. 이후 국내 대부업체인 리드코프를 최대주주로 받아들이면서 '곳간'을 다시 채웠고 스위스 바실리아로부터 항암제 후보물질을 신규 도입했다. 2022년 거래 재개에 성공하면서 재기를 노리고 있다.

---

* 농구에서 한쪽 발을 축으로 놓고 공을 어디로 보낼지 빠르게 태세 전환을 하는 것처럼 예측 불가능한 시장 및 빠른 속도로 변하는 외부 환경에 따라 신사업 방향을 전환하는 것.

코오롱티슈진도 신라젠처럼 글로벌 임상 3상 단계 핵심 파이프라인 기대감으로 국내 증시에서 바이오 투자 열풍을 주도했다. 유전자 골관절염 치료제 '인보사케이주'를 앞세워 기업가치를 끌어올렸는데, 2019년 미국 FDA로부터 임상 보류 결정이라는 쓴 잔을 마셔야 했다. 하지만 모기업인 코오롱의 자금 지원에 힘입어 인보사케이주의 FDA 임상 3상 도전에 다시 매진하는 분위기다.

바이오 기업이 시장에서 투자자들한테 잃어버린 신뢰를 다시 회복하는 것은 결코 쉬운 일이 아니지만, 신라젠이나 코오롱티슈진의 경우 '끝날 때까지 끝난 건 아니다'라는 야구계의 명언을 방증하는 사례로 회자된다.

🧬 좀비바이오, 어떻게 솎아낼 것인가 🧬

좀비바이오의 증가는 그동안 우후죽순으로 신규 바이오 기업들이 난립했다는 점과도 무관치 않다. 한때 바이오 주식 열풍 속에 자금이 몰리면서 신약개발사 창업 붐이 일어났는데, 결과적으로 이들 가운데 적지 않은 회사들이 후폭풍을 맞고 있는 셈이다. 좀비바이오가 상장사보다는 자금 조달에 불리한 비상장사 중심으로 많은 이유이기도 하다. 미디어에서도 IPO가 유력한, 그래서 투자 회수 가능성이 높은 바이오 기업들 위주로 소개되기 때문에 겉으로 봐선 좀비바이오를 확인하기가 쉽지 않다.

하지만 좀비바이오라고 해서 무조건 나쁜 결과로 이어지는 건 아니다. 앞서 소개한 대로 반전의 계기를 마련하는 기업들도 있다. 투자자 입장에선 당장은 밸류에이션이 낮아 보이는 좀비바이오에 자금을 투입한 이후 예상치 못한 수익률을 만들어 낼 수도 있다. 미국만 하더라도 동전주로 전락한 바이오 기업이지만 향후 장밋빛 전망을 기대하며 자금을 투입하는 이른바 '페니 스탁(penny stock)' 투자 사례가 꾸준하다.

희귀한 쇠약성 만성 신경근 및 신경계 질환 치료제를 개발하는 캐털리스트 파마슈티컬스(Catalyst Pharmaceuticals)는 2021년 초까지만 해도 주가가 4달러 전후에 그쳤다. 하지만 앞서 FDA의 승인을 받은 램버트-이튼 근무력증 증후군(LEMS) 치료제의 실적 개선이 본격화되자 주가가 급등했다. 그 결과 2023년 1월에는 주가가 20달러를 상회했다.

희귀한 쇠약성 만성 신경근 및 신경계 질환 치료제를 개발하는 캐털리스트 파마슈티컬스는 2021년 초까지만 해도 주가가 4달러 전후에 그치는 수준이었다.
하지만 앞서 FDA의 승인을 받은 램버트-이튼 근무력증 증후군(LEMS) 치료제의 실적 개선이 본격화되자 주가가 급등했다 그 결과 2023년 1월 주가는 20달러를 상회했다.

캐털리스트
파마슈티컬스 로고

그렇다면 비상장 바이오 기업 투자는 어떨까. 언제 코스닥에 입성할지 모르는 기업에 투자해 놓고 마냥 기다릴 순 없는 노릇이다. 특히 펀드 회수 기한이 정해져 있는 벤처캐피털 입장에서는 더욱 부담감이 커질 수밖에 없다. 개인이건 기관투자가건 좀비바이오를 거르려는 이유가 여기에 있다.

미디어에서 자주 회자되는 '옥석가리기'도 같은 맥락으로 파악된다. 국내 벤처캐피털을 포함한 다수의 기관투자가들도 외부에 드러나지 않을 뿐, 적지 않은 수의 좀비바이오를 포트폴리오로 가지고 있다. 한정된 펀드 자금을 고려하면 좀비바이오에 대한 추가투자(follow-on)를 포기하거나 최소화할 가능성이 높다. 펀드 수익률은 IPO 가능성이 높은 잔여 포트폴리오 회사에 좀 더 베팅하는 것으로 보전해 나가는 전략이다.

문제는 이러한 옥석가리기가 쉽지 않다는 점이다. 특히 생명과학 지식이 부족한 '비전공' 투자자들이 투자결정을 내릴 때는 더욱 그렇다. 바이오 업종 대부분은 임상이 진행 중인 단계에서 수익을 내지 못하는 만큼 영업이익률, EBITDA(상각 전 영업이익), PER(주가수익비율) 등과 같은 기존의 재무적 잣대를 적용할 수가 없다. 현재 재무 여건이 어려운 바이오 기업이라고 해도 글로벌 기술이전 등의 성과로 한방에 현금 유입을 기대할 수 있기 때문이다. 반대로 충분한 현금을 가지고 있다고 해서 자금력이 라이선스아웃과 같은 R&D 잭팟으로 반드시 연결되는 것도 아니다.

해외 대형 제약사처럼 블록버스터 신약을 갖지 못한 국내 바이오 기업 대부분은 '옥'과 '석'으로 딱 잘라서 구분할 수 없는 회색지대에 있다. '옥'이었다가도 임상 결과에 따라 한순간에 '석'이 될 수도 있고, 그 반대의 경우도 마찬가지다. 바이오 기업 고유의 R&D 기술력과 재무 여건 등이 중요하지만 지배구조나 내부 통제 시스템 등 비재무적 요인을 함께 따져보는 노력이 필요한 이유다.

'좋은 회사' 혹은 '좋은 주식'

미디어 입장에서도 바이오 기업에 대한 옥석가리기는 매우 중요하다. 필자는 취재기자 시절 하루에 받는 제약/바이오 기업들의 보도자료만 수십 통에 달했다. 어떤 회사를 기사화할 것인지에 대한 정교한 취사선택이 요구된다. 잘못하다가는 '부실기업' 또는 '한계기업'을 소개한 기사로 오해를 받을 수 있다. 요즘에는 투자자들의 눈높이가 올라가서, 제대로 된 검증 없이 회사 얘기만 듣고 기사를 썼다가는 낭패를 보기 쉽다.

사실 주식시장이 호황일 때는 옥석가리기가 크게 의미 없다. 너나 할 것 없이 주가가 오르기 때문에 옥석에 대한 변별력이 그만큼 떨어지는 것이다. 코로나19가 팬데믹으로 번지던 2020년이 그랬다. 일부 바이오 기업은 '코로나19 치료제 개발 착수'라는 보도자료만으로 상한가를 기록했다. 바이오와 전혀 무관한 기업이 공시자료에 '신약개발'을 사업목적으로 추가해 주가 상승 재료로 삼기도 했다. 이때는 언론이 아무리 지적해도 뉴스의 '약발'이 제대로 먹힐 리가 없다.

일부 개인 주주들은 회사 펀더멘털과 별도로 당장의 주가가 오르는 회사를 '옥'으로 받아들일 수 있다. 반대로 긍정적인 임상 결과를 내놓거나 의미 있는 수준의 기술이전 성과를 달성해도 정작 주가가 오르지 않으면 나쁜(!) 회사인 셈이다. 시장에서 '좋은 회사'와 '좋은 주식'은 엄연히 다른 개념으로 받아들여지고 있다.

하지만 시장 침체기에는 상황이 달라진다. 바이오 기업 간 서바이벌 모드가 심화될수록 옥석의 구분은 좀 더 명확해질 수밖에 없다. 어려운 시기일수록 누가 더 버틸 수 있는지에 대한 실력 차가 확연하게 드러나기 마련이다. 상황이 이러하니 투자자들은 바이오 기업에 대한 투자결정에

일양약품 코로나19 치료제 개발, 주가 띄우기였나?

코로나19 발생 초기 자사의 백혈병 치료제가 코로나19 치료에도 효과가 있을 것이라며 홍보했던 일양약품이 주가 조작 등의 혐의로 경찰 수사를 받고 있다. 〈중략〉

일양약품은 코로나19 발생 초기인 지난 2020년 3월 고려대에 의뢰해 실시한 '인비트로' 시험(시험관 내 시험)에서 자사의 백혈병 치료제인 슈펙트가 대조군에 비해 코로나19 바이러스를 70% 줄이는 것으로 나타났다는 보도자료를 냈다. 또한 같은 시험에서 자체 개발한 치료제 후보물질 5종은 코로나19 바이러스를 99%까지 억제할 수 있다고 주장했다. 두 달 뒤인 2020년 5월에는 "슈펙트를 코로나19 치료제로 사용하기 위한 임상 3상 시험을 러시아에서 실시할 계획"이라며 "국내 치료제 후보로는 처음으로 해외 임상에 들어간다"고 밝혔다.

이 같은 발표에 일양약품 주가는 치솟기 시작해 코로나19 사태 이전 2만 원대에 머물던 것이 2020년 7월 10만6,000원까지 올랐다. 주가가 오르자 개인투자자들이 몰려들었지만 정작 일양약품 오너 일가 등 특수관계인들은 보유 주식을 내다 팔았다. 일양약품 회장의 형제 등은 2020년 3월부터 7월까지 약 6만 주를 매도했다. 하지만 러시아 임상은 아무런 소득 없이 2021년 3월 종료됐고 주가는 3만 원대로 폭락했다. 이에 따라 일부 주주들은 주가 조작 등의 혐의로 일양약품을 경찰에 고소했다. 코로나19 치료제 개발과 관련해 경찰의 수사를 받은 것은 일양약품이 처음이다.

신중해질 수밖에 없고, 미디어가 전달하는 시그널에 좀 더 귀를 기울이게 된다.

다시 본론으로 돌아와 좀비바이오의 핵심 식별법을 짧게 정리하면 다음과 같다. 만약 비상장 바이오 기업 중에서 2년 이상 자금 조달이 없거나 전년 대비 경상 연구개발비가 과도하게 줄었다면 '좀비' 상태가 아닌지 의심해 봐야 한다. 재무 여건이 팍팍해진 나머지 비용 절감에 나섰을 가능성이 높다. 비상장사라도 감사보고서를 제출하는 외감법인이라면 재무제표 주석 사항 등을 통해 이 같은 내용을 확인할 수 있다. 인력 유출이 과도하거나 임상 진행 또는 사업 개발이 상당 기간 진척을 보이지 않는 것도 같은 맥락으로 받아들여진다. 회사 홈페이지의 업데이트 상황을 주기적으로 점검하는 것도 좀비바이오 여부를 감별하는 팁이다.

물론 이러한 체크 사항을 가리켜 바이오 기업이 성장해나가는 과정에서의 '성장통'으로 봐야한다는 의견도 제기된다. 투자자들이 눈여겨봐야하는 건 맞지만 성과를 내기까지 오랜 시간이 걸리고 하이-리스크 하이-리턴 성격의 바이오 산업이라는 점을 고려할 때 섣불리 단정 지어선 곤란하다는 뜻일 게다. K-바이오의 옥석가리기는 시나브로 진행 중이다.

CHAPTER 2

바이오 시장에
흐르는 돈을 찾아서

05 바이오텍, 포스트 IPO 전략 : 상장 이후가 더 중요하다

디즈니 애니메이션의 결말은 '해피엔딩'이 많다. 아무리 고난과 역경이 있다고 해도 마무리는 백마 탄 왕자님을 만나 결혼하는 스토리다(물론 그 반대의 경우도 있다). 'Happily ever after'라는 상투적인 엔딩 문구도 여기에 따라붙는다. 하지만 어른(?)들은 알고 있다. 진짜 본게임은 결혼한 그 이후부터라는 걸. 아이들의 동심을 해치지 않으려는 창작자(월트 디즈니)의 의도겠지만 비현실적이라는 지적에선 자유로울 수 없다.

해피엔딩에 대한 착각은 바이오 업계에서도 볼 수 있다. IPO가 마치 최종 목표인 것처럼 인식하는 바이오텍 창업자들이 적지 않다. IPO만 이뤄지면 임·직원 모두가 '해피엔딩'이 될 거라는 착각이 바로 그것이다. 하지만 IPO는 끝이 아니라 새로운 고난의 시작이다. 상장 이후에 기업이 직면할 여러 문제들을 고려하면 비상장사 시절의 이슈들은 아무것도 아닐 가능성이 높다. 투자자들이 상장 이후의 성장 방안 등을 포함한 포스트 IPO 전략이 있는지를 따져봐야 하는 이유다.

⊠⊠⊠ 오스템임플란트는 왜 상장 폐지를 결정했을까 ⊠⊠⊠

국내 1위 임플란트 회사로서 2007년 코스닥에 입성한 오스템임플란트가 사모펀드(PEF)로 최대주주가 바뀌면서 2023년 8월 상장 폐지됐다. 새 주인은 공개 매수를 통해 지분율 100%를 확보했다. 오스템임플란트는 영업이익만 2,000억 원(2022년 기준)이 넘는다. 굳이 자본시장을 통한 외부 자금 조달에 의존하지 않아도 된다. 실제로 회사는 공모 형태의 유상증자나 메자닌(107쪽 각주) 발행을 거의 하지 않았다. 2020년 발행한 500억 원 규모의 전환사채(CB)와 2021년 600억 원 규모의 회사채는 모두 사모 형태였다.

상장의 1차적인 목적이 자금 조달이라고 한다면 오스템임플란트는 이 부분에 있어서 어느 정도 자유로워졌다고 볼 수 있다. 자본시장의 도움 없이 자체적으로 현금 창출이 가능하기 때문에 상장사 지위가 필요 없어진 것이다. 물론 수익이 발생하는 만큼 여타 주주들의 배당 요구 등은 신경을 써야 하지만, 상장 폐지 결정으로 이러한 부담도 크게 줄었다.

사모펀드 운용사인 한앤컴퍼니가 2023년 10월 미용 의료기기 업체 루트로닉을 인수해 상장 폐지를 단행한 것도 같은 맥락으로 풀이된다. 비록 M&A가 실패로 돌아가긴 했지만 미국 의료기기 업체 메드트로닉(Medtronic)도 국내 웨어러블 인슐린 펌프 기업 이오플로우 인수 후 상장 폐지를 단행할 계획이었다. 모두 인수 대상 회사가 실적이 꾸준하다는 공통점이 있다.

상장사로서의 공시의무와 각종 규제 조항도 비상장사로의 유턴을 결정하게 된 배경일 것이다. 상장사 지분을 5% 이상 보유하게 되면 〈주식 등의 대량 보유 상황 보고서〉를 제출해야 하며 내부자거래에 대한 사전 공시의무도 있다. 사업보고서에는 스톡옵션 부여 근거와 절차, 주식 수, 대주주별 부여 현황 등을 상세히 기재해야 한다.

)IIIIK '필요 조건'이 된 바이오 기업의 IPO)IIIIK

일반적으로 최대주주 입장에서는 회사 경영에 대한 '확신'이 없을 때 IPO 라는 의사결정을 내릴 가능성이 높다. 회사가 꾸준히 영업이익을 창출한 다는 전제 아래 오너가 지분을 모두 가지고 있다면 굳이 기업공개를 통해 다른 주주들과 이익을 나눌 필요가 없다. 사모펀드가 100% 지분을 가져간 오스템임플란트도 상황은 마찬가지일 것이다.

하지만 이러한 조건을 충족하는 사례는 많지 않다. 대부분은 실적 저하, 자금 조달 불확실성, 지속가능 경영 우려, 지배구조 개선 등의 문제들에 직면해 있다. 상장 카드는 이를 해결하기 위한 돌파구가 되는 셈이다.

바이오 기업들도 마찬가지다. 이들에게 IPO는 선택이 아닌 필수에 가깝다. 신약개발을 위해 끊임없이 R&D 자금을 쏟아 부어야 하는데, 비상장사 상태로 펀딩을 계속 이어갈 수는 없다. 이는 적자 상태의 비상장 바이오 기업 경영진 대부분이 마주한 고민이기도 하다. 강용철 사이러스테라퓨틱스 상무는 "지적 자산만을 가진 바이오텍 창업자들은 벤처캐피털(VC) 자금을 포함한 외부 자금을 계속 유치해야 하는 상황"이라며 "결국 이익잉여금이 아닌 자본잉여금으로 생존해야 하는 바이오텍의 IPO는 불가피한 측면이 있다"는 것이다.

상장 바이오 기업 중에서 '자발적으로' 상장 폐지를 시도하는 곳은 거의 없다고 봐야한다. 상당수가 기술성 평가를 거쳐 어렵게 코스닥에 입성한 만큼 어떻게 해서든 상장사로서의 지위를 유지하는데 초점이 맞춰져 있다. 매출 등 상장 요건을 갖추기 위해 무리해서 '본업'과 상관없는 비즈니스를 시도하는 것도 이와 무관치 않다.

바이오 기업이 상장에 적극적인 데에는 재무적투자자의 입김도 한몫한

사모 CB에 의존하던 바이오텍, 공모 증자 '러시'

바이오 기업들이 주주들에게 손을 벌리고 있다. 2022년 말부터 주주배정 유상증자로 자금을 마련하려는 시도가 잇따르고 있는 것이다. 유상증자는 지분가치가 희석돼 기존 주주들의 불만이 큰 만큼 무상증자를 병행해 주 주들을 달래고 있다

2023년 들어 공모 유상증자(IPO, 리츠 제외)를 결정한 바이오 기업은 진 원생명과학, CJ바이오사이언스, 꿈비, 피씨엘, 에스씨엠생명과학, 보로 노이, 피플바이오, 노을, 박셀바이오 등 16곳이다. 공모 유상증자를 계획 한 기업이 모두 38곳인 것을 고려하면, 전체 42%가 제약/바이오 기업인 셈이다.

그동안 바이오 기업은 주로 사모 전환사채(CB)를 활용해 자금을 조달했 다. 한국예탁결제원에 따르면 2020~2021년 메자닌 규모는 3조1,800억 원에 달했다. CB 리픽싱 규제가 강화된 데다 바이오 투자심리가 약화하자 사모 CB 발행 대신 공모 증자로 자본을 조달하는 바이오 기업이 늘고 있다는 분석이다.

불특정 다수의 투자자를 대상으로 하는 공모 유상증자는 상장사 지위가 있어야 의사결정이 가능한 자금 조달 경로다. 증권신고서 제출이라는 번거로움이 있긴 하지만 대규모 자금 유치가 필요할 때는 이만한 펀딩 방식도 없다.

다. VC로 대변되는 재무적투자자는 보통 창업 초기 단계에 자금을 투자한 다. 이 과정에서 거래 이후 일정 기간 안에는 IPO가 이뤄져야 한다는 조건 을 넣는 경우가 많다.

만약 IPO가 성사되지 않는다면 해당 바이오 기업이 VC의 투자지분을 되 사줘야 한다는 풋옵션(put option) 약정을 맺기도 한다. 물론 풋옵션 행사로

자금을 회수하는 것 자체가 현실적으로 쉽지 않은 일이지만 그만큼 해당 기업 입장에서 IPO에 대한 압박으로 받아들여질 수 있다.

바이오 기업이 장기간 수익을 내지 못하는 경우가 많기 때문에 투자자들은 IPO 외에 마땅한 회수 수단을 찾기가 쉽지 않다. 배당을 기대하기도 어려운 만큼 일단 코스닥 상장 등을 통해 주식을 거래할 수 있는 환경을 만들어야 한다는 얘기다. VC 입장에서는 투자 단가가 공모가격 대비 훨씬 낮게 형성돼 있기 때문에 상장만 하면 일정 수익률을 확보할 수 있다.

〉💊〈 바이오 기업은 왜 상장사 지위를 포기하지 못할까 〉💊〈

기본적으로 비상장 바이오 기업들의 자금 조달은 VC 등 소수의 기관투자가를 대상으로 한 사모 방식에 의존하기 마련이다. 개인이 투자조합 등을 통해 참여할 수도 있지만 아직까지 그 경로가 제한적이라고 봐야 한다.

하지만 상장을 하면 비상장사 때보다 다양한 자금 조달 경로를 활용할수 있다. 공모 방식의 유상증자, 전환사채 발행이 대표적이다. 개인 등 불특정 다수를 대상으로 신규 유가증권을 팔아 자금 조달을 할 수 있다는 얘기다. 특히 주관사를 통해 주주배정 후 실권주 일반공모 방식의 증자를 진행할 경우 회사 입장에서 최대한 안정적으로 목표 금액을 조달할 수 있다(물론 주가가 일정 수준 이상으로 떨어지지 않는다는 전제가 있어야 한다).

공모 방식의 자금 조달은 증권신고서 제출이 수반되어야 한다. 그만큼 사모 조달 대비 편의성이 떨어지고 제출한 신고서를 금융당국에 승인받아야하는 부담도 상당하다. 그럼에도 지속적인 펀딩이 불가피한 바이오 기업으로선 이러한 부분들을 감수하고서라도 공모 조달을 택할 가능성이 높다.

🧬 코스닥 바이오/헬스케어 기업의 유상증자 현황

(2023년 기준, 단위 : 백만 원)

순위	기업명	발행규모	구분	건수
1	루닛	200,201	공모	1
2	제넥신	85,217	공모	1
3	메드팩토	74,125	공모	1
4	박셀바이오	71,790	공모	1
5	메디포스트	71,762	공모	1
6	CG인바이츠 (옛 크리스탈지노믹스)	62,428	사모	2
7	보로노이	61,290	공모	1
8	메지온	50,000	사모	1
9	미코바이오메드	48,690	공모	1
10	노을	48,578	공모	1
11	헬릭스미스	46,575	사모	2
12	CJ바이오사이언스	45,629	공모	1
13	코오롱티슈진	39,999	사모	1
14	HLB파나진	30,000	사모	1
15	피플바이오	29,606	공모 및 사모	2
16	티움바이오	29,198	사모	2
17	클리노믹스	27,612	공모	1
18	엘앤케이바이오메드	25,966	공모	1
19	젠큐릭스	25,410	공모	1
20	피씨엘	23,114	공모	1
21	랩지노믹스	22,712	사모	1
22	강스템바이오텍	20,970	공모	1
23	에스씨엠생명과학	18,360	공모	1
24	셀리드	17,481	공모	1
25	에이비온	16,500	사모	2
26	EDGC	16,264	공모	1
27	네이처셀	16,000	사모	2
28	제넨바이오	15,000	사모	2
29	아이진	15,000	사모	1
30	큐라티스	12,000	사모	2
31	압타바이오	11,100	사모	1
32	이노테라피	11,000	사모	2
33	이수앱지스	10,000	사모	1

* 100억 원 이상 기준

주주배정 후 실권주 일반공모와 같은 증자 형태는 기존 주주들에 신주 청약 기회를 먼저 준다는 점에서 지분율 희석이나 특정 투자자에 대한 지분율 쏠림 현상을 최소화할 수 있다. 주가 변동에 따라 보유한 타사 주식이나 자사주를 시장에서 매각하는 블록딜(block deal, 시간 외 대량매매)도 상장사에 특화된 조달 기법으로 볼 수 있다.

창업자로서는 상장사 최대주주 지위를 통해 주식담보대출 활용이 가능하다. 국내 여건상 최대주주가 회사 지분을 처분하기 어렵고 월급 외에 현금을 확보할 수단이 마땅치 않은 만큼 주식담보대출이 절실한 자금원이 될 수 있다. 물론 회사의 주가 관리가 뒷받침돼야 하겠지만 지분을 팔지 않고 자금을 융통할 수 있다는 점이 긍정적으로 받아들여진다. 현재 상장돼 있는 바이오 기업 오너 상당수가 이를 활용하고 있다고 봐도 무방하다.

상장사 그 자체로서의 평판 제고 효과 역시 무시하기 어려울 것이다. 기술성 평가와 코스닥 심사 관문을 넘었다는 점만으로도 투자자의 신뢰를 높일 수 있는 요인이 된다. 특히 R&D 성공 가능성이 낮은 만큼 '돈 버는 기업'으로의 전환이 어려운 바이오 기업 입장에서 IPO는 생존의 문제이기도 하다. 비즈니스의 지속가능성 측면에서 상장사 타이틀을 보유하는 것이 훨씬 유리할 수 있다는 얘기다. 바이오 기업들이 재수 혹은 삼수를 시도할 정도로 상장에 목을 매는 이유가 여기에 있다.

특히 최근 몇 년 사이에 기술성 평가를 포함한 거래소의 심사 허들이 점점 높아지다 보니 밸류에이션을 낮추더라도 "일단 상장부터 하자"라는 인식이 형성돼 있다. IPO를 통해 공모 자금이라도 유입돼야 그 이후를 대비할 수 있기 때문이다. M&A 역시 밸류에이션이 불투명한 비상장사보다는 상장사를 타깃으로 했을 때 거래 성사 가능성이 높다.

만약 '직상장'이 어렵다면 우회상장이나 스팩(SPAC) 등을 통해 코스닥 진

⊃⊂ 국내 바이오 기업의 코스닥 상장 루트 비교

기업공개 (IPO)	• 바이오 기업이 택할 수 있는 가장 정공법의 코스닥 입성 방식. • 적자 기업이라도 기술성 평가 제도를 통과할 경우 상장이 가능한 기술특례 방식이 가장 일반적. • 여타 기업과 마찬가지로 코스닥 예비 심사를 거치고 증권신고서를 제출해야 하는 부담은 있지만 일정 수준의 검증 과정을 거쳤다는 점에서 투자자들의 선호도가 높은 편.
우회상장	• 정식 IPO 절차를 거치지 않고 기존 상장사와의 합병이라는 우회적인 방법을 통하는 방식. • IPO 요건을 갖추지 못했거나 빠른 시일 내에 상장을 시도하는 바이오 기업들이 주로 택함. • 다만 일부 기업들이 주가 조작을 위해 우회상장을 악용한 사례가 부각되면서 최근에는 그 빈도가 줄어듦. IPO처럼 거래소 승인 과정이 필요하다는 점이 아킬레스건으로 작용.
스팩 (SPAC)	• 우회상장과 형식은 비슷하지만 합병 대상이 기존 상장사가 아니라 서류상 회사(paper company)라는 점에서 차이가 있음. • 우회상장과 마찬가지로 기술성 평가, 수요예측 등이 필요 없고 적기에 자금을 조달하는 효과까지 누릴 수 있음. • 다만 IPO 등과 비교하면 투자자들의 주목도가 떨어지기 때문에 IR 효과가 제한적이라는 의견도 나옴.

바이오 기업은 코스닥 심사 관문을 넘었다는 점만으로도 투자자의 신뢰를 높일 수 있는 요인이 된다. 특히 R&D 성공 가능성이 낮은 만큼 '돈 버는 기업'으로의 전환이 어려운 바이오 기업 입장에서 IPO는 생존의 문제이기도 하다. 비즈니스의 지속가능성 측면에서 상장사 타이틀을 보유하는 것이 훨씬 유리할 수 있다는 얘기다. 바이오 기업들이 재수 혹은 삼수를 시도할 정도로 상장에 목을 매는 이유가 여기에 있다.

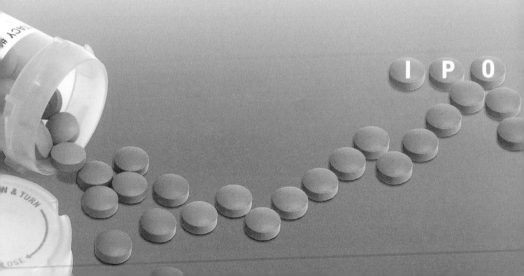

입을 노릴 수 있다. 카나리아바이오와 에이치엘비 등이 우회상장으로 코스닥에 입성한 대표적인 케이스다. 이들은 각각 난소암과 간암 치료제 등을 개발하고 있다.

일부 전문가들은 기술성 평가를 거치지 않고 우회상장을 택한 바이오 기업에 대해 부정적인 시각을 내비치기도 하지만, 섣불리 판단을 내리기가 쉽지 않다. 기술성 평가 자체에 대한 오류 가능성을 배제할 수 없는데다 바이오 기업은 결국 임상 데이터로 승부를 내야하기 때문이다.

기술특례는 돈을 못 버는 바이오 기업이 택할 수 있는 IPO 해법이다. 코스닥 입성 이후에는 상장 유지를 위한 매출액이나 재무 요건을 일정 기간 유예받을 수 있다. 최근 바이오 기업들에 대한 허들이 높아지고 있지만 여전히 IPO 1순위로 기술특례 방식을 선호하는 이유이기도 하다.

))||((IPO가 목적이 되어선 곤란하다))||((

그렇다면 상장이라는 큰 산을 넘은 다음의 과제는 무엇일까. 사실 바이오 기업이 직면하는 정말 중요한 문제는 상장 이후에 발생하는 경우가 많다. 많은 전문가들이 상장 이후가 사실상의 '본 게임'이라는 의견을 내놓는 이유다.

바이오 기업들이 IPO 과정에서 증권신고서에 기재한 추정실적을 달성할 가능성은 '제로'에 가깝다. 기술특례 상장사들의 케이스를 보면 대부분 순이익은커녕 적자 폭만 늘려왔을 뿐이다. 회사 측은 일정이 다소 지연됐을 뿐 당초 목표한 대로 매출 계획을 진행 중이라는 점을 강조한다. 하지만 시간이 흘러도 경영진이 강조한 글로벌 라이선스아웃이나 신약 판매 증진 같은 성과는 감감무소식이다.

상장에 성공한 대부분의 바이오 기업들은 IPO를 위한 '보여주기식' 플랜만이 있었을 뿐 그 이후의 계획이 없다는 공통점을 가진다. 뒤늦게 예정에 없던 신규 사업을 내세워 주가 상승을 도모하지만 한계는 분명하다. 상장 이후 장밋빛 전망을 기대했던 개인투자자 입장에선 김빠지는 일이 아닐 수 없다.

갑작스런 자회사 설립 혹은 주력 사업과 무관한 M&A 계획을 발표하는 퍼포먼스 등도 결국 급조한 전략일 가능성이 높다. 사전에 계획했던 방안이 아닌 만큼 일단 주가 올리기를 목적으로 의사결정을 내렸을 가능성이 높다는 얘기다. 상장 이후 마치 기다렸다는 듯이 유상증자로 재차 자금을 조달하는 업체들도 있다.

포스트 IPO 플랜의 부재는 자칫 창업자와 경영진의 갈등으로 이어지기도 한다. 상장한 지 몇 개월 되지도 않은 시점에 C-레벨 임원이 스톡옵션 행사 후 퇴사한 바이오 기업을 어떻게 받아들여야 할까. 투자자들은 회사에 대한 전망이 그만큼 불확실하다고 인식할 가능성이 높다. 주요 경영진이 퇴사한 이후의 주가 하락은 결코 우연이 아닐 것이다. IPO 준비 과정에서 임원들에 대한 스톡옵션 의무 보유를 약속하는 이유는 투자자 신뢰를 확보하기 위한 조치로 볼 수 있다.

결국 IPO를 준비 중인 바이오 기업에게서 가장 먼저 확인해봐야 할 것은 '상장 이후의 성장 전략'이다. 이때 계획과 전략은 최대한 구체적이어야 한다. 특히 매출이나 영업이익 달성 계획도 중요하지만 보유 중인 파이프라인에 대한 사업화 플랜 또는 타임라인을 살펴보는 것이 중요하다. 적자 바이오 기업이 상장했다고 해서 2~3년 뒤에 '돈 버는 바이오'로 바뀌는 건 여간 어려운 일이 아니다. 이는 특례상장 이후 사업보고서에 기재되는 괴

리율(미래 영업실적의 추정치가 실제 수치와 얼마나 차이가 나는지를 따져보는 지표)이 상

당하는 점만 봐도 알 수 있다(159쪽).

IPO를 통한 조달 자금으로 어떤 투자를 단행할 지도 핵심 체크 포인트

다. 신규 공장을 지을 것인지, 기존에 없던 모달리티의 파이프라인을 도입

⊃⊂ 큐로셀 연구개발 파이프라인

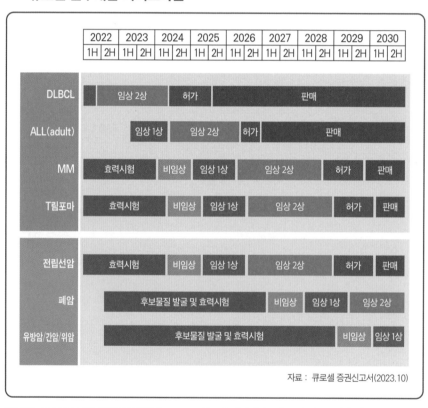

자료 : 큐로셀 증권신고서(2023.10)

2023년 11월 코스닥에 입성한 큐로셀은 CAR-T 치료제 개발업체로 총 13종의 암 질환 연구를 진행 중이다. IPO 과정에서 제출한 증권신고서를 통해 밝힌 2026년까지의 파이프라인 및 공모자금 사용 계획(오른쪽 표)을 살펴보면, 대부분의 바이오 기업이 그렇듯이 큐로셀 역시 연구개발 목적의 자금 사용규모가 가장 크다. 돈에 꼬리표가 있는 것은 아니기 때문에 실제로 자금이 어떻게 쓰이는지를 세부적으로 확인하는 것은 현실적으로 한계가 있다. 하지만 투자자들은 해당 파이프라인이 당초 목표한 일정대로 개발이 이뤄지고 있는지 '매의 눈'으로 지켜봐야 한다.

할 것인지, M&A를 시도할 계획인지 등이 여기에 해당된다. 포스트 IPO 플랜이 없다면 기업의 지속가능성 측면에서 머지않아 한계에 직면할 가능성이 높다. IPO가 단지 목표일뿐이라면 긍정적인 투자결정을 내리기에 무리가 있음은 두 말할 나위 없다.

✂ 큐로셀 IPO 공모자금 사용 계획

(단위 : 백만 원)

구분	2023년	2024년	2025년	2026년	합 계
연구개발자금	4,581	6,847	3,932	4,696	20,056
운영자금	1,149	3,747	3,985	839	9,720
시설자금	400	600	800	–	1,800
합 계	6,130	11,194	8,717	5,535	31,576

✂ 큐로셀의 연구개발자금 사용 계획

(단위 : 백만 원)

구분	2023년	2024년	2025년	2026년	합 계
미만성거대B세포림프종(DLBCL)	3,407	3,528	563	563	8,061
성인B세포급성림프모구성백혈병	1,174	3,319	3,319	1,842	9,654
다발성골수종 / T세포림프종	–	–	25	1,146	1,171
고형암	–	–	25	1,146	1,171
합 계	4,581	6,847	3,932	4,696	20,056

06

비상장 바이오텍 투자,
더 이상 VC만의
전유물이 아니다

'주린이' 입장에서 바이오는 가장 까다로운 투자 업종이다. 무엇보다 R&D
를 둘러싼 정보 접근이 제한적이다. 어려운 전문용어에서부터 막히기 시
작해 전반적인 프로세스를 이해하는 데 한계가 있다. 비상장 바이오 기업
이라면 정보 비대칭은 더욱 커진다. 결국 본인이 직접 판단하기보다 전문
가 의견에 의존할 가능성이 높다. 이럴 때 해당 회사 지분을 보유한 재무적
투자자의 면면은 중요한 척도가 된다. 대형 벤처캐피털(VC) 또는 바이오 투
자에 특화돼 있는 VC가 투자한 회사일수록 투자적 관점에서 공신력이 높
아진다. 전문적인 바이오 투자 심사역들이 꼼꼼히 검토했을 거라는 신뢰가
깔려있기 때문이다. 재무적투자자 사이에서도 이러한 시각은 어김없이 통
용되는 듯하다.

필자도 처음 접하는 비상장 바이오 기업에 대한 글을 쓸 때는 몇 가지 절
차를 거친다. 기본적인 회사 정보(경영진 이력, 자금 조달 현황, 모달리티 등)를 체
크한 다음, 재무적투자자 중에 앵커 인베스터(anchor investor), 즉 핵심 투
자회사를 확인한다. 그리고 해당 심사역에 피투자회사 경영진의 평판이나
R&D 경쟁력 등과 같은 정성적 의견을 경청한다. 이때 투자결정을 내리지
않은 다른 재무적투자자들의 '리뷰'도 함께 살펴봐야 한다. 반대 입장의 레
퍼런스까지 확인해야 최대한 중립적으로 글을 쓸 수 있다.

)IIIX "아, 옛날이여~" VC도 서바이벌 모드)IIIX

비상장사는 상장사처럼 공시나 애널리스트 보고서 등의 투자 정보를 얻기가 어렵다. 전문적이고 난해한 R&D 내용을 해석해야 하는 바이오 기업이라면 더욱 그러하다. '정보 비대칭'이 가장 심각한 업종으로 바이오가 꼽히는 이유이기도 하다. 개인투자자보다 VC가 비상장 바이오 기업 투자에서 강점을 보이는 것도 이와 무관치 않을 것이다.

VC는 시리즈A 전후의 창업 초기 바이오 기업에 투자하는 경우가 많다. VC 심사역이 직접 대학교수나 연구원 등을 섭외해 바이오 기업의 창업을 유도하는 것도 같은 맥락이다. 가급적 초기 펀딩 라운드에 참여해야 되도록 낮게 책정된 밸류에이션으로 향후 높은 수익률을 도모할 수 있다. 아예 초기 바이오 기업 투자만을 전문으로 설립되는 벤처펀드도 있다. 반대로

⊃⊂ 국내 주요 바이오 VC의 투자라운드 초기/후속 투자 비중 추이

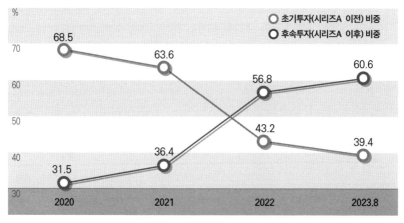

자료 : 한국바이오협회

국내 바이오 VC들의 초기투자(Seed부터 시리즈A까지) 비중은 2020년부터 2023년 8월까지 계속 하락세를 보인 반면, 후속투자(시리즈B부터 Pre-IPO까지)는 같은 기간 꾸준히 증가 추세다. 이는 바이오 기업의 IPO 성과가 줄어들면서 투자자의 자금 회수 불확실성이 증가한 탓이다.

시가가 형성돼 있는 상장사 투자는 제한적으로 이뤄진다.

그런데 최근에는 변화된 분위기가 감지된다. 바이오 VC들의 초기투자(Seed부터 시리즈A까지)가 (바이오 버블이 정점에 이르렀던) 2020년을 기점으로 하락세를 이어가고 있다. 반면, 후속투자(시리즈B부터 Pre-IPO까지) 비중은 증가하는 모습을 보이고 있다. 이는 바이오 기업의 IPO 성과가 줄어들면서 투자자의 자금 회수 불확실성이 증가한 것으로 풀이된다. 바이오 VC들이 신규 초기투자 딜을 발굴하기보다 이미 투자한 기업 중 성과가 일부라도 확인된 기업의 후속 라운드에 한해서 투자를 결정하고 있다는 뜻으로 해석할 수 있다.

불과 3년 전 만해도 VC들의 바이오 투자 열기는 시리즈 구분없이 뜨거웠다. IPO시장은 불황을 몰랐다. 코스닥 문턱이 높지 않다보니 투자 이후 자금 회수가능성에 대한 기대감도 클 수밖에 없었다. VC 입장에서는 여기저기 '씨(seed)'만 뿌리면 충분했다. IPO 전이라도 다른 VC와의 구주거래를 통해 상당한 수익을 올릴 수 있었다.

당시 두둑한 인센티브를 챙기는 바이오 투자 전문 심사역은 선망의 대상이었다. 주식 매도가 어렵기 때문에 IPO 이후에도 정작 월급 외에 큰돈을 벌지 못하는 창업자들과 대비를 이뤘다. 약사, 의사 할 것 없이 전문직들이 VC로 몰려들면서 국내 바이오 업계는 투자자들로 넘쳐났다. 벤처캐피털리스트의 경우 자산운용사 펀드매니저와는 달리 별도의 자격 요건이나 운용 경력이 필요 없다는 점도 여기에 한몫했다.

하지만, 거기까지였다. 상장 바이오 기업들의 주가 하락세가 이어지면서 비상장 바이오 기업들의 IPO 허들이 높아진 것이다. VC들의 회수 전략에도 차질이 생길 수밖에 없다. 상장 예비심사를 앞두고 거래소 요청으로 기존 상환전환우선주(RCPS)* 등을 보통주로 전환했는데, 정작 IPO 승인이 이

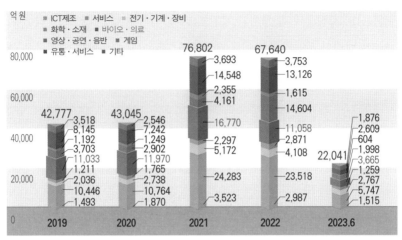

⋈ 업종별 신규 투자금액 추이

억 원
- ICT제조 ■ 서비스 ■ 전기 · 기계 · 장비
- 화학 · 소재 ■ 바이오 · 의료
- 영상 · 공연 · 음반 ■ 게임
- 유통 · 서비스 ■ 기타

2019: 42,777
- 3,518
- 8,145
- 1,192
- 3,703
- 11,033
- 1,211
- 2,036
- 10,446
- 1,493

2020: 43,045
- 2,546
- 7,242
- 1,249
- 2,902
- 11,970
- 1,765
- 2,738
- 10,764
- 1,870

2021: 76,802
- 3,693
- 14,548
- 2,355
- 4,161
- 16,770
- 2,297
- 5,172
- 24,283
- 3,523

2022: 67,640
- 3,753
- 13,126
- 1,615
- 14,604
- 11,058
- 2,871
- 4,108
- 23,518
- 2,987

2023.6: 22,041
- 1,876
- 2,609
- 604
- 1,998
- 3,665
- 1,259
- 2,767
- 5,747
- 1,515

자료 : 벤처캐피탈협회

뤄지지 않아 골머리를 앓는 사례도 있다. 그렇다고 M&A 등 다른 엑시트 전략을 도모하기도 쉽지 않다.

VC들의 투자규모는 예전과 비교하면 큰 폭으로 줄었다. 벤처캐피탈협회에 따르면 2023년 상반기 바이오/의료 업종에 투자한 벤처 투자규모는 3,665억 원에 그쳤다. 1조 원을 넘겼던 2022년과 비교하면 감소세가 뚜렷하다. 2021년을 정점으로 계속 수치가 떨어지고 있다. 2차전지, 반도체 업종 등과 비교해도 상당한 대비를 이룬다. 의료기기나 디지털 헬스케어 대비 신약개발 분야에 대한 자금 유입이 유독 부진하다. 당장 신규 펀드 결성이 어려워지면서 정책자금을 반납하는 경우도 늘고 있다.

VC가 보유한 자금이 부족한 상황은 아닌 듯하다. 아직 소진하지 않은 펀

---

* 채권처럼 만기 때 투자금 상환을 요청할 수 있는 상환권 및 우선주를 보통주로 전환할 수 있는 주식. 국제회계기준(IFRS)상 부채로 분류되지만 회사가 상환권을 가지면 자본으로 인정받을 수 있음.

드 자금을 의미하는 드라이 파우더(dry powder)는 충분해 보인다. 하지만 단순히 펀드 소진을 위한 투자는 부담이 크다. 심사역 입장에선 섣불리 투자했다가 회수가 어렵거나 수익률이 낮으면 지금까지 쌓아올린 커리어를 한 방에 날릴 수 있다. 다만 투자가 이뤄지지 않을수록 자금 회수는 지연될 수밖에 없다.

이렇다 할 벤처펀드 결성 및 운용 성과를 올리지 못하고 아예 자본금만 까먹는 VC도 등장했다. 자본잠식이 이어지면 VC는 라이선스를 반납해야 한다. 벤처투자법('벤처투자 촉진에 관한 법률')상 VC의 경영 건전성 기준은 '자본잠식률 50% 미만'이다. 바이오 기업뿐만 아니라 VC들의 구조조정도 이제 남의 일이 아닌 듯 하다.

⊃⊂ 자본잠식 시정명령을 받은 벤처캐피털 현황 추이

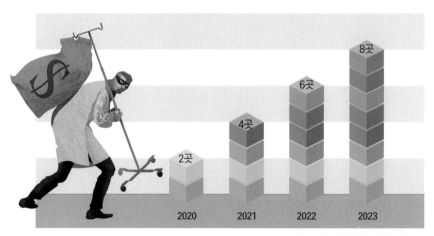

* 자료 : 중소기업창업투자회사 전자공시

VC는 벤처투자법 제41조 제1항에 따라 경영 건전성 기준을 충족해야 한다. 경영 건전성 기준은 벤처투자법 시행령 제29조에서 '자본잠식률 50% 미만'으로 규정하고 있다. 중소벤처기업부는 해당 기준을 충족하지 못한 VC에 △자본금 증액 △이익 배당 제한 등 경영개선 조치를 요구할 수 있다. VC는 3개월 내 자본잠식률을 50% 미만으로 끌어내려야 한다. 이 기간 동안 경영 건전성 기준을 충족하지 못하면 최대 6개월의 2차 시정명령을 받고, 이후 최악의 경우 라이선스를 반납해야 한다.

상황이 이렇다보니 최근에는 VC가 상장사에 투자하는 사례가 늘고 있다. 이제 상장 바이오 기업들의 3자배정 유상증자나 메자닌(mezzanine)* 인수 대상에서 VC들의 이름을 찾는 게 어렵지 않은 일이 됐다. 상장사들의 주가 하락이 워낙 급격히 이뤄지다보니 비상장사보다 싸게 느껴지는 분위기가 한몫하고 있다. 비상장사 대비 회수 리스크가 적고 리픽싱(refixing)**이 가능한 만큼 상장사 투자가 매력적으로 받아들여졌다는 얘기다.

))))) 밸류 업 전략, 자충수가 되다 (((((

바이오 기업을 둘러싼 지금의 엑시트난은 일정 부분 VC가 자초한 측면이 있다. 그동안 비상장 바이오 기업 투자 과정에서 밸류에이션을 과도하게 끌어올렸다는 지적이 끊이지 않았다. VC 간 구주거래도 꾸준했던 만큼 이전 펀딩 라운드 대비 신규 라운드의 밸류에이션을 높여야만 일정 수익률을 확보할 수 있었다. 이 과정에서 책정되는 밸류에이션은 해당 바이오 기업 창업자와 VC가 합의를 이뤄내면 되는 문제다. 창업자 입장에서도 지분율 희석을 최소화하기 위해서는 밸류에이션 상승을 마다할 이유가 없다.

이 때문에 프리IPO 단계 정도가 되면 밸류에이션이 피어그룹, 즉 비교 대상이 되는 상장사 대비 훨씬 비싸지는 결과가 나오기도 한다. 그리고 증권신고서를 제출하는 IPO 단계에서 공모가격은 정점에 이른다. 물론 상장

---

* 건물의 1층과 2층 사이에 있는 라운지 공간을 의미하는 이탈리아어 'mezzanino'에서 유래한 말로, 채권과 주식의 중간 위험 단계에 있는 상품. 주가 상승장에는 주식으로 전환해 자본 이득을 취할 수 있고, 하락장에도 채권이기 때문에 원금 보장이 되는 데다 사채 행사가격 조정(리픽싱)에 따른 이득을 얻을 수 있음.

** 주가가 낮아질 경우 전환가격이나 인수가격을 함께 낮춰 가격을 재조정할 수 있도록 하는 계약.

이후에 주가가 떨어지기도 하지만 VC 입장에선 초기 단계의 낮은 밸류에이션에 투자가 이뤄졌기 때문에 자금 회수를 걱정할 필요가 없다. 일단 상장만 하면 일정 수익률은 확보할 수 있는 셈이다. 결과적으로 이에 따른 손실 우려는 공모가격 또는 그 이후 주가에 매입한 개인투자자들이 감수해야 한다. 바이오 기업의 밸류에이션을 둘러싸고 시장의 불신이 사라지지 않는 이유이기도 하다.

이제 과거처럼 무턱대고 밸류에이션을 높이는 전략은 현실성이 떨어질 수밖에 없다. 좁아진 IPO 관문과 상장 바이오 기업들의 주가 하락은 일정 시간차를 두고 비상장사 투자가치에도 악영향을 미치고 있다. 웬만큼 가격을 깎지 않고서는 자금 조달을 도모하기 어렵게 됐다. VC나 해당 바이오 기업 모두 과거에 높이 책정했던 밸류에이션에 스스로 발목이 잡혀버리는 상황에 직면한 셈이다.

VC로선 밸류에이션 감액을 감수하고 재투자(follow-on)를 단행하기란 쉽지 않다. 그만큼 손실이 불가피하기 때문이다. 일부 VC의 경우 해당 바이오 기업 또는 창업자가 기존 투자지분을 되사도록 하는 조건(풋옵션) 행사가 이뤄져야 재투자에 나서겠다는 입장을 드러내기도 했다. 하지만 풋옵션 행사를 수용할 정도의 자금 여력이 있는 회사라면 굳이 펀딩도 필요 없었을 것이다. VC로선 사실상 추가적인 자금 투입을 거절한 것이나 다름없다.

IPO 가능성이 떨어지는 비상장 바이오 기업들에 대한 VC들의 '손절'이 늘어나는 것도 같은 맥락으로 이해할 수 있다. 과거 금리가 낮고 유동성이 풍부하던 시기에 VC들이 단행했던 무분별한 투자가 뒤늦게 부메랑이 되어 돌아오는 셈이다.

))))⊫ VC에 책임 투자를 강요할 수 있을까 ⊫((((

시장 상황이 악화되면서 VC의 엑시트 타이밍은 점차 빨라지고 있다. 최근 IPO에 나선 바이오 기업들의 경우 상장 초기에 VC를 포함한 재무적투자자 (FI)들의 매도 물량이 쏟아지는 사례를 종종 확인할 수 있다. 거래량이 급증하는 상장 당일 최대한 지분을 매각해 자금을 회수하겠다는 전략이다. 예전처럼 '따상' 등을 기대하기에는 리스크 부담이 크다.

회사 입장에선 VC들의 발 빠른 엑시트가 주가 하락 요인이 되지만 이를 마냥 비난하긴 어렵다. VC들이 포트폴리오 회사의 주식을 상장 이후에도 오랜 기간 보유하면 자칫 오버행(overhang, 잠재적인 대량 매도 물량) 이슈로 부각될 여지가 있다. 일부 상장 바이오 기업들은 이에 대해 VC들이 추가적인 주가 상승 모멘텀을 기다리기 위해 일부러 팔지 않는 것처럼 홍보하기도 하지만 그닥 설득력이 있어 보이진 않는다.

그렇다고 VC에게 포트폴리오 회사들에 대한 '책임 투자'를 묻기도 쉽지 않다. 이들이 경영까지 관여하는 전략적투자자(SI)가 아닌 FI인 만큼 높은 수익으로 자금을 회수하는데 방점이 찍힌다. 포트폴리오 회사가 관리종목 또는 상장 폐지가 된다고 해서 이미 엑시트를 끝낸 VC를 탓하긴 어렵다는 얘기다. 모태펀드의 기본 취지가 유망 창업·벤처 기업 육성을 위한 정부 지원에 초점이 맞춰져 있지만 해당 운용사로 낙점을 받기 위해선 결국 수익률 제고에 신경을 쓸 수밖에 없다.

VC의 경영 참여가 제도적으로 묶여 있다는 점도 '책임 투자'의 한계로 작용한다. 포트폴리오 회사들에 대한 VC 심사역들의 경영 참여는 고작해야 '기타비상무이사', '사외이사' 등재 정도다. 선관주의 의무(선량한 관리자의 주의의무)에 그치는 수준이다. 자본시장법('자본시장과 금융투자업에 관한 법률')상

투자자들의 적극적인 경영 참여는 사모투자펀드(PEF)만 가능한데다 해당 펀드의 LP(유한책임투자자)들이 이를 꺼린다는 측면도 한몫을 한다. 심사역이 담당하는 포트폴리오가 한두 개가 아닌 만큼 굳이 특정 회사 경영에 집중하는 걸 바라지 않기 때문이다.

이는 미국 등 해외에서는 VC 주도로 바이오텍 창업이 이뤄지는 경우가 많다는 점과 분명 대비를 이룬다. 최대주주인 VC가 전문경영인 선임 등 매니지먼트를 주도하면서 오랜 시간이 걸리는 신약개발 프로세스를 함께 견딜 수 있다. 일부는 M&A 이후 다시 그 자금과 '돈을 번 경험'으로 새로운 컴퍼니빌더(75쪽 각주, 118쪽) 역할을 이어간다. 계속 투자자(investor)로만 남기를 원하는 국내 VC와는 분명 차별화된다.

⚛ 대기업 혹은 개인도 비상장 바이오 투자 주체가 되다 ⚛

VC가 국내 비상장 바이오 투자시장에서 예전과 같은 존재감을 이어갈 수 있을까. 자금 원천이 되는 모태펀드 축소는 이들의 입지를 점점 약화시키고 있다. 중소벤처기업부는 2023년 예산안에서 모태펀드 출자예산으로 3,135억 원을 편성했다. 2020년에는 1조 원, 2021년 8,000억 원, 2022년 5,200억 원에 이어 지속적인 감소세를 보이고 있다. 2024년에 예산이 증액되긴 했지만 VC 입장에선 예전 수준의 자금 지원을 기대하기 어려운 상황이다.

이제는 VC와 같은 FI보다는 대기업을 중심으로 한 SI들이 투자시장에서 헤게모니를 가져갈 기세다. IPO를 통한 투자금 회수에 목을 매기보다는 신사업 차원의 전략적 행보로 존재감을 드러내고 있다. 그래서일까. 일부 대기업을 포함한 제약사에는 단돈 1억 원이라도 좋으니 투자를 요청하는 바이오벤처의 러브콜이 줄을 서기도 한다. 바이오벤처 입장에선 VC보다 대기업이나 제약사들을 주주로 유치하는 것이 PR 측면에서 더 효과적일 수 있다.

대기업들이 너나할 것 없이 직접 CVC(기업형벤처캐피털)을 만드는 것도 같은 맥락으로 보인다. CVC를 통해 벤처투자와 각종 신사업 발굴을 동시에 시도해 보겠다는 포석이다. 대기업 입장에선 굳이 VC에 운용보수를 줘가며 자금을 맡길 필요가 없다. 대기업은 정부에 의존해야 하는 기존 VC와 달리 모회사를 통한 자금 조달이 가능한 만큼 운용 및 성과 부담이 상대적으로 덜하다.

정부 또한 이들 CVC에 대한 외부 출자 비율 확대를 허용하는 등 지원책을 아끼지 않고 있어 모태펀드 예산 축소와 대비를 이룬다. 제약사들도 잇따라 투자사를 설립하면서 기존 VC들의 입지를 위축시키고 있다. 대웅제약(대웅인베스트먼트), 종근당(CKD창업투자), 동아쏘시오그룹(NS인베스트먼트), 동구바이오제약(로프티록인베스트먼트), 광동제약(KD인베스트먼트), 경동제약(킹고투자파트너스) 등이 대표적이다.

이들 가운데 특히 주목을 끄는 CVC는, 종근당의 CKD창업투자와 동아쏘시오그룹의 NS인베스트먼트다. 두 회사는 그룹 계열사가 아닌 오너 일가에서 직접 지분을 보유하고 있다. CKD창업투자의 최대주주는 종근당그룹 지주사인 종근당홀딩스였지만 2018년 지주사 행위 제한으로 종근당홀딩스가 보유한 주식 전량을 오너 일가에 매각했다. NS인베스트먼트는 동아쏘시오그룹의 오너 3세(강정석 동아쏘시오홀딩스 회장)가 출자해 설립했다.

제약사가 세운 CVC가 발굴해 투자를 진행한 신생 기업은 CVC의 모기업이 보유한 연구시설, R&D 노하우, 포트폴리오, 공급·유통 채널 등을 활용할 수 있다. CVC는 신생 기업이 가지고 있는 혁신기술을 통해 모기업 제약사의 신성장동력으로 삼을 수 있다.

시야를 넓혀 해외로 눈을 돌려보면 제약/바이오를 비롯한 헬스케어에 대한 대기업 및 CVC의 투자 거래가 이미 수년 전부터 증가해왔음을 알 수 있다. 글로벌 바이오/헬스케어 시장을 주도하는 미국과 영국, 유럽을 보더라도 2018년부터 대기업/CVC의 투자 건수가 눈에 띄게 늘어나는 모습을 보였다. 2022년에 투자 건수가 거시경제 요인으로 줄긴 했지만 2020년과 비교하면 큰 차이를 보이지 않는 수준이다.

일부 전문가 집단을 중심으로 한 개인들의 비상장 바이오 투자 참여가 늘고 있다는 점도 주목할 부분이다. 특히 비상장 주식 거래 플랫폼 등이 발달하면서 구주거래가 용이해졌다. 소액 물량이긴 하지만 개인투자조합을

⊃⊂ 영미 및 유럽의 바이오/헬스케어 사업별 기업/CVC 투자 건수 추이

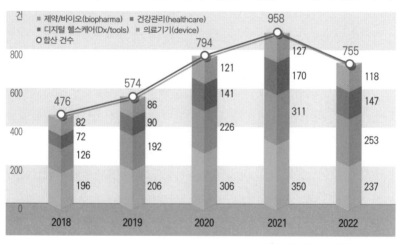

자료 : PitchBook and SVB proprietary

미국과 영국, 유럽의 상황을 살펴보면, 2018년부터 대기업/CVC의 투자 건수가 꾸준히 증가하는 모습을 보이고 있다. 2022년에 투자 건수가 거시경제 요인으로 줄긴 했지만 2020년과 큰 차이를 보이지 않는 수준이다. 2021년까지 제약/바이오의 투자 비중이 가장 높았지만 2022년 헬스케어 비중이 높아진 점도 주목할 만하다.

결성해 바이오 기업의 유상증자 등에 직접 참여하는 사례가 꾸준하다.

ChatGPT 등 인공지능(AI) 기술이 발전하면서 데이터 리서치가 용이해졌고 각종 블로그에는 웬만한 기사나 증권사 애널리스트 보고서 수준 이상의 전문적인 리뷰가 올라온다. 이를 기반으로 해당 회사 IR팀에 직접 기업가치 개선 방향 등을 제안하는 투자자들도 적지 않다.

'비전공자'라고 해도 관련 분야를 리서치하는 방법에 따라 전공자 못지 않은 정보를 취득할 수 있다. '벤처캐피털리스트'라는 타이틀이 반드시 중요한 건 아니라는 얘기다. 일부 바이오 VC 심사역들은 생명과학 전공자라고 해도 관련 리서치에 집중하기보다 학연이나 지연에 따른 네트워킹에 주력한다. 이들 VC의 과거 바이오 투자 성과가 좋았던 건 (심사역 본인의 노력도 있었겠지만) 당시 우호적인 시장 여건 때문이 아닐까 싶다.

일부 이름이 알려진 대형 VC에 대한 과도한 의존 역시 자칫 투자 판단 오류로 이어질 수 있다. 설립 초기 바이오벤처가 펀딩 경험이 없는 상태에서 무조건 이름 있는 VC 자금을 받으려고 하는 것도 같은 맥락이다. 실제로 해당 바이오 기업 대표는 "○○VC로부터 투자를 못 받으면 IPO가 성사될 확률이 낮아지는 것 아니냐"는 푸념 섞인 말을 하기도 했다. 사실 대형 VC의 포트폴리오 회사 중에서도 IPO 실패 사례가 적지 않다. 다만 투자규모와 건수 자체가 워낙 많은데다 언론에 성공 사례 위주로 보도하기 때문에 실패 사례가 잘 드러나지 않을 뿐이다. 비록 운용규모가 작고 업력이 짧더라도 바이오 투자 영역에서 의미 있는 성과를 내는 투자사들이 적지 않음을 강조하고 싶다.

07 K-바이오, 빅파마에 팔리는 날이 올까

국내 바이오/헬스케어 시장에서도 'M&A'는 더 이상 낯선 키워드가 아니다. 거래가 이뤄지는 방식은 다양하다. 기존 창업자의 주식을 매입하는 형태로 경영권이 바뀌는가 하면, 유상증자 방식으로 신주를 매입해 최대주주가 교체되는 사례도 있다. 국내 회사가 해외 업체를 인수하는 '아웃바운드 딜(outbound deal)'도 심심찮게 등장한다.

큰 틀에서 보면 모두 M&A라 할 수 있다. 이는 실제 수치로도 입증되고 있다. 2022년 국내 바이오/헬스케어 기업들의 M&A 거래액은 약 4조 원(딜 완료 기준)이었는데, 2023년의 경우 10조 원을 훌쩍 뛰어넘었다. 2021년(8,000억 원)과 비교하면 12배 이상 늘어난 규모다.

물론 자세히 뜯어보면 헬스케어 및 의료기기 부문에 대한 '쏠림 현상'이 두드러진다. 건수와 규모 모두 신약개발사를 포함한 바이오 기업의 M&A 거래를 압도한다. 특히 시장에서 주목을 받은 조 단위의 딜들은 꾸준히 현금 흐름을 창출해 왔던 헬스케어 업체들의 몫이었다. 이 과정에서 대기업과 사모투자펀드(PEF)들이 '큰 손'으로 존재감을 발휘했다.

〉〉〉 바이오텍의 매각이 쉽지 않은 까닭 〉〉〉

국내 바이오 기업의 M&A 딜이 다른 섹터에 비해 상대적으로 적었던 이유는 무엇일까. 좀 더 구체적으로는 M&A 시장 매물로서 바이오 기업의 거래 빈도가 유독 떨어진다는 점을 주목할 필요가 있다. 매각이 이뤄진다 해도 한계 상황에 직면한 나머지 헐값에 경영권이 바뀌는 사례가 대부분이었다.

특히 해외 빅파마가 국내 바이오 기업의 R&D 기술력에 방점을 찍고 최대주주 지위를 가져간 케이스는 찾아보기 어렵다. 언론에서 몇몇 상장 바이오 기업의 해외 매각 가능성을 거론하기도 했지만 주가만 들썩였을 뿐 실제 거래로 이어지진 않았다.

대부분의 바이오 기업이 적자인데다 신약개발이 언제 이뤄질지 그 시기를 예상하기 어렵다는 사실은 원매자들의 의사결정을 어렵게 만든다. 그만큼 자금 회수를 둘러싼 불확실성이 크다는 뜻이다. 임상시험에 막대한 R&D 자금이 꾸준히 들어가야 한다는 점도 경영권 인수에 아킬레스건으로 작용한다.

최대주주가 됐다고 해도 창업자가 아닌 제3자가 향후 회사의 R&D 방향성을 가늠하기란 여간 어려운 일이 아니다. 관련 전문성이 없는 전략적투자자가 섣불리 바이오 기업의 경영권을 인수했다간 낭패를 보기 십상이다. 꾸준한 캐시플로우(cash flow)가 나오는 제약사나 의료기기 업체에 대한 M&A 선호도가 상대적으로 높은 이유다.

국내에 후기 임상을 진행하고 있는 바이오 기업의 숫자가 많지 않다는 점도 영향을 미치고 있다. 국내 바이오텍은 초기 임상이나 그보다 앞선 전임상 단계의 파이프라인을 가진 경우가 많다. 그만큼 상업화까지 갈 길이 멀다는 뜻이기도 하다. 매수자 입장에선 향후 임상개발 부담 등을 고려할 때 M&A에 나설만한 동기 부여가 떨어진다고 판단할 수 있다.

그동안 K-바이오 기업에 꼬리표처럼 따라다니는 과도한 밸류에이션도 M&A 위축에 한몫한 측면이 있다. 2019~2020년 국내 주식시장이 버블일 때는 돈 한 푼 벌지 못하는 바이오 기업이 조 단위 시가총액을 기록하는 사례가 부지기수였다. 같은 경쟁군(피어 그룹)에 속하는 해외 바이오 기업의 시가총액이 이보다 한참 낮은 상황에서 굳이 K-바이오 기업을 인수하기란 부담스러울 수밖에 없다.

물론 이러한 바이오 버블은 마치 '코리아 프리미엄'으로 인식되면서 해외 기업의 국내 코스닥 상장을 유치하는데 일정 부분 공을 세우기도 했다. 미국 나스닥 대신 코스닥 상장으로 더 높은 밸류에이션을 받을 수 있다고 가정해보자. 회사 입장에선 자금 조달을 극대화할 수 있는 만큼 한국행을 마다할 이유가 없다.

국내 비상장 바이오 기업의 경우 불투명한 밸류에이션 산정 구조가 M&A의 발목을 잡는다는 지적이 나온다. 상장사만 하더라도 유통시장에서 거래되는 '시가'가 있기 때문에 외부 요인이 개입되기 어려운 구조이지만 비상장사는 다르다. 펀딩 과정에서 회사와 투자자인 VC들이 협의 하에 밸류에이션을 정하게 되는데, 이 숫자는 단순히 '투자가치'일 뿐 실제 '기업가치'를 반영한다고 보긴 어렵기 때문이다.

미국 등 해외의 경우는 국내와 달리 바이오텍 M&A가 꾸준하다. 2023년에만 미국에서 10억 달러(한화 약 1조3,000억 원) 이상 규모의 제약/바이오 기업 M&A 계약이 20건에 달한 것으로 파악된다. 코로나19 팬데믹을 지나면서 실탄을 챙긴 대형 제약사의 바이오텍 인수가 크게 늘었다. 화이자(Pfizer)는 항체-약물 결합체(ADC) 개발사 시젠(Seagen)을 총 430억 달러(약 56조 원)에 사들여 주목을 받았다. 블록버스터 의약품 특허 만료와 미국 정부의 약

⊃⊂ 2023년 글로벌 제약/바이오 주요 M&A

(2023년 연간 기준, 거래금액 10억 달러 이상, 단위 : 백만 달러)

피인수기업	인수기업	거래금액
Seagen	Pfizer	43,000
Karuna Therapeutics	BMS	14,000
Prometheus Biosciences	MSD	10,800
ImmunoGen	AbbVie	10,100
Reata Pharmaceuticals	Biogen	7,300
Telavant	Roche	7,250
Mirati Therapeutics	BMS	5,800
Chinook Therapeutics	Novartis	3,200
Provention Bio	Sanofi	2,900
Dice Therapeutics	Eli Lilly	2,400
Bellus Health	GSK	2,000
Versanis	Eli Lilly	1,925
CinCor Pharma	AstraZeneca	1,800
CTI BioPharma	SOBI	1,700
Amryt Pharma	Chiesi Farmaceutici	1,480
POINT Biopharma	Eli Lilly	1,400
Kerecis	Coloplast	1,300
VectiveBio	Ironwood	1,150
Inversago Pharma	Novo Nordisk	1,075
DTx Pharma	Novartis	1,000

값 인하 압박에 대응하기 위해 새로운 치료 기술을 확보해야 한다는 위기 감이 바이오텍 M&A 거래 증가에 영향을 미친 것으로 보인다.

　미국에선 IPO보다 M&A가 바이오 기업의 1차적인 자금 회수 창구 역할을 한다. 현지 바이오텍의 경우 막대한 자금이 들어가는 임상 단계까지 진입하지 않은 상태에서도 기술력을 인정받아 글로벌 제약사(빅파마)에 경영권을 넘기는 경우가 많다. 회사를 매각한 창업자는 회수 자금으로 새로운 바이오 벤처를 설립하는 형태로 선순환을 이끈다. 바이오텍 최대주주가 경영권은 고사하고 지분 일부를 매각하는 것도 색안경을 끼고 바라보는 국내 현실과는 대조적인 모습이다.

　코로나19 백신 개발사 모더나(Moderna)의 창업 멤버인 로버트 랭거(Robert S. Langer) 미국 매사추세츠 공대(MIT) 교수가 대표적이다. 그는 모더나 외에도 다수의 바이오 기업을 창업했으며 이 중 상당수는 엑시트까지 단행한 연쇄 창업가(serial enterpreneur)로도 잘 알려져 있다. M&A 경험이 많으면 많을수록 그만큼 실력 있는 벤처기업가로 인정받는 현지 분위기도 여기에 한몫을 하고 있다. 국내 바이오 업계에서 실력 있는 연쇄 창업가로 불릴 만

미국에선 IPO보다 M&A가 바이오 기업의 1차적인 자금 회수 수단이다. 현지 바이오텍의 경우 막대한 자금이 들어가는 임상 단계까지 진입하지 않은 상태에서도 기술력을 인정받아 글로벌 제약사(빅파마)에 경영권을 넘기는 경우가 많다. 회사를 매각한 창업자는 회수 자금으로 새로운 바이오 벤처를 설립하는 형태로 선순환을 이끈다. 코로나19 백신 개발사 모더나의 창업 멤버인 로버트 랭거 미국 MIT대 교수(사진)가 대표적이다.

한 인사는 과연 몇이나 될까. 선뜻 떠오르지 않는다.

)))(((창업자의 엑시트, M&A가 해법일까)))(((

최근에는 국내 바이오 기업을 둘러싼 M&A 여건에 조금씩 변화가 감지되고 있다. 특히 상장사와 비상장사 할 것 없이 밸류에이션이 큰 폭으로 하락하면서 거래 의지가 꿈틀대는 분위기다. 한계 상황에 직면한 바이오 기업 매물이 늘어나면서 '구매자 우위시장(buyer's market)'을 만들었고, 원매자들의 M&A 인센티브를 높이고 있다. 그동안 저금리 등 우호적인 펀딩 여건이 무분별한 바이오텍 설립으로 이어졌고, 뒤늦게 후폭풍을 맞는 모양새다. 과도하게 늘어난 바이오 기업들의 숫자를 줄이기 위해서라도 M&A를 통한 '합종연횡'은 불가피해 보인다.

비상장사 바이오 기업들에 대한 IPO 관문이 좁아지고 있는 점은 M&A 필요성을 더욱 키우는 배경이 된다. 기술성 평가와 상장 예비 심사 모두 허들이 엄격해진 만큼 출구전략을 IPO에만 의존할 수 없기 때문이다. 이는 VC 등 기관투자가들의 자금 회수 전략과 직접적으로 연결되는 부분이다. 직상장이 막혀서 우회상장을 타진하는 바이오 기업들이 늘어나는 것도 같은 맥락이다. 우회상장 역시 또 다른 의미의 M&A라는 점에서 기존 상장사를 대상으로 하는 합병 제안이 점점 늘어나고 있다.

상장사의 경우 '연식'이 있는 바이오 기업들을 중심으로 창업자의 출구전략에 초점이 맞춰지고 있다. 거래소에 입성한 지 10년이 지났지만 뚜렷한 R&D 성과가 없고 매출도 일으키지 못하는 바이오 기업이 적지 않다. 이들 상당수가 유상증자를 통한 자금 조달에 의존해 왔던 만큼 대주주 지분율이 떨어질 대로 떨어져 있다. 아울러 창업자의 나이가 60~70대인 경우가 대부분인 상황에서 대표직을 계속해서 유지할 지에 대한 내부적인 고민도 엿보인다.

이들 창업자가 현 체제를 유지하며 오너십에 집착하다가는 자칫 바이오텍의 '혁신' 이미지가 훼손될 수도 있다. 2세들이 생명과학 등 바이오 전공자가 아니라면 차라리 바이오 기업 투자에 관심있는 제3자에 경영권을 넘기는 방안이 합리적인 선택이 될 수 있다. 헬릭스미스, 메디포스트, 크리스탈지노믹스 등 일부 1세대 상장 바이오 기업들이 최근 1~2년 사이에 M&A가 이뤄진 점은 결코 우연이 아니다.

물론 이들은 신약 허가나 글로벌 라이선스아웃 등 의미 있는 R&D 실적을 내는 데 한계에 직면한 채 경영권을 넘겨야 했다. 시장에서 기대했던 창업자의 엑시트 사례를 보여주는 데는 실패했다는 얘기다. 대부분

⊃⊂ 헬릭스미스 최근 4년간 실적 및 연구개발 투자 현황

(단위 : 억 원, 별도 재무제표 기준)

구분	2019년	2020년	2021년	2022년
매출	45	44	28	27
영업이익	-365	-558	-465	-373
연구개발비*	402	332	336	291
매출 대비 연구개발비 비중(%)	893.3	754.5	1200	1077.8

* 정부보조금 포함
자료 : 헬릭스미스, 금융감독원

헬릭스미스(옛 바이로메드)는 코스닥 기술특례 1호 상장사다(2005년). 서울대 생명과학부 교수였던 김선영 대표(사진)가 유전자 치료제 기술의 핵심인 바이러스벡터의 상용화를 위해 1996년 설립했다. 당뇨병성 신경병증, 족부궤양 등에 적용되는 '플라스미스 DNA 치료제'(엔젠시스)를 내세운 회사의 시가총액은 한때 4조 원을 넘기도 했다. 하지만 잇따른 임상 실패와 경영진의 도덕적 해이, 사모펀드 투자 손실 등으로 투자자들의 외면을 받기 시작했다. 결국 추가적인 성장 동력이 한계에 직면하자 2023년에만 최대주주가 두 차례나 바뀌는 진통을 겪었다.

⌖ 국내 제약/바이오/헬스케어 기업 M&A 현황

(2023년 연간 기준, 거래금액 300억 원 이상, 단위 : 억 원)

인수자	피인수기업	사업 분야	거래금액	거래형태
MBK파트너스, UCK파트너스	오스템임플란트	임플란트	26,000	공개매수
MBK파트너스	메디트	구강스캐너	24,000	구주
에스디바이오센서, SJL파트너스	메리디언바이오 사이언스(미국)	소화기 감염 진단플랫폼	20,000	구주
한앤컴퍼니	루트로닉	미용 의료기기	9,340	공개매수 + 구주
LG화학	아베오파마슈티컬 (미국)	항암 신약	7,300	구주
올림푸스	태웅메디칼	소화기내과용 스텐트 개발	4,880	구주
루닛	볼파라헬스 (뉴질랜드)	AI 유방암진단	2,525	구주
롯데 바이오로직스	BMS공장(미국)	CDMO	2,080	자산 인수
글랜우드PE	LG화학 진단사업	체외 진단용 의료기기	1,500	자산 인수
캔디엑스홀딩스	싸이토젠	액체생검	1,115	구주 + 신주 + CB
랩지노믹스	큐디엑스(미국)	클리아랩 (실험실표준인증연구실)	768	구주
아티스트코스메틱	휴마시스	체외 진단용 의료기기	650	구주
DKS컨소시엄	에스디생명공학	화장품 제조	650	유상증자
SK바이오팜	프로테오반트 사이언스 (미국)	항암 신약(TPD)	620	구주
뉴레이크인 바이츠투자	CG인바이츠 (옛 크리스탈지노믹스)	항암 신약(저분자)	580	유상증자
바이오솔루션	헬릭스미스	유전자 치료제	365	유상증자
아이센스	아가매트릭스 (미국)	혈당 측정 의료기기	361	구주 + 신주
HLB	파나진	분자진단	300	유상증자
유한양행	프로젠	당뇨 등 자가면역질환	300	구주 + 신주

최근 국내 바이오 기업을 둘러싼 M&A 기류에 조금씩 변화가 감지되고 있다. 특히 상장사와 비상장사 할 것 없이 밸류에이션이 큰 폭으로 하락하면서 거래 의지가 꿈틀대는 분위기다. 한계 상황에 직면한 바이오 기업 매물이 늘어나면서 '구매자 우위시장(buyer's market)'을 만들었고, 원매자들의 M&A 인센티브를 높이고 있다. 특히 사모펀드들의 가세로 2023년 M&A 건수와 규모가 모두 크게 늘어났다.

최대주주 변경 구조는 경영권 프리미엄을 인정받는 형태의 구주 매각이 아닌 3자배정 증자 형태를 띠었다. 창업자로서는 M&A 이후 최대주주가 아닌 2대주주 등으로의 지위 변경을 통해 회사 경영에 대한 부담을 더는 것으로 만족할 수밖에 없었다.

❱❱❱❱ 경영권 교체 이후를 주목하라 ❰❰❰❰

M&A는 해당 매물이 아닌 인수 주체의 관점에서도 생각해 볼 수 있다. 바이오 기업이라도 현금이 충분하다면 추가 성장동력 마련 차원에서 M&A 전략을 적극 활용할 수 있다. 기존 신약개발 파이프라인이 언제라도 임상 실패 또는 라이선스 반환 등의 벽에 부딪힐 것에 대비한 '플랜B'다.

항암제를 개발하는 에이치엘비의 경우 비임상 수탁회사(CRO)인 노터스(현 HLB바이오스텝), 암 진단 회사인 파나진(현 HLB파나진) 등을 잇달아 사들이며 시너지 확대를 도모하고 있다. 코스닥 상장 유지를 위해 수익을 내는 건강기능 식품회사를 인수하는 상장 바이오 기업도 있다. 연구개발에 집중하는 기술특례 상장기업이라고 해도 IPO 이후 일정 기간이 지나면 매출을 내야하기 때문에 어쩔 수 없이 이러한 행보를 걷는 것이다.

물론 국내 시장에서 바이오 기업이 M&A 인수 주체로 적극 나서는 경우는 많지 않다. 자금 조달 환경이 녹록치 않은 상황에서 기존 R&D 외에 M&A 투자까지 단행하기가 버겁기 때문이다. 투자를 하더라도 경영권 인수가 아닌 타 법인의 소수 지분을 매입하는 수준에 그칠 때가 많다.

이 때문에 M&A 투자를 단행한 바이오 기업 상당수는 대기업에 집중돼 있다. 미국 항암제 개발사인 아베오파마슈티컬스(AVEO Pharmaceuticals)

를 사들인 LG화학, 미국 TPD 신약개발사 프로테오반트 사이언스(Proteovant Science)를 인수한 SK바이오팜, 롯데바이오로직스의 BMS 공장 인수 등이 여기에 해당된다. 오리온의 경우 ADC 강자인 레고켐바이오를 인수하며 바이오 업계의 이목을 집중시켰다.

투자자 입장에선 당장의 M&A 결과도 중요하지만 M&A 이후의 변화를 따져보는 것이 의미 있는 접근이 될 수 있다. 막대한 돈을 들여 해외 신약개발사를 인수했는데 R&D 측면에서 '윈-윈'으로 이어지긴커녕 유상증자 참여 등 자금 지원책 역할에만 그치고 있는 사례가 적지 않다. 조직 간 충돌로 임·직원이 이탈하는 문제가 발생하기도 한다. 보유 파이프라인의 거듭된 임상 실패로 사실상의 퇴출 위기를 맞은 상장 바이오 기업이 새 주인의 '머니게임' 용도로 전락하는 사례도 있다.

≫◍≪ M&A 시장에서 '인기' 있는 바이오텍은? ≫◍≪

그렇다면 원매자 입장에서 봤을 때 인수 매력도가 높은 바이오 기업은 어떤 특징을 가지고 있을까. 글로벌 시장에서 '통할만한' 확실한 기술력을 보유하고 있고 현금 보유액이 많은 회사라면 M&A 시장에서 당연히 인기를 얻을 가능성이 높다. 여기에 창업자 나이도 고령이고 뒤를 이을 후계자가 없다면 원매자 입장에서 거래 협상력을 높일 수 있는 요인이 된다. 일반 기업처럼 얼마나 꾸준히 현금흐름을 창출하는지 여부는 적자가 대부분인 신약개발사 등에 적용할 만한 가이드라인이 아니다.

일부 언론에서 미국 등 해외 바이오 기업 M&A 트렌드를 기반으로 국내회사들의 매물가치를 분석하기도 하지만 다소 섣부른 접근일 수 있다. 소위 '핫한' 신약개발 모달리티를 갖고 있다고 해서 그 회사가 실질적인 기술력이 있는지는 별개의 문제이기 때문이다. 특정 테마를 앞세워 몸값을 올리려는 일부 바이오 기업들의 IR 행보를 경계해야 하는 이유다. 결국 기술이전이나 임상시험 데이터 등으로 시장에서 입증해내야만 한다.

기존 창업자가 빠진 상태에서도 기업가치를 유지할 수 있느냐가 신약개발사를 포함한 바이오 기업 M&A의 관건이다. 이사회 중심의 지배구조 체제 확립과 함께 다수의 KOL(key opinion leader)*이 이끄는 외부 임상 전문가들과 긴밀한 관계를 구축해 놓는 등 사전 패키징 작업이 필요하다.

일부 상장 바이오 기업은 매물로 등장했다는 뉴스만으로 주가가 오르기도 한다. 경영권 변동이 수반되는 M&A와 관련된 뉴스는 자본시장에 파급력이 크기 때문이다. 하지만 거래가 성사되기 이전이라면 가격이 왜곡될 가능성도 있다. 정맥주사(IV)에서 피하주사(SC)로 약물 전달 방식을 바꾸는 원천기술을 보유한 알테오젠이 그랬다. 알테오젠의 M&A 가능성을 둘러싸고 불확실한 내용들이 언론에 노출되면서 주가는 요동쳤다.

여기에 인수자가 누구로 낙점되느냐에 따라서 M&A 이후 기업가치가 크게 변할 수 있다. 투자자들이 바이오 기업들의 지배구조 변화 가능성에 촉각을 곤두세우고 있는 이유다. 물론 이를 사전에 예측하기란 쉽지 않다. 마이크로바이옴(microbiome, 미생물군 유전체) 기반 신약개발사인 '천랩'이 2019년 상장한 지 2년도 안 되어 CJ제일제당에 팔릴 것으로 예상한 이가 얼마나 될까. 물론 대주주가 사모투자펀드(PEF)인 바이오 기업이라면 경영권 재매각이 불가피한 만큼 향후 M&A 타이밍을 살펴보는 것이 더 중요할 수 있다.

개인적으로는 글로벌 제약사가 국내 바이오 기업의 경영권을 인수하는

---

* 해당 분야에서 숙련된 제품지식과 영향력을 가진 사람 또는 조직.

'빅딜'의 순간을 기다리고 있다. 단순히 신약 파이프라인을 해외로 기술이 전하는 것이 아니라 M&A까지 이뤄진다면 K-바이오의 기술력을 제대로 인정받는 계기가 되지 않을까. 해당 창업자로서는 최선의 엑시트로 이어질 가능성이 높다. 바이오 전문 저널리스트로서 K-바이오의 1호 인바운드 M&A 사례를 다뤄보고 싶다는 바램이기도 하다.

이데일리   2023년 9월 20일

알테오젠,
글로벌 빅파마 머크에 매각 임박

시가총액 3조 원대 국내 바이오 기업 알테오젠이 글로벌 빅파마 머크와 매각 협상을 진행 중인 것으로 알려졌다. 이번 인수가 이뤄지면 알테오젠은 글로벌 제약사에 인수되는 국내 첫 바이오 벤처가 된다.

업계에 따르면 알테오젠은 현재 머크에 박순재 알테오젠 대표 지분을 넘기는 협상을 진행 중이다. 박 대표는 알테오젠 지분 19.4%(2023년 6월 30일 기준)를 보유하고 있다. 머크 측은 7억5,000만 달러(약 1조 원)를 선제시했고, 알테오젠 측은 매각 희망가격을 10억 달러(약 1조3,000억 원) 수준으로 고려 중인 것으로 알려졌다.

머크 측이 제시했다고 알려진 매각가 기준으로 단순 계산 시 알테오젠 기업 가치는 약 5조 원으로 평가된 것으로 분석된다. 알테오젠 시가총액은 4조 원에 임박했는데(2023년 9월 19일 종가), 이를 기준으로 하면 25% 경영권 프리미엄을 얹어준 셈이다. 주가로 산정해 본다면 알테오젠이 제시한 가격은 약 13만 원, 머크가 제시한 가격은 약 10만 원 선이라는 계산이 나온다.

알테오젠과 머크는 오랜 파트너 관계다. 알테오젠은 지난 2020년 머크에 '인간 히알루로니다제'(ALT-B4) 플랫폼을 4조6,000억원에 기술이전 했다. 비독점 계약이며, 판매에 따른 로열티가 정해진 계약이다. 즉 머크가 아무리 많이 팔아도, 알테오젠이 전체 계약금 4조6,000억 원 이외에 추가로 받는 금액은 없는 구조다.

08 바이오 시장의 '큰손'이 된 대기업과 사모펀드

K-바이오의 시작은 대기업이었다. 80~90년대부터 신약개발에 출사표를 던진 대기업들이 있었다. 시장은 자금 조달 측면에서 경쟁력을 보일 것이라는 기대감이 컸다. 오너가 뚝심을 갖고 밀어붙이면 신약개발도 못 이룰 것이 없다는 믿음이 시장에 팽배했다. 하지만 현실은 녹록치 않았다. 인고의 시간이 길어지면서 적자는 쌓여만 갔고 중도 포기로 이어지는 대기업들이 속출했다. 일부 성과가 없었던 것은 아니지만 그동안 쏟아 부은 돈에 비하면 미미한 수준이었다.

한동안 잠잠했던 대기업들이 다시 바이오 업계에 등장하고 있다. 과거의 실패를 못 잊고 재도전에 나서는가 하면 신규 플레이어도 눈에 띈다. 바이오 외에 신성장동력으로 삼을 만한 비즈니스 영역이 마땅치 않다고 판단했을 수도 있다. 물론 아직까지는 조심스럽다. 신약개발보다는 의료기기나 위탁생산개발(CDMO) 등을 타진하는 분위기다. 불확실한 잭팟을 노리기보다는 현금 창출이 확실한 노선을 택하겠다는 취지로 읽힌다.

사모투자펀드(PEF)의 변화된 행보도 관전 포인트다. 돈을 못 버는 바이오 기업 투자는 벤처캐피털(VC)의 전유물이었지만 이제는 PEF도 존재감을 키우고 있다. 과거와 같이 지분 투자에만 그치지 않고 경영권 인수에도 적극 나서고 있다. 물론 의료기기나 헬스케어 등 '돈 버는 회사'로의 쏠림은 아쉬운 대목이다.

✕〉▥〈✕ '팩티브'가 성공했다면…… ✕〉▥〈✕

90년대 초·중반까지 실패 사례를 거듭한 끝에 당시 LG생명과학(현 LG화학)은 '팩티브(Factive)'라는 항생제를 만들어냈다. 2003년 4월에는 국내 기업 처음으로 미국 FDA 신약 승인이라는 쾌거를 일궈냈다. LG화학이 팩티브 연구개발에 처음 착수한 것은 지난 1991년으로, FDA 승인까지 약 12년이 걸린 셈이다.

하지만 팩티브는 상업화 측면에서 기대했던 결과를 이끌어내지 못했다. 2006년 37억 원, 2009년 119억 원, 2011년 150억 원까지 기록하며 매년 지속적으로 확대된 해외 매출은 2012년 70억 원으로 고꾸라졌다. 다국적 제약사들과의 경쟁이 본격화되면서 적응증을 넓히는 데 한계가 있었다. 2012년 출시한 당뇨 치료제 제미글로가 연 매출 1,000억 원을 넘기기도 했지만 내수용이라는 지적에서 벗어나지 못했다.

역사에 가정은 없다지만 팩티브가 성공했다면 어떻게 됐을까. 애브비(Abbvie)의 자가면역질환 치료제 휴미라(2022년 매출액 212억 달러)까지는 아니더라도 일정 수준 이상의 블록버스터 신약으로 자리매김했다면 지금의 LG와는 다른 모습이지 않았을까. LG에너지솔루션이 2차전지 대장주로 주목을 받고 있지만, 대한민국은 LG화학(옛 LG생명과학)이라는 '빅파마' 보유국이 됐을지도 모르는 일이다.

그만큼 국산 1호 신약인 팩티브의 실패는 진한 아쉬움으로 남는다. 물론 아무 의미가 없는 건 아니었다. LG가 대기업으로서 신약개발을 주도하며 대규모 투자를 이어간 덕분에 당시 연구 인력들은 현재 국내 바이오 산업의 근간이 됐다. 코스닥에 입성해 있는 바이오 기업 중 상당수는 LG 출신 연구자들이 창업했거나 주요 임원으로 포진해 있다. LG가 국내 바이오 업계의 사관학교로 불리는 이유이기도 하다.

))))⟨ 블록버스터 신약의 꿈, 대기업은 가능할까 ⟩))))

그렇다면 LG 이외 국내 다른 대기업의 바이오/헬스케어 사업은 어떨까. 국내 대기업 상당수는 신약개발 또는 헬스케어 관련 비즈니스를 시도했거나 지금도 진행 중이다. 이는 바이오/헬스케어가 다소 부침은 있지만 신성장 산업으로 충분히 베팅할 만하다는 믿음 때문이다. 당장은 큰 돈을 벌지 못하고 적자를 내더라도 투자를 지속하고 있는 이유다. 몸집이 작은 바이오 기업이 신약개발 영역에서 실패를 거듭하다보니 이 역시 '형님'격인 대기업이 이끌어야 성공할 수 있다는 사회적 분위기도 있는 듯 하다.

기간으로 보면 SK와 삼성도 오랜 세월 바이오 사업을 영위해 왔다. SK바이오팜은 2019년 뇌전증 신약 세노바메이트(상품명 엑스코프리)가 미국 FDA로부터 신약 승인을 받았다. 1990년대부터 'P프로젝트'를 시작으로 그룹 차원에서 제약/바이오 사업을 꾸준히 육성한 결과다. 이를 바탕으로 거래소 상장에도 성공한 SK바이오팜은 뇌질환 계통(CNS) 뿐만 아니라 항암제까지 R&D 영역을 넓히고 있다. 2023년에는 TPD(표적 단백질 분해) 기술을 보유한 미국 바이오벤처 프로테오반트 사이언스를 인수하기도 했다.

SK는 자회사 SK팜테코를 통해 바이오의약품 위탁개발생산(CDMO) 사업에도 적극 나서고 있다. GCT(유전자·세포 치료제) CMO(위탁생산)인 프랑스 이포스케시(Yposkesi)와 미국 CBM을 인수하는 등 발 빠른 행보를 보여왔다. SK바이오팜 상장 이후 블록딜을 통해 1조 원 이상의 자금을 확보한 SK는 SK팜테코를 통해 제2의 '잭팟'을 기대하는 중이다.

⊃⊂ SK 바이오 사업 지배구조도 (단위 : %)

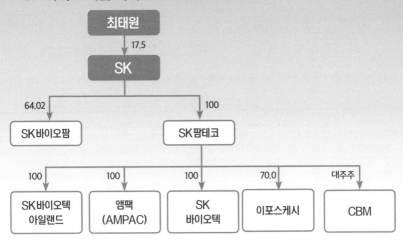

```
                        최태원
                          │ 17.5
                         SK
          ┌───────────────┴───────────────┐
      64.02                              100
     SK바이오팜                        SK팜테코
                    ┌──────┬──────┬──────┬──────┐
                  100    100    100    70.0   대주주
              SK바이오텍  앰팩    SK    이포스케시  CBM
               아일랜드  (AMPAC) 바이오텍
```

⊃⊂ SK팜테코 세포·유전자 치료제 생산시설 현황

	이포스케시	CBM
거점 지역	프랑스	미국
인수 시기	2021년 3월	2023년 9월
생산시설	1, 2공장 1만m²	6만5,000m² 건설 중
생산 품목 및 서비스	아데노 바이러스 벡터, 렌티 바이러스 벡터	바이러스 벡터, 프로세스 개발, 테스팅 등

자료 : SK팜테코

SK팜테코는 2023년 9월 미국 세포·유전자(CGT) 치료제 CDMO인 CBM의 경영권 인수를 완료했다. CBM은 CAR-T 생산능력을 끌어올리기 위해 연간 1만 명 이상의 환자에게 공급 가능한 세포 치료제 제조시설을 구축 중이다. 이미지는 미국 펜실베니아주 필라델피아에 위치한 CBM 연구개발 시설.

삼성 역시 CDMO 영역에서 경쟁력을 지켜오고 있다. 신약개발보다 비교적 '안전한' 사업이라는 점에서 2011년부터 삼성바이오로직스가 항체 중심 CMO 사업을 영위해 왔다. 바이오를 제2의 반도체로 키우겠다는 기조 아래 CDMO 생산능력을 세계 1위인 연간 60만4,000리터(2023년 7월 기준)까지 끌어올렸다. 최근에는 항체약품접합체(ADC) 등으로도 포트폴리오를 다양화하는 모습이다.

)))◀ 입에 쓴 약을 맛 본 공룡들 ◀)))

SK, 삼성 등과 달리 일부 대기업은 기존 제약/바이오 사업을 이어가는 데 어려움을 겪기도 했다. 한화케미칼은 2011년 류머티즘 관절염 치료제인 '엔브렐(Enbrel)' 바이오시밀러(145쪽 각주) 사업의 성공을 눈앞에 두고 있었다. 미국 머크(Merck)와 라이선스아웃 계약까지 체결했지만 원개발사인 암젠(Amgen)의 특허 이슈가 불거지며 2012년 사업을 중단해야 했다. 셀트리온의 '램시마', '허쥬마'에 이어 국내 업체가 허가받은 세 번째 바이오시밀러가 승인 10개월 만에 역사의 뒤안길로 사라지는 순간이었다.

글로벌 공급체인 확보를 위해 1,000억 원 가까이 투자한 오송 공장이 2015년 헐값에 팔리면서 한화의 바이오 사업은 정리 수순을 밟았다. 대신 한화케미칼 바이오사업부에서 R&D를 이끌던 이상훈 박사가 2016년 에이비엘바이오를 창업해 이중항체 기반 신약을 개발하고 있다. 역시 코스닥 상장사인 프레스티지바이오로직스가 한화케미칼의 바이오시밀러 사업을 이어받긴 했지만 한화 측이 주주로 참여한 회사가 아니라는 점에서 한화와는 별개 회사로 봐야한다. 한화그룹의 투자형 지주회사인 한화임팩트는

⋈ 삼성 바이오 사업 지배구조도 및 글로벌 빅파마 제휴관계 (단위 : %)

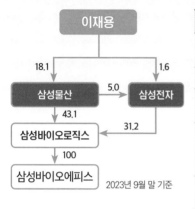

이재용
18.1
1.6
삼성물산 ─5.0─ 삼성전자
43.1
31.2
삼성바이오로직스
100
삼성바이오에피스

2023년 9월 말 기준

글로벌 빅파마	삼성과의 제휴관계
Johnson&Johnson	2016년 CDMO 계약 체결 후 파트너십 지속
BMS	2013년 첫 의약품 생산 계약
Moderna	2021년 코로나19 백신(mRNA) 생산 계약 체결
Biogen	2012년 삼성바이오에피스 합작. 삼성 자가면역질환 치료제 유럽 지역 유통·판매 담당
Organon	삼성이 개발한 바이오시밀러 의약품 해외 판매 담당

⋈ 삼성바이오로직스의 실적 추이

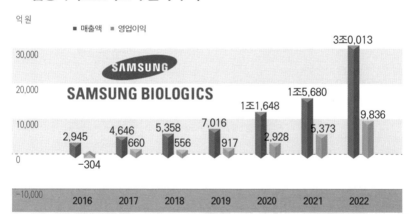

억 원

■ 매출액　■ 영업이익

SAMSUNG
SAMSUNG BIOLOGICS

	2016	2017	2018	2019	2020	2021	2022
매출액	2,945	4,646	5,358	7,016	1조1,648	1조5,680	3조0,013
영업이익	−304	660	556	917	2,928	5,373	9,836

삼성바이오로직스 송도 4공장 조감도. 2023년 6월 전체 가동을 시작한 인천 송도 4공장은 생산능력이 24만 리터에 달하는 글로벌 최대 쿠모의 시설이다.

해외 바이오텍 투자를 진행했는데 실질적인 성과를 거두려면 좀 더 시간이 필요해 보인다.

1980년대부터 제약 사업을 키워왔던 CJ는 2018년 CJ헬스케어(현 HK이노엔)를 매각하며 변화를 맞았다. 재무구조 개선을 위해 복제의약품(제네릭) 및 합성의약품 사업을 처분하고 제약/바이오 사업에서 완전히 손을 떼는 것처럼 보였다. 사료 첨가제와 식물 고단백 소재를 생산하는 '그린바이오'에 집중하겠다는 입장이었지만 2021년 CJ제일제당이 마이크로바이옴을 연구하는 천랩(현 CJ바이오사이언스)을 인수하며 '레드바이오'에 다시 발을 들여놓은 것이다. 같은 해 네덜란드 세포·유전자 치료제 CDMO 회사인 바타비아(Batavia Biosciences)를 사들인 것도 같은 맥락이다.

〉〈〉〈 뉴플레이어 진입 꾸준, 신약보다는 CDMO/의료기기 〉〈〉〈

최근 들어 대기업들의 바이오 산업 진출이 더욱 가속화되고 있다. 기존 스타트업으로 출발한 바이오벤처들이 시장 안팎의 자금 경색으로 펀딩에 어려움을 겪자 자본력을 갖춘 대기업들이 전략적투자자(SI)로 나서는 분위기다. 현금창출력과 운영 시스템을 갖춘 대기업이 바이오벤처들과 손잡고 이들의 기술 상용화를 돕는다면 그만큼 빠른 성장 속도를 기대할 수 있다.

다만 전반적인 흐름만 보면 장래 수익 달성이 불확실한 신약개발보다는 CDMO나 의료기기 등의 영역으로 무게중심을 두는 대기업들이 더 많아 보인다. 특히 신규 회사 설립 등 맨땅에서 모든 걸 새로 시작해야 하는 그린필드(green field) 전략보다는 기존 사업을 인수하는 브라운 필드(brown field) 전략을 좀 더 많이 활용하는 모습이다.

바이오 업계 '뉴플레이어'로 지목되는 롯데, GS, OCI가 그렇다. '본업'인 유통 분야에서 성과를 내는데 어려움을 겪던 롯데는 바이오와 헬스케어를 통해 향후 신사업을 둘러싼 돌파구를 찾고 있다. 각각 롯데바이오로직스와 롯데헬스케어를 통해서 말이다. 삼성 출신을 CEO로 내세운 롯데바이오로직스 역시 당장은 신약개발보다 CDMO 사업에 우선순위를 두고 있다. 2023년 초 미국 제약사 BMS의 항체의약품 생산시설인 시러큐스 공장을 1억6,000만 달러(2,000억 원)에 인수한 데 이어 송도에 추가 시설 투자를 준비하고 있다. 삼성바이오로직스와 셀트리온이 같은 위치에 공장을 보유 중이라는 점에서 향후 경쟁 구도에 관심이 쏠린다.

정유 업종을 둘러싼 불확실한 전망에 고민하던 GS 역시 M&A로 2022년 초 바이오 업계에 진출했다. 국내외 재무적투자자(FI)들과 함께 보툴리눔 톡신 선두 업체인 휴젤을 1조5,587억 원에 인수했다. 휴젤의 영업이익(2022년 기준)이 1,000억 원이 넘었던 만큼 캐시카우로서의 역할을 해줄 것으로 기대했을 가능성이 높다. 비록 무산되긴 했지만 GS는 치과 구강스캐너 기

롯데바이오로직스는 2023년 10월 인천경제자유구역청과 인천 송도국제도시 내 바이오 플랜트(조감도) 건립을 위한 토지매매 계약을 체결했다. 30억 달러가 투입되는 바이오 플랜트 건설에는 2030년까지 36만 리터 규모의 항체 의약품을 생산할 수 있는 공장 3곳이 들어선다. 가동에 들어가면 1개의 플랜트당 12만 리터 규모의 생산능력을 보유하게 된다. 1, 2, 3공장은 각각 2025년, 2027년, 2030년 차례로 준공 예정이다.

업 메디트 인수를 추진했을 정도로 의료기기 영역에서의 확장 의지를 감추지 않고 있다.

폴리실리콘 제조업체인 OCI는 국내 제약사를 인수한 케이스다. 2018년 바이오사업부를 신설하고 2022년 부광약품을 인수하며 제약/바이오 비즈니스를 본격화했다. '오너 3세'이자 화학공학을 전공한 이우현 OCI 회장이 직접 사업을 진두지휘하고 있다. 부광약품은 중소 제약사이지만 자회사인 덴마크의 콘테라파마 등을 중심으로 뇌질환 관련 신약개발에도 주력하는 모습이다. OCI는 부광약품에 그치지 않고 2024년 1월 한미약품그룹과 유례없는 그룹 통합 계획을 밝혔다. 첨단소재/신재생에너지와 제약/바이오라는 전혀 다른 비즈니스의 결합이라는 점에서 업계의 이목이 쏠렸다. OCI 그룹은 본업 외에 헬스케어로까지 신사업을 확장하고, 한미약품그룹은 규모의 경제를 통해 막대한 자금이 투입되는 신약개발 동력을 확보한다는 복안이다.

오리온과 신세계의 행보도 주목을 끈다. 특히 오리온의 경우 ADC 강자인 레고켐바이오를 인수하며 신약개발 사업에 본격적으로 나선 상태다. 신세계는 마이크로바이옴 신약을 연구하는 고바이오랩에 투자한 데 이어 그룹 내 벤처캐피털(시그나이트파트너스)을 통해 휴이노, 스페클립스 등 의료기기 회사들의 지분을 매입했다.

다수의 대기업들이 바이오/헬스케어 분야에 뛰어들고 있지만 웬만해선 다른 대기업의 사업 영역을 침범하지 않는다는 점에서 주목할 만 하다. CDMO와 같이 일부 중첩된 비즈니스가 있긴 하지만 바이오시밀러(삼성), 항암제(LG), 뇌질환 치료제(SK), 미용 의료기기(GS) 등으로 독자 영역을 구축하고 있다. 적지 않은 대기업들이 '혼맥'으로 얽혀있다 보니 굳이 불필요한 경쟁 구도를 만들지 않겠다는 뜻으로도 읽히는 대목이다.

⊃⊂ 국내 대기업의 제약/바이오 사업 현황

회사명	주요 내역	비고
LG	LG화학의 미국 아베오파마슈티컬스 인수	미국 FDA 승인 항암제 확보
삼성	삼성바이오로직스(CDMO)	2025년 5공장 완공 목표
SK	SK바이오팜, SK팜테코, 프랑스 이포스케시 인수	뇌전증 치료제 상업화, CDMO 사업 확장
롯데	롯데바이오로직스/헬스케어 설립	CDMO 사업 진출
GS	휴젤 인수, 바이오오케스트라 투자	보툴리눔 톡신
CJ	천랩(현 CJ바이오사이언스) 인수	마이크로바이옴 신약개발
한화	한화임팩트, 미국 유전병 치료제 업체 테쎄라테라퓨틱스 투자	바이오 사업 재진출 가능성
신세계	이마트 통해 고바이오랩과 합작사(위바이옴) 설립	건강기능식품 사업
OCI	부광약품 인수, 한미약품그룹과 통합	신약개발
오리온	레고켐바이오 인수	신약개발

≫∭∭ '돈줄' 쥔 PEF, 바이오 생태계 바꿀까 ∭∭≪

대기업과 함께 국내 바이오/헬스케어 업계의 '큰손'으로 주목을 받고 있는 곳으로는 사모투자펀드(PEF)를 빼놓을 수 없다. 2022년 PEF들의 바이아웃 거래가 베인캐피탈(클래시스 인수), 스카이레이크(메디포스트 인수) 정도였다면, 2023년에는 한앤컴퍼니(루트로닉), MBK파트너스-UCK(오스템임플란트), MBK 파트너스(메디트), 글랜우드PE(LG화학 진단사업), 뉴레이크얼라이언스(크리스탈 지노믹스) 등으로 다양화되는 분위기다. SK팜테코가 추진했던 6,000억 원 규모의 프리IPO 딜에는 국내 PEF 간 입찰 경쟁이 이뤄지기도 했다.

　사모펀드는 불특정 다수의 투자자로 이뤄지는 공모펀드와 달리 보통 49인 이하의 일반투자자 및 기관 자금으로 조성된다. 펀드마다 차이가 있

⊃⊂ 사모펀드(PEF)의 국내 제약/바이오/헬스케어 주요 투자 현황

(기간 : 2020~2023년, 단위 : 억 원)

회사명	피투자사	시점	규모	비고
키움PE	리메드	2020.8	300	CB
	바이넥스	2020.9	200	CB
제이앤PE	에스티팜	2020.12	625	CB
메이플파트너스	녹십자지놈	2020.12	200	CB
IMM PE	한국콜마 제약사업부 콜마파마	2020.12	4,900	경영권 인수
SG-PE	알테오젠	2020.12	750	CPS
	레고켐바이오	2021.7	300	CPS
프랙시스캐피탈	디앤디파마텍	2021.1	300	CPS
한국투자파트너스 (PE 본부)	SK플라즈마	2021.7	300	CPS
이음PE 원익투자파트너스	바이오솔루션	2021.8	420	CB
SG-PE한국투자 프라이빗에쿼티	코오롱생명과학	2021.12	250	영구채
베인캐피탈	클래시스	2022.1	6,700	경영권 인수
스카이레이크 크레센도PE	메디포스트	2022.3	1,600	경영권 인수
MBK파트너스 UCK파트너스	오스템임플란트	2023.2	2조2,000	공개 매수
루하PE	랩지노믹스	2023.1	1,227	경영권 인수
글랜우드PE	LG화학 진단사업	2023.1	2,000	경영권 인수
한앤컴퍼니	루트로닉	2023.1	약 1조	공개 매수
MBK파트너스	메디트	2023.3	2조4,250	경영권 인수
엑셀시아캐피탈	싸이토젠	2023.9	700	CB 및 증자

지만 보통 차입매수(leveraged buyout)를 통해 회사를 사서 일정 시일이 흐른 뒤 되팔아 이익을 남기는 것을 목표로 한다. 성장 단계 기업의 주식(equity) 또는 전환사채(CB), 신주인수권부사채(BW) 등과 같은 메자닌을 사들여 업 사이드를 노리는 그로스캐피털(growth capital) 투자도 있다.

벤처캐피털(VC)이 창업 초기 기업을 위주로 투자하는데 반해 사모펀드는 일정 수준의 성과를 보이고 있는 중견 기업이 투자 대상이다. 당연히 투자액도 VC와는 격차가 크다. 경영권이 포함된 최대주주 지분을 매입할 때는 조 단위 거래가 이뤄지기도 한다. 꼭 M&A가 아니더라도 이사진 파견 등을 통한 경영 참여가 이뤄지는 경우가 많기 때문에 투자에 대한 책임의 정도가 VC에 비해 훨씬 크다고 할 수 있다.

장기간 이어온 창업자 1인 체제의 바이오텍 입장에서는 PEF 자금 유치를 통해 새로운 변화를 모색할 수 있다. 최대주주로 들어온 사모펀드가 자금 조력자 역할 뿐만 아니라 매니지먼트 측면에서 전환점을 만들어 줄 것이라는 기대감이 크다. 기존 창업자가 R&D에만 전문성을 가지고 있는 CEO라면 사모펀드를 통해 해외 네트워크 확보에 대한 물꼬도 틀 수 있다. 최근 사모펀드에 매각된 바이오/헬스케어 기업들이 하나 같이 '글로벌 진출'을 목표로 하고 있다는 점은 우연이 아닐 것이다.

사실 그동안 제약/바이오 투자는 VC의 전유물이었다. 하지만 지난 몇 년간 상장사와 비상장 바이오/헬스케어 기업들의 밸류에이션이 전반적으로 크게 하락했고 IPO 관문도 좁아졌다. 엑시트가 어려워진 VC로서는 '추가 투자(follow-on)'에 대한 부담이 커졌다. 당장 자금이 급한 바이오 기업 입장에서는 PEF가 구원투수로 나오기를 고대할 수밖에 없다.

물론 대기업과 마찬가지로 사모펀드의 자금을 받은 기업들은 의료기기와 헬스케어 섹터에 집중돼 있다. 재매각을 통한 자금 회수가 존재의 목적인 PEF로서는 언제 수익이 날지 모르는 적자 회사에 대규모 자금을 베팅하기가 쉽지 않다는 얘기다. 실제로 휴젤을 재매각한 베인캐피탈의 사례 정도를 제외하면, 제약/바이오 업종에서 의미 있는 수준의 엑시트 성과를 기록한 PEF는 아직까지 드문 상황이다.

BUY
B1O

CHAPTER · 3

바이오텍 기업가치의
베일을 벗기다

당신은 여전히 '유니콘'을 믿는가

조 단위 밸류에이션의 회사가 주는 무게감은 상당하다. 특히 그 회사가 아직 비상장 단계라면 투자자들의 구미를 당길 가능성이 훨씬 높다. 시장에서는 이들을 가리켜 유니콘(unicorn)이라 부른다. 신화 속 유니콘처럼 누구나 꿈꿀 법한 이상적인 존재를 의미한다.

지난 몇 년간 유니콘의 이름을 달고 오만한 뿔을 자랑한 기업들이 적지 않았다. 바이오 업계도 마찬가지였다. 투자자들과 회사 모두 유니콘 만들기에 혈안이 돼 있던 시절이다. 매 펀딩 라운드마다 밸류에이션이 치솟았고 해당 기업들은 이를 홍보하기에 여념 없었다.

하지만 유니콘이 현실화되는 경우는 매우 드물다. 상장 이후 주가는 주저앉고 유니콘처럼 하늘 높이 치솟기를 열망했던 개인투자자들은 쓴맛을 보기 일쑤다. 유니콘을 넘어 **데카콘(decacorn)***을 노렸던 사무실 공유 플랫폼 기업 '위워크(we-work)'의 파산 신청에 주목할 필요가 있다.

하물며 현금흐름 없이 꿈(dream)에 베팅하라고 열을 올렸던 바이오 기업의 밸류에이션은 어떻게 봐야할까.

---

* 기업가치가 100억 달러(10조 원) 이상인 신생 벤처기업. 기업가치 10억 달러 이상인 기업을 머리에 뿔이 하나가 달린 말인 유니콘에 비유했다면, 기업가치가 유니콘의 10배 되는 기업을 머리에 뿔이 10개 달린 상상의 동물 '데카콘'에 비유함. 10을 뜻하는 접두사 데카(deca)와 유니콘의 콘(com)을 결합한 말로, 〈블룸버그〉가 경제 분야에서 처음 사용.

)))(((('투자가치'는 '기업가치'와 다르다)))((((

바이오 기업을 얘기할 때 기업가치, 즉 밸류에이션에 대한 궁금증은 꼬리 표처럼 따라붙는다. 상장 바이오 기업의 경우 그나마 시가총액이라는 확실 한 밸류에이션 지표가 있지만 비상장사는 조금 다르다. 익히 알려진 '현금 흐름할인법(discounted cash flow, DCF)*', '유사 상장사 멀티플(multiple)**'을 활 용한 상대가치평가 방법 등이 있긴 하지만, 이는 어디까지나 실적이 나오 는 회사에 한해 적용이 가능하다. 매출이나 이익을 내지 못하는 바이오 기 업에 대한 적절한 밸류에이션 측정을 어떻게 해야 하는지에 대한 논란은 현재진행형이다. 장래 불확실한 수익 실현 시나리오를 바탕으로 바이오 기 업의 기업가치를 평가한다는 건 그만큼 쉽지 않다는 얘기다.

그렇다면 시장에서 비상장 바이오 기업들의 밸류에이션이 가장 많이 거론되는 시기는 언제일까. 보통은 자금 조달 과정에서 어느 정도의 밸류 에이션이 책정됐느냐가 초미의 관심사다. 시리즈A 라운드에서 300억 원 의 가치가 적용됐던 바이오 기업이 2년 뒤 시리즈B 라운드에서 500억 원 의 가치를 책정했다는 식의 언론 기사를 자주 접하게 된다. 어떤 밸류에 이션 수치가 책정되느냐에 따라 창업자와 투자에 참여하는 벤처캐피털 (VC)의 지분율이 달라진다. 최대주주인 창업자로선 기존 지분율이 얼마나 희석되는지가 관건이며, VC의 경우 밸류에이션 수치는 현 시점의 평가 수 익률을 좌우하는 척도가 된다.

---

* 현금흐름을 적정한 할인율을 적용해 구한 값으로 기업가치를 측정하는 방법. 여기서 현금흐름이 란 총현금유입에서 총현금유출을 뺀 순현금유입으로, 기업이 영업활동에서 자유롭게 사용할 수 있 는 자금을 뜻함.
** 유사 상장사의 EV(시가총액+순차입금)/EBITDA(상각전 영업이익) 배수를 적용하는 비상장사의 가치평가법. 당기순손실이 나더라도 EBITDA가 흑자인 법인에 적용 가능.

중요한 건 이 때의 밸류에이션 수치가 '투자가치(investment value)'일 뿐 실제 기업가치를 반영하진 않는다는 점이다. VC 등 기관투자가들이 자금을 투자하는 과정에서 지분율 등을 결정하기 위해 책정하는 숫자 정도로 받아들여야 한다(물론 비상장사가 제3자를 통해 평가를 받은 가치라는 점은 의미가 있다). 하지만 언론이 '기업가치'와 '투자가치' 두 용어를 혼용해서 쓰다 보니 자칫 개인투자자에게 밸류에이션에 대한 잘못된 인식을 심어줄 여지가 있다. 투자가치가 1조 원이 넘었다는 이유만으로 유니콘 기업으로 포장되는 비상장사들의 사례가 끊이지 않는 이유다.

신화 속 동물인 유니콘은 스타트업 시장에서 '기업가치'가 10억 달러 이상(1조 원 이상)이고 창업 후 10년 미만인 비상장 회사를 말한다. 여기서 언급되는 기업가치는 엄밀히 말하면 투자가치라고 해야 한다. 그럼에도 불구하고 해당 기업이 유니콘으로 소개될 경우 마치 실제 기업가치가 그런 것처럼 상당한 평판 제고 효과를 누릴 수 있다. 언론의 관심도가 높아지고 투자자들이 보는 시각도 우호적으로 바뀐다. 비상장 바이오 기업들이 신규 펀딩을 시도할 때마다 기를 쓰고 투자가치를 끌어올리려고 하는 이유도 이와 무관치 않다.

그동안 창업자들은 이전 라운드 대비 밸류에이션을 높여서 자금을 유치하는 것을 당연하게 받아 들여왔다. 최대주주의 지분율 보전이라는 목적과 함께 밸류에이션 상승분을 마치 기업가치 개선의 척도로 인식하는 측면이 적지 않았다. VC들도 입장은 크게 다르지 않다. 추가투자(follow-on) 과정에서 손실을 감수하면서까지 감액된 밸류에이션으로 자금을 집행하기란 쉽지 않은 일이다.

VC 간에는 구주거래도 종종 일어나는데 수익을 내기 위해서는 결국 투자가치 상승이라는 전제가 깔려 있어야 한다. 비상장 바이오 기업 대부분

⌁ K-유니콘 기업의 민낯

(2022년 연결기준, 단위 : 억 원)

기업명	분야	매출	영업이익
옐로모바일	모바일	미공시	미공시
엘앤피코스메틱	화장품	2,722	233
비바리퍼블리카	핀테크	1조1,187	-2,472
야놀자	O2O서비스	6,045	61
위메프	전자상거래	1,700	-538
지피클럽	화장품	5,730	498
무신사	전자상거래	7,083	31
컬리	신선식품 배송	2조372	-2,334
직방	부동산중개	882	-370
버킷플레이스	전자상거래	1,864	-362
리디	콘텐츠 플랫폼	2,210	-360
아이지에이웍스	빅데이터 플랫폼	2,009	-2
메가존클라우드	클라우드 서비스	1조2,659	-345
트릿지	데이터/무역 플랫폼	1,114	-599
두나무	핀테크	1조2,492	8,101
당근	전자상거래	499	-564
빗썸코리아	핀테크	3,201	1,634
여기어때컴퍼니	O2O서비스	3,058	300
오아시스	신선식품 새벽배송	4,272	48
시프트업	모바일 게임 개발	653	221
한국신용데이터	소상공인 전문 SaaS	559	-304
우아한형제들	O2O 서비스	2조9,471	4,241

이른바 '유니콘 버블'은 비단 바이오 업계에 국한하지 않는다. 2022년 기준 유니콘 기업은 22개로 역대 최대치로 추산됐지만, 이 중 절반 가까이가 적자를 면치 못했다(붉은 표시). 이들이 상장 이후에도 조 단위 밸류에이션을 유지할지는 미지수다. 국내 최초 반도체 팹리스 유니콘 기업으로 유명했던 파두는 코스닥 입성 3개월 만에 '뻥튀기 상장' 의혹에 휩싸이며 유니콘을 향한 투자계의 시선을 더욱 싸늘하게 했다. 코스닥 상장 이후 첫 공개한 파두의 분기 실적이 시장 기대치보다 크게 낮았기 때문이다. 앞서 파두 측이 내놓은 2023년 연간 매출 예상치는 1,200억 원을 웃도는 수준이었다. 하지만 1분기 매출 176억 원 이후 2분기 매출은 1억 원에도 미치지 못했다. 회사는 매출 하락 가능성을 사전에 전혀 공지하지 않았다.

이 시리즈 A, B, C 각 조달 라운드가 성사될 때마다 보도자료 배포 등을 통한 언론 홍보에 적극적으로 나서는 이유다. 투자가치가 이전 라운드 대비 얼마나 상승했는지가 핵심적인 PR 포인트다. 설립 초기의 비상장 바이오 기업이 보여줄 수 있는 R&D 역량이 제한적인 만큼 펀딩 과정에서 회사의 존재감을 최대한 드러내겠다는 취지다. 조달 금액과 밸류에이션 뿐만 아니라 참여한 벤처캐피털 수가 많으면 많을수록 PR 효과는 극대화된다.

상장 직전 펀딩 라운드에서 투자가치를 조 단위까지 끌어올려 '유니콘'으로 인정받겠다는 전략 역시 같은 맥락으로 볼 수 있다. 여기에는 일부 공공 금융기관 심사역들의 협조(?)도 한몫한다. 자금 회수까지 상당 시일이 걸리기 때문에 투자한 바이오 기업이 훗날 IPO로 이어지는지 부실기업으로 전락하는지는 이들의 관심 사안이 아니다. 그사이 인사 이동이 이뤄질 수 있는 만큼 일단 유니콘 기업에 투자해 지분을 확보했다는 트랙레코드가 당장의 KPI(핵심 성과 지표)로 작용한다.

그렇다면 자금 조달 과정에서 바이오 기업의 투자가치는 어떻게 산정되는 것일까. 피투자기업이나 투자사들은 보유 파이프라인, R&D 진척도, 기술이전 등을 기반으로 상장사와의 비교(peer valuation)를 통해 투자가치를 산정한다. 다만 이는 바이오 기업 창업자와 투자자 사이에서 내부적으로 결정되는 '숫자'인 만큼 구체적인 산정 방식을 확인하긴 어렵다. 앞서 밝힌 대로 비상장 바이오 기업의 기업가치를 특정하기 어렵다보니 굳이 이를 공개해서 논란의 소지를 만들지 않으려는 측면도 있다.

제3자 입장에서는 VC가 받은 지분율과 그 투자 금액을 역산해 보면 특정 라운드에서 바이오 기업의 투자가치를 추정해 볼 수 있다. 만약 투자사들이 ○○바이오의 신주 20% 지분을 매입하는 대가로 100억 원을 투입했다고 가정해보자. 산술적으로 ○○바이오 100% 지분가치는 400억 원이 책정된 것으로 생각할 수 있다. 언론에 자주 언급되는 프리밸류(pre-valuation)는 바로 이를 말한다. 기존 투자가치 400억 원에 100억 원 규모의 자금이 새로 유입됐으니 포스트 밸류(post-valuation)는 500억 원이라고 얘기할 수 있다. 이 과정에서 밸류에이션을 최대한 높여서 투자금을 받으려는 창업자와 여기에 반대하는 VC와의 줄다리기가 벌어지기도 한다. 어찌 보면 싸게 투자하려는 투자사와 높은 가치를 인정받고 싶은 기업 사이에서 늘 벌어지는 일이다.

)◯(영원한 유니콘은 없다)◯(

문제는 해당 투자가치가 상장 이후 시가총액으로 이어지지 않는데 있다. 특히 일반 제조 기업보다는 바이오 기업에서 유독 그런 경향을 보이는 경우가 많다. 류머티즘성 관절염, 크론병 등 자가면역질환 치료제인 레미케이드 바이오시밀러(biosimilar)* 등을 개발·생산하는 에이프로젠 사례를 살펴보자.

에이프로젠의 경우 2019년 말 국내에서 열한 번째 유니콘 기업으로 선정돼 주목을 받았다. 국내 최초의 유니콘 바이오 기업이었다. VC로부터 자금 조달 과정에서 전체 지분가치를 1조 원 규모로 평가받았다는 게 근거였다.

회사는 IPO 대신 계열사 간 합병을 통한 우회상장을 노렸다. 2020년 공

---

* 특허가 만료된 바이오의약품을 본떠서 만든 복제약으로, 'similar'에서 알 수 있듯이 기존에 특허받은 바이오의약품과 '비슷'하지만 완전히 같지는 않은 동물생물의약품을 가리킴. 살아있는 세포 내에서 생물학적 반응을 이용해 만든, 천연 생물학적 기질을 모방한 약품이기에 원조 의약품과 비슷하지만 성분이 100% 일치하지 않음.

시된 합병증권신고서를 보더라도 에이프로젠에 1조 원 이상의 밸류에이션이 책정됐다. 이 과정에서 추정한 미래 영업현금흐름은 회사의 장밋빛 전망에만 초점을 맞췄다. 이를 우려한 감독당국이 합병에 대한 숙고를 거듭하면서 2022년 말이 되어서야 가까스로 합병이 성사됐다.

에이프로젠의 최근 시가총액은 과거 유니콘 평가 당시의 조 단위 투자가치에 크게 못 미치고 있다(2023년 12월 말 기준 약 2,500억 원). 무엇보다 당초 설정했던 바이오시밀러 부문 매출 목표치를 달성하지 못한 점이 발목을 잡았다. 창업자가 경영진에 복귀해 돌파구를 찾겠다는 입장이지만 예전과 같은 밸류에이션을 다시 인정받을 수 있을 지는 미지수다.

에이프로젠 뿐만 아니라 실제 다수의 상장 바이오 기업들의 주가가 비상장 당시에 홍보했던 투자가치를 회복하는 데 어려움을 겪고 있다. IPO 이후 뒤늦게 주식을 매입한 개인투자자들은 상장 이후에도 우상향의 장

✂ 에이프로젠 바이오시밀러 파이프라인별 매출액 추정

(단위 : 억 원)

구분	실적			추정							
	2017	2018	2019	2020	2021	2022	2023	2024	2025	2026	2029
Remicade	343	329	50	129	425	486	486	462	439	417	357
Herception	–	–	–	–	–	–	1,215	2,309	3,290	4,167	4,466
Rituxan	–	–	–	–	–	–	–	1,446	2,747	2,610	4,475
Humira	–	–	–	–	–	–	–	–	–	4,583	1조 1,787
기타 매출	279	152	128	83	88	189	3	3	3	3	–
합계	622	481	179	212	514	675	1,704	4,219	6,478	1조 1,779	2조 1,086

* 자료 : 합병주요사항보고서, 외부평가기관 의견서

에이프로젠이 2020년 9월 제출한 합병 주요 사항 보고서의 바이오시밀러 파이프라인별 매출액 추정 내역이다. 2026년에 1조 원을 넘어 2029년 2조 원이 넘는 것으로 추산되어 있다. 하지만 2020년, 2021년 실제 매출액은 각각 118억 원, 82억 원에 그치면서 당초 예측치와 큰 차이를 보였다.

밋빛 그래프를 기대하지만 정작 그 반대 시나리오에 손실을 감수해야 하는 경우가 적지 않다. 그나마 VC 대부분은 설립 초기의 낮은 투자가치로 자금을 투입했기 때문에 공모가격이 아무리 낮게 책정되었다고 해도 웬만해선 손실을 보지 않는다. 상장만 하면 일정 수준의 수익이 보장되는 셈이다.

유니콘 특례상장 1호로 2022년 6월 상장한 보로노이의 사례를 살펴보자. 유니콘 특례상장은 기업가치 5,000억 원 이상의 요건을 충족하면 전문 평가기관 한 곳에서만 기술평가를 받아 코스닥 상장 예심을 청구할 수 있다. 프리IPO 당시 책정된 투자가치가 1조 원이 넘었던 보로노이였지만 정작 IPO 과정에서 몸값 하락을 감수해야 했다. 결국 정정신고를 통해 밸류에이션을 조정했고 장외에서 인정받은 투자가치의 절반 수준으로 코스닥에 입성했다. 상장 이후 주가 개선이 이뤄지긴 했지만 바이오 기업을 둘러싼 과도한 밸류에이션 변동성을 방증하는 사례이기도 하다. 최근 들어 코스닥과 유가증권 시장에서 유니콘 특례상장 케이스를 찾아보기 어렵게 된 점도 밸류에이션을 둘러싼 신뢰도 저하 때문이다.

시황이 적시에 반영되지 못하는 한계를 가지고 있긴 하지만 지난 몇 년간의 주식시장 침체는 비상장 바이오 기업의 펀딩에도 영향을 미치고 있다. 투자가치를 높여서 펀딩이 이뤄지기는커녕 오히려 낮춰서 자금을 조달해야 하는 상황이 자주 목격된다. 펀딩 단계가 올라갈수록 투자가치에 대한 '밸류 업'을 당연하게 여기는 시기는 끝났다는 얘기다. 창업자 또는 최대주주 입장에서도 '서바이벌'을 위해서라면 지분율이 희석되더라도 당장의 현금을 확보하는 것이 먼저다. 굳이 시리즈를 나누기 보다는 언제든 투자자가 있을 때 자금을 조달하는 '상시 펀딩의 시대'가 도래한 것이다.

상황이 상황이니 만큼 개인투자자들 입장에선 이들 비상장 바이오 기업들에 대해 좀 더 '보수적인' 접근이 필요하다. 헤드라인을 장식하는 조 단위 투자가치 내용을 있는 그대로 받아들여선 곤란하다. 피투자회사가 이를 원했는지 여부는 알 수 없지만 시장의 이목을 집중시키기 위해 일부 언론사에서 자극적으로 기사의 제목을 뽑았을 가능성을 배제하기 어렵다.

투자가치 변화에만 초점을 맞추지 말고 이전 펀딩 라운드 대비 기업 본연의 펀더멘털이 어떻게 바뀌었는지를 좀 더 상세하게 따져봐야 한다. 신약개발사의 경우 의미 있는 수준의 기술이전을 단행했거나 진행 중인 임상시험에서 긍정적인 데이터가 나온 것과 같은 실질적인 성과가 있어야만 '기업가치' 개선을 기대할 수 있다. 이러한 배경 없이 밸류에이션만 오른 것을 강조하는 기업이라면 한번쯤 의심해봐야 한다.

)◯◯◯◯(상장사 밸류에이션, 그때는 맞고 지금은 틀리다?)◯◯◯◯(

그렇다면 상장사의 시가총액은 해당 바이오 기업의 기업가치를 온전히 담고 있을까. 주식시장은 불특정 다수의 수요(매수자)와 공급(매도자)이 만나서 가격을 형성하는 완전경쟁시장으로 받아들여진다. 거래되는 상품이 동일하고 시장 참여와 탈퇴가 자유롭다는 점에서도 그렇다. 이처럼 효율적인 자원배분으로 주가가 형성되기 때문에, 주가가 곧 회사의 적정 밸류에이션이라는 해석이다.

하지만 과연 그럴까. 다른 부분은 맞을지 몰라도 다수의 투자자가 동일한 정보를 바탕으로 상품을 거래해야 한다는 완전경쟁시장의 원칙은 주식시장에 적용하기가 마땅치 않아 보인다. 특히 바이오 기업 주식을 둘러싼 투자자 간 '정보 비대칭' 또는 내부자 거래 문제는 다른 업종보다 심각하다. 개인투자자와 기관투자가가 '기울어진 운동장' 속에 있는 한 불완전경쟁이 이뤄질 수밖에 없다는 얘기다.

타 업종 대비 과도한 주가 변동성도 바이오 기업의 적정 밸류에이션을 따지기 어렵게 만든다. 일부 유튜버나 주식 방송은 최근 몇 년 동안 국내 시장 침체로 타격을 받은 바이오 기업 주가를 두고 과거 대비 상당부분 '저평가'돼 있다는 논지를 펴기도 한다. 이 논리대로 라면 2019~2020년 한창 시장이 좋았을 때의 주가가 그 회사의 '적정가격'일 수밖에 없다. 현 투자자 입장에서는 귀가 솔깃할 만한 얘기다. 하지만 반대로 몇 년 전의 가격이 '거품'이었고, 지금의 가격이 적정 밸류에이션이라고 한다면 받아들일 수 있을까. 최근의 주가 하락은 오히려 가격 정상화의 과정으로 판단할 수도 있다는 얘기다.

이중항체 기반 신약개발사인 에이비엘바이오의 경우를 살펴보자. 2022년 1월 초 회사 주가는 2만 원 초반에 그쳤다. 같은 시기 시가총액은 1조 원을 넘나드는 수준이었다. 바로 그때 글로벌 빅파마인 사노피와 초대형 라이선스아웃 계약을 체결했다는 뉴스가 터졌다. 계약금만 900억 원이 넘었던 만큼 시장 안팎으로 주가 대박에 대한 기대감이 넘쳐났다. 하지만 3만 원 중반까지 반짝 올랐던 주가는 거래 한 달도 안 된 시점에서 하락세를 그려야 했다. 기술이전 1년이 훌쩍 지난 현재 회사는 '흑자 신약개발사'라는 타이틀을 얻었지만 주가는 오히려 라이선스아웃 딜 이전으로 되돌아갔다(2023년 11월 기준).

특히 장중 4만 원을 기록하던 2020년 8월과 비교하면 절반 가까이 떨어진 주가라는 점에서 회사 경영진을 포함한 투자자들의 아쉬움은 상당했다. 그렇다면 여기서 에이비엘바이오의 '적정 밸류에이션'은 어느 정도의 가격이라고 봐야할까. 이 질문에 쉽게 답할 수 있는 이는 많지 않을 것이다.

'조 단위 라이선스아웃'이라는 의미 있는 딜(deal) 성사에도 불구하고 주가가 낮아졌다는 건 그만큼 금리인상 등 시장 전반적인 침체 기조에 타격을 받았다는 뜻일 수 있다. 반대로 그만한 글로벌 기술이전 딜이 성사됐기 때문에 현 주가 수준을 유지할 수 있었다는 판단도 가능하다.

만약 미국이었으면 달랐을까. 흐름만 보면 나스닥 상장 바이오 기업들의 주가 하락이 더 심한 경우가 적지 않다. 특히 코로나19 백신 판매 및 M&A를 계기로 몸집을 불린 일부 빅파마를 제외하면 임상 초기 단계 바이오텍들을 중심으로 몸값 하락이 두드러졌다. 보유현금보다 낮은 시가총액에 거래되는 곳들도 상당수 찾아볼 수 있다(45쪽). 미국은 한국처럼 상·하한가 제도가 없다보니 임상 실패라든가 기술반환 등과 같은 악재가 터지면 70% 이상 주가가 급전직하하는 사례가 심심찮게 발견된다. 주가 변동성만 보면 국내보다 훨씬 심하다는 얘기다.

국내 바이오 기업과 진단키트/의료기기 업체에 각각 매겨지는 '밸류에이션 가중치'도 시대 변화에 따라 달라지고 있다. 실제로 2020년 이전만 하더라도 진단키트 업체들은 신약개발사 대비 밸류에이션 측면에서 항상 저평가를 받는다는 의견이 적지 않았다. 특히 IPO 과정에서 매출이 발생하고 있는 진단키트 업체라 하더라도 R&D 비용만 소진하는 신약개발사 대비 낮은 기업가치가 책정되는 것을 당연하게 여겼다.

하지만 코로나19 팬데믹을 지나면서 이러한 패러다임도 변화를 겪었다. 씨젠, 에스디바이오센서 등 조 단위 매출 실적을 기록한 질병 진단 전문기업들이 코스닥 상위권에 포진하기 시작했고, 이와 함께 '돈을 버는' 의료기기 회사들도 바이오 기업들의 부진을 틈타 시가총액을 끌어올렸다. 그런데 공교롭게도 코로나19 엔데믹 이후 진단키트 업종의 매출이 꺾이면서 이들의 시가총액은 다시 하락세를 그리는 중이다. 기업의 펀더멘털도 중요하지만 외부 환경 요인에 따라 언제든 회사의 밸류에이션이 급변할 수 있다는 점을 잘 보여주는 사례다.

⟩⟨⋈⟩⟨ 파이프라인이 많으면 가치가 높아진다고? ⟩⟨⋈⟩⟨

신약개발사들의 가치를 평가할 때 빠지지 않는 요소가 '파이프라인'이다. 석유, 천연가스 등을 운반하는 송유관에서 유래한 단어이지만 제약/바이오 업계에서는 기업에서 연구개발 중인 신약개발 프로젝트를 의미한다. 특히 제약은 장기투자 업종인 만큼 다양한 제품군을 지속적으로 수혈해 줄 수 있는 신약개발 즉, 파이프라인 구축이 중요하다.

국내외 바이오 기업들의 파이프라인 정보는 회사의 홈페이지에서 자세히 확인할 수 있다. 보통 비임상(동물)실험을 진행하는 '전임상', 건강한 사람에게 의약품이 안전한지를 확인하는 '임상 1상' 등 각 파이프라인의 개발 현황을 세부 적응증, 모달리티별로 구분해 찾아볼 수 있다. 임상 단계가 '후기'에 위치한 파이프라인일수록 회사를 대표하는 신약 후보물질이라고 생각하면 된다.

그렇다면 파이프라인이 많을수록 회사 밸류에이션에 긍정적이라고 말할 수 있을까. 예를 들어 똑같이 항체 기반 항암제를 개발하는 회사가 두 군데 있다고 가정해보자. 파이프라인 개수가 2개인 회사보다 4개인 회사의 가치가 2배 만큼 높다고 볼 수 있는지에 대한 질문이다.

사실 신약개발을 둘러싼 '선택지'가 많은 회사를 군이 부정적으로 볼 이유는 없다. 특정 파이프라인이 임상 과정에서 기대에 못 미치는 결과를 얻었을 때 '플랜B' 또는 '플랜C'의 옵션이 그 대안이 될 수 있기 때문이다. 다만 그만큼의 파이프라인을 감당할 만한 비용과 연구개발 인력을 보유했는지 여부를 따져볼 필요가 있다. 이런 부분에 대한 고려 없이 막연히 파이프라인 개수만 많다고 홍보하는 바이오 기업은 경계해야 한다는 얘기다. 심

⌘ 파이프라인 개수를 강조하는 언론의 보도 행태

지어 파이프라인 개수 확보에만 초점을 두고 그 목표치를 달성했다는 점을 보도자료로 내보내는 업체들도 있다.

만약 항체 기반 신약사업을 영위하는 중소 바이오텍이 CAR-T에서 합성신약까지 (과할 정도로) 다양한 파이프라인을 갖고 있다면 R&D의 진정성을 의심해봐야 한다. 바이오 산업을 잘 모르는 투자자에게는 마치 다양한 파이프라인을 구축하는 것이 기업가치 제고에 도움이 되는 것처럼 어필할지도 모르겠다.

하지만 단일 파이프라인에 오롯이 집중해도 성공을 기대하기 어려운 것이 신약개발이다. 하물며 항체, CAR-T, 합성신약 등 전혀 다른 모달리티의 파이프라인 세 가지를 동시에 연구한다는 건 어느 것 하나 제대로 R&D를 수행하지 못한다는 뜻으로 읽혀질 수도 있다. 이 경우 빅파마가 아닌 이상 임상개발에 들어가는 자금을 충당하기가 쉽지 않다.

파이프라인이 여러 개 있다고 해도 '의미 있는' 신약 후보물질이 하나밖에 없다면 사실상 단일 파이프라인 회사라고 봐도 무방할 것이다. 국내에서 임상 3상까지 진입한 대부분의 바이오 기업들은 여기에 해당된다.

미국이나 유럽에서는 임상 후기를 기준으로 보유 중인 단일 파이프라인에 승부를 거는 바이오텍들이 적지 않다. 군이 무리해서 '보여주기'식 파이프라인을 여러 개 보유하진 않는다. 인력 구성과 회사 형태도 이러한 비즈니스에 최적화돼 있다. 밸류에이션 검토가 단순하기 때문에 M&A 거래 시 양측 간 협상도 수월하게 이뤄진다. 물론 R&D 성과를 내지 못할 경우에는 시장에서의 퇴출 역시 깔끔하게(!) 마무리된다. 적어도 국내처럼 '좀비바이오'로 남아 투자자를 비롯한 시장 참여자들에게 '민폐'를 끼치는 경우는 많지 않다는 얘기다.

10 IPO 공모가격의 허상

SK바이오팜은 2020년 코스피 첫 IPO 주자다. 2020년은 코로나19 사태로 글로벌 증시가 이례적으로 폭락하던 시기였다. 하지만 회사는 IPO 일정을 강행했고 수요예측은 500조 원이 넘는 기관 자금이 몰릴 정도로 흥행을 기록했다. 공모가격은 희망 밴드 최상단으로 결정됐다. 일반투자자 청약 역시 2014년 제일모직이 세운 역대 최대 증거금(30조 원) 기록을 다시 쓸 만큼 치열했다. 하지만 이게 끝이 아니었다. SK바이오팜은 상장 이후 사흘 연속 상한가를 기록했고 주가는 공모가격의 4배 이상으로 뛰었다. '따상'이라는 신조어를 만들어낸 주인공이 바로 SK바이오팜이었다.

'따상'은 IPO 성공의 척도일까

'쩜상'만 알았던 필자에게 '따상'이란 단어는 신박했다. IPO 과정에서 공모가격 대비 두 배로 시초가가 형성된 뒤 상한가로 마감하는 걸 뜻하는 주식시장의 속어다. 이를 통해 주가는 하루에 공모가격 대비 260%까지 오를 수도 있다. 2020년 SK바이오팜 이후 '따상' 또는 '따따상'을 기록한 기업이 속출했다.

국내 미디어들도 '따상' 보도에 재미를 붙인 듯 했다. 특히 상장 이후 주가 그래프가 얼마나 '우상향' 했는지를 따지는데 여념이 없었다. 따상으로 IPO 성공 여부를 판가름하다보니 개인, 기관 할 것 없이 공모주 투자자들의 눈높이도 높아졌다. 반대로 상장 직후 주가가 조금이라도 하향 곡선을 그리면 실패한 IPO로 낙인이 찍혔다.

상황이 이렇다보니 '따상'을 유도하기 위한 IPO 기업들의 마케팅이 줄을 이었다. 회사를 대리해 IPO를 이끄는 주관사(증권사)들은 특히 공모가격이 '시장 친화적인 가격'이라는 점을 강조하며 투자자 유치에 열을 올렸다. 공모가격이 당초 회사의 적정 밸류에이션보다 할인된 가격이니 싼 가격에 주식을 매입할 수 있는 기회라는 걸 투자자들에게 어필하기 위한 목적이었다.

사실 비상장 바이오 기업의 적정 밸류에이션을 섣불리 단정 짓기는 쉽지 않다. 적자 회사의 기업가치를 논리적으로 추정하기도 어렵거니와 이를 안다면 처음부터 그 가격대로 공모가격을 정하면 그만이다. 굳이 기관투자가들을 대상으로 한 수요예측 과정을 거칠 필요가 없다는 얘기다. 결국 '시장 친화적인 가격'은 해당 바이오 기업 또는 주관사가 대단히 싸게 공모가격을 정한 것처럼 투자자들을 호도하는 마케팅적 행보라고 봐야 한다.

만약 공모가격이 '적정 기업가치(fair value)'로 결정이 됐다면 상장 후 주가가 그렇게까지 큰 폭의 등락을 겪을 이유가 없을 것이다. IPO 이후 얼마 지나지 않은 시점에 주가가 '따상' 또는 '따하'를 보였다는 건 제대로 된 프라이싱(pricing, 가격결정)에 실패했다는, 즉 공모가격이 기업의 적정가치를 반영하지 못했다는 의미라 하겠다.

타 업종 대비 주가 변동성이 심한 바이오 기업은 특히 이러한 리스크에 노출될 가능성이 높다. 2020년 상장한 제약/바이오 기업의 상장 첫날 종가의 공모가격 대비 등락률은 평균 60%였다. 그해 12월 22일 종가 기준으로는 평균 120%에 육박했다. 당시 주가와 공모가격이 가장 큰 격차를 기록한 종목은 박셀바이오로 주가상승률이 620%에 달했다. 2020년이 역대급 유동성 장세를 기록했다는 점을 감안해도 주가 변동이 과도했다는 의견이 지배적이다. 결과적으로 당시 상장했던 바이오 기업들 대부분이 일정 시간이 지나서 주가 상승분을 반납해야 했다는 점도 이러한 분석에 설득력을 더한다.

상장 직후 단기간에 주가가 과도하게 오른다는 건 해당 바이오 기업으로서도 유쾌한 일이 아니다. IPO의 목적 대부분은 신주 발행을 통한 R&D 자금 조달이다. 공모가격이 더 높게 설정됐다면 그만큼 더 많은 자금을 모을 수 있었을 텐데 그러지 못했다는 뜻이다. 2020년 경 일부 바이오 기업 직원들은 상장 이후 과도하게 높아진 주가에 보호예수기간을 기다리지 못하고 우리사주 매각과 함께 퇴사를 단행하기도 했다. 해당 바이오 기업 입장에선 '따상'의 부작용을 뼈저리게 느끼는 시기였다.

더 큰 문제는 '따상' 이상으로 주가가 계속 유지되지 않는다는 데 있다. 정점에서 주식을 매입한 일부 투자자들은 손실 위험에 노출될 수밖에 없다. SK바이오팜의 최근 주가(2023년 12월 28일 종가 10만400원)는 20만 원을 훌

SK바이오팜 따상의 추억	SK바이오팜 현자타임

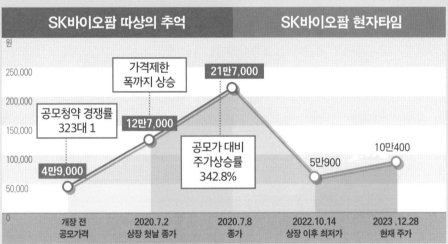

- 공모청약 경쟁률 323대 1
- 가격제한 폭까지 상승
- 21만7,000
- 12만7,000
- 4만9,000
- 공모가 대비 주가상승률 342.8%
- 5만900
- 10만400

| 개장 전 공모가격 | 2020.7.2 상장 첫날 종가 | 2020.7.8 종가 | 2022.10.14 상장 이후 최저가 | 2023 .12.28 현재 주가 |

⊃⊂ 역대 공모주 일반 청약증거금 순위
(단위 : 원, 경쟁률 : 대:1, 2020년 7월 2일 기준)

순위	회사명	청약증거금	경쟁률	상장일
1위	SK바이오팜	30조9,889억	323	2020년 7월
2위	제일모직	30조649억	195	2014년 12월
3위	삼성생명	19조8,444억	41	2010년 5월
4위	삼성SDS	15조5,520억	134	2014년 11월
5위	KT&G	11조5,746억	57	1999년 10월
6위	삼성 바이오로직스	10조1,988억	45	2016년 11월
7위	넷마블게임즈	7조7,600억	29	2017년 5월

⊃⊂ SK바이오팜 상장 이후 실적 추이

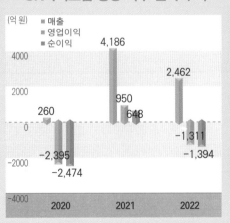

(억 원)
- ■ 매출
- ■ 영업이익
- ■ 순이익

- 4,186
- 2,462
- 260
- 950
- 648
- -2,395
- -2,474
- -1,311
- -1,394

2020　2021　2022

쩍 넘겼던 2020년 7월 한때와 비교하면 상당한 차이를 보인다. 상장 직후 주가 급등을 기록했던 바이오 기업들 가운데는 이제 공모가격조차 회복하지 못하는 곳들이 수두룩하다. 단기간에 발생한 '따상'이라는 이벤트만 가지고 성공적인 IPO를 논하기 어려운 이유가 여기에 있다.

금융당국은 2022년 말 발표한 IPO 건전성 제고방안을 통해 '따상'을 없애겠다는 의지를 밝힌 바 있다. 기존 공모가격의 최대 260%까지 열어 뒀던 상장 첫날 주가 허용범위를 최대 400%까지 늘리기로 했다. 상장 이후 시장에서 가격 균형이 이뤄지는 데 걸리는 시간을 줄이고, 단기 급등락을 방지해 투자자의 손실을 최소화하겠다는 취지다.

◗◖◗◖◗ 추정 실적은 추정 실적일 뿐이다 ◗◖◗◖◗

투자자 입장에선 IPO를 위한 공모가격이 어떻게 결정되는지부터 들여다볼 필요가 있다. 거래소 예비 심사를 통과한 바이오 기업들이 금융당국에 제출하는 증권신고서 '인수인의 의견'란을 살펴보자. 한마디로 인수인, 즉 주관사가 실사 이후 해당 공모주식에 대한 평가 의견을 제시하는 것을 말하는데, 희망 공모가격 등에 대한 내용도 여기에 담겨 있다.

보통 기업가치를 산정하는 방식은 '절대가치 평가법'과 '상대가치 평가법' 두 가지가 있다. 국내 IPO에서는 PER(주가순이익비율) 비교, EV(주식가치)/EBITDA(상각전영업이익) 비교, PSR(주가매출비율), PBR(주가순자산비율) 비교 등과 같은 상대가치 평가법이 주로 쓰인다. 기존 주식시장에 유사 기업들이 존재한다는 가정 하에 이들과의 연관성을 기반으로 적정 공모가격을 추산해내는 것이다.

그 중에서도 바이오 기업을 포함해 IPO 회사들이 가장 많이 활용하는 방식은 'PER 비교 방법'이다. 바이오 기업의 경우 신약개발에 대한 꿈을 반영한다는 취지에서 PDR(Price to Dream Ratio, 43쪽)을 적용해야 한다는 목소리도 있지만 대부분은 피어그룹의 PER 배수를 적용하는 방법을 그대로 따른다. 삼성바이오로직스가 2016년 IPO 당시 'EV/Pipeline 비교법'과 '성장률 조정(growth-adjusted) EV/Sales 비교법'을 활용했는데, 이는 이례적인 케이스였다.

PER 배수 방식을 위해선 순이익이 필요한데 신약개발이 중심인 바이오 기업들은 순이익은 고사하고 매출 달성에도 어려움을 겪는 경우가 많다. 버는 돈 없이 주로 연구개발에만 돈을 쓰기 때문에 순손실이 불가피하다. 일단 IPO를 마치고 나중에 보유 파이프라인에 대한 라이선스아웃 계약금이나 로열티 등으로 수익을 거두겠다는 장래 계획을 언급하는 것이 전부다. 사실 이러한 수익 달성 시나리오가 예상대로 흘러간다면 아무 문제가

⋊⋉ 바이오/헬스케어 상장사 실제 매출액과 예측치 괴리율 비교

(2021년 기준, 단위 : 백만 원)

회사명	예측치	실제 매출액	괴리율
프레스티지바이오로직스	34,592	3,226	91%
뷰노	7,573	2,248	70%
딥노이드	1,866	944	49%
라이프시맨틱스	8,358	4,634	45%
에이비온	2,147	1,638	24%
진시스템	16,250	13,237	19%
차백신연구소	600	500	17%
지니너스	8,697	8,134	6%
툴젠	1,571	1,597	-2%

없을 것이다.

하지만 기술특례 상장을 통해 코스닥 또는 거래소에 입성한 바이오 기업 대다수는 상장 후 매출 또는 순이익 목표를 달성하지 못하는 것이 현실이다. 신고서에 제시한 글로벌 기술이전 계획 대부분은 말 그대로 경영진의 희망 사항일 뿐 액면 그대로 받아들여선 곤란하다. 설사 딜(deal)이 이뤄졌다고 해도 기술료나 계약금 규모가 당초 예상보다 낮게 책정되는 경우가 다반사다.

증권신고서에 적힌 순이익 목표를 지키지 못했다고 해서 해당 바이오 기업에 대해 별도의 제재가 가해지는 것도 아니다. 그렇기 때문에 당장의 IPO 성사만을 위해 적당히 '보여주기'식으로 실적 계획을 적어낼 가능성이 높다. 일부 기업들은 미래 추정 순이익을 현재 가치로 할인하는 과정에서 할인율을 과도하게 낮게 책정하기도 한다. 시장에서 밸류에이션을 부풀리기 위한 꼼수가 아니냐는 지적이 나오는 이유다.

특히 국내 최초의 '팹리스 유니콘'으로 주목을 받았던 파두의 매출 쇼크로 IPO 과정에서 실적 추정의 불확실성 이슈가 업계 전반으로 퍼지는 분위기다. 당초 파두는 금융당국에 제출한 증권신고서를 통해 2023년 연간 매출액(자체 추정치)을 1,202억 원으로 제시했지만 2023년 3분기 누계 매출액이 180억 원에 그쳤다. 이 때문에 IPO 기업들의 매출 추정치에 대한 당국의 규제 허들이 강화될 것이라는 주장이 제기되고 있다. 바이오 섹터의 경우 그동안 기술특례 상장의 최대 수혜 업종이었던 만큼 앞으로 이보다 더 엄격한 잣대가 드리워질 가능성이 높다.

사실 바이오 기업의 미래 실적을 추정한다는 것 자체가 불확실성을 내포할 수밖에 없다. 기술특례 상장제도가 도입된 이후 실적 추정치와 실제로 달성한 실적과의 괴리율이 꾸준히 논란이 돼 왔다. 그리고 이러한 문제들은 국내 바이오 산업의 태생적 한계이기 때문에 어쩔 수 없는 것으로 치부해왔던 측면도 있다. 증권신고서에 '지키지 못할' 약속을 적는 것에 대해 주관사 및 바이오 기업을 포함한 IPO 업계 모두가 익숙해졌다는 뜻이기도 하다.

ꁄꁄꁄ 바이오텍의 피어그룹은 왜 항상 제약사일까 ꁄꁄꁄ

추정 실적이 정해지면 그 다음으로 해야 할 작업은 피어그룹, 즉 유사 경쟁 기업을 설정하는 일이다. 업종 및 사업구조의 유사성에 맞춰 모집단을 선정하고 경영성과와 비재무적 기준으로 2차, 3차 유사 기업을 뽑는다. 보통 주관사에 따라 상장 후 경과기간, 배제해야 할 비경상적 PER 수치 등 세부적인 기준이 달라진다. 이들 피어그룹의 평균 PER에 IPO 기업의 주당 순이익(추정)을 곱하면 대략의 주당 평가가액이 산정된다.

ꁜ 국내 바이오 기업의 IPO에 피어그룹으로 등장하는 대표 제약사 영업이익 (2022년 연결 기준)

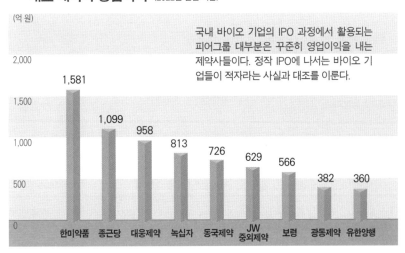

(억 원)

국내 바이오 기업의 IPO 과정에서 활용되는 피어그룹 대부분은 꾸준히 영업이익을 내는 제약사들이다. 정작 IPO에 나서는 바이오 기업들이 적자라는 사실과 대조를 이룬다.

한미약품	종근당	대웅제약	녹십자	동국제약	JW중외제약	보령	광동제약	유한양행
1,581	1,099	958	813	726	629	566	382	360

⊃⊂ 2020년 제약/바이오 IPO 피어그룹 내역

회사명	비교 기업	평균 PER	주관사
엔젠바이오	씨젠, 바디텍메드, 나노엔텍	40.04	삼성증권
퀀타매트릭스	씨젠, 바디텍메드, 나노엔텍, 랩지노믹스	35.8	미래에셋대우
클리노믹스	휴마시스, 녹십자엠에스, 피씨엘, 진매트릭스	29.41	대신증권
고바이오랩	유한양행, 종근당, 보령제약, 대원제약, 삼아제약	39.5	대신증권, 삼성증권
미코바이오메드	랩지노믹스, 바디텍메드	37.3	KB증권
피플바이오	씨젠, 아이센스, 랩지노믹스	27.8	키움증권
박셀바이오	보령제약, 녹십자셀, 대화제약, 한미약품, 종근당	34.76	하나금융투자
압타머사이언스	한미약품, 보령제약, 종근당, 바디텍메드, 아이센스, 나노엔텍	33.71	키움증권
이오플로우	메디아나, 아이센스, 디오, 나노엔텍, 인바디, 인피니트헬스케어	20.61	하나금융투자
셀레믹스	랩지노믹스, 씨젠, 바디텍메드, 나노엔텍	32.18	대신증권
한국파마	삼진제약, 유나이티드제약, 하나제약, 환인제약, 알리코제약, 삼아제약, 고려제약, 비씨월드제약	19.5	미래에셋대우
이루다	하이로닉, 클래시스	24.15	미래에셋대우
제놀루션	씨젠,랩지노믹스, AgilentTechnologies, PerkinElmer, GeneReachBiotechnology	25.63	신영증권
소마젠	나노엔텍, QuidelCorporation	34.72	신한금융투자
위더스제약	경동제약, 휴메딕스, 비씨월드제약, 고려제약	22.17	NH투자증권, 삼성증권
SK바이오팜	UCBSA, ZOGENIXINC, ACADIAPHARMACEUTICALSINC, INTRA-CELLULARTHERAPIESINC	7.21	NH투자증권, 씨티그룹글로벌 마켓증권
젠큐릭스	랩지노믹스, 씨젠, 바디텍메드, 나노엔텍	33.4	미래에셋대우
에스씨엠생명과학	종근당, 동아에스티, 레고켐바이오, 녹십자셀, 안국약품	31.63	한국투자증권
드림씨아이에스	ICON PLC, PRA health sciences, Syneos health, Medpace holdings	23.66	NH투자증권
지놈앤컴퍼니	유한양행, 종근당, 보령제약	23.97	한국투자증권
프리시전바이오	바디텍메드, 아이센스, 진매트릭스, 바이오니아	27.51	한국투자증권

'적자 상태'인 신약개발사들이 IPO 과정에서 너나할 것 없이 수익 구조가 탄탄한 국내 제약사들을 피어그룹으로 삼고 있다. 그 결과 공모가격 산정 과정에서 적용된 평균 PER 수치가 20~30배에 달한 것으로 나타났다. 이는 해당 바이오 기업들의 IPO 밸류에이션을 높이는데 상당 부분 영향을 미칠 수밖에 없다.

눈여겨볼 대목은 국내 바이오 기업의 IPO 과정에서 활용되는 피어그룹 대부분이 꾸준한 영업이익을 기록하는 국내 제약사라는 점이다. 정작 IPO에 나서는 바이오 기업이 적자라는 점과 대조를 이룬다. 여기에 신약개발의 모달리티 등을 포함해 어떤 유사성도 찾아보기 어렵다.

특히 흑자를 내더라도 최근 주가 흐름이 좋아서 평균 PER 수치를 높일 수 있는 대형 제약사를 피어그룹으로 선호하는 경향이 뚜렷하다. 그만큼 IPO 기업의 공모가격을 비싸게 책정할 수 있는데다 이름 있는 제약사를 내세워 평판 제고 효과까지 거둘 수 있다. IPO 기업 입장에서는 국내 상장사 중에 흑자 바이오 기업을 찾아보기 어려우니 어쩔 수 없는 선택이라는 점을 어필할 가능성이 높다.

하지만 이렇게 될 경우 해당 바이오 기업을 둘러싼 IPO 밸류에이션의 왜곡이 불가피하다. PER 비교 방식을 포기하더라도 핵심 모달리티에 기반한 국내외 상장 바이오 기업들과의 피어그룹 매치업으로 기업가치 산정을 도모해야 하는 이유다.

이 때문에 일부에서는 공모가격 자체가 IPO 기업의 최대주주 또는 주관사가 합의한 방향에 따라 사전에 정해진 것이 아니냐는 의견이 나오기도 한다. 증권신고서에 기재된 PER 비교 방식의 논리는 정해진 공모가격을 도출하기 위해 억지로 끼워 맞춘 설명이라는 지적이다. 주관사는 고객인 IPO 기업으로부터 수수료를 받는 입장인 만큼 창업자의 최종 결정에 대해 제 목소리를 내기 어려울 때가 많다. 감독당국이 정정신고서 요청을 통해 밸류에이션 산정 논리가 적정했는지를 따져 묻는 사례가 늘고 있긴 하지만, 공모가격에서 '옥석'을 가리는 데는 한계가 있어 보인다.

11 기술성 평가는 얼마나 유의미한 지표일까

영화와 식당은 고객이 의사결정을 내릴 때 리뷰를 중요하게 생각한다는 점에서 비슷하다. 양쪽 모두 '정량적 평가'보다는 '정성적 평가'를 따질 가능성이 높다. 영화가 재미있는지, 식당이 맛집인지 같은 주관적인 요소가 판단을 가르기 때문이다. 고객들은 포털 사이트를 통해 대략적인 리뷰와 평판을 확인할 수 있다. 필자 역시 관람객들의 평균 점수가 9점 이상인 영화라면 크게 의심하지 않고 영화관을 찾는 편이다. 이 정도 평점이면 재미는 어느 정도 보장이 되었을 거라는 생각에서다.

식당은 어떨까? 고객들이 영화 줄거리를 사전에 알 수 있듯이 식당의 주요 음식도 사실 새로울 건 없다. 중식당 메뉴에 자장면, 탕수육 등이 있는 게 당연한 것처럼 말이다. 결국 중요한 건 맛이다. 식당을 예약하기 전에 평점이나 후기를 꼭 따져보는 이유이기도 하다. 이때 고객이 아닌 식당에서 올린 것 같은 느낌의 후기가 자주 눈에 띄는데, 맛집을 가리는데 적잖은 영향을 미친다.

바이오텍이 코스닥으로 가는 첫 관문

바이오 기업에 대한 평가도 큰 틀에서 보면 영화나 식당과 크게 다르지 않다는 생각이다. 같은 신약개발사라고 해도 항체(antibody), 합성신약(small molecule), 유전자 치료제 중에서 어떤 모달리티를 갖고 있는지는 뉴스 검색 등을 통해 어느 정도 파악이 가능하다.

투자자 입장에서 궁금한 건 보유 중인 후보물질(파이프라인)이 경쟁사 대비 얼마나 유니크한 기술인지, 향후 신약으로 승인받을 가능성이 있는지, 승인 받은 이후 상업성이 얼마나 되는지 등에 대한 전문가의 평가다. 관련 분야를 전공하지 않은 '비전문가'로선 섣불리 판단을 내리기 어려운 부분이기 때문이다.

기술성 평가는 이처럼 바이오 기업들에 대한 각기 다른 정성적 평가를 최대한 정량적으로 보여주기 위한 장치로 볼 수 있다. '매출이 나오지 않는' 비상장 바이오 기업들의 기술력을 입증하기 위해 거래소가 도입한 제도다. 복수의 전문 평가기관으로부터 일정 등급 이상의 평가 결과를 받은 기업에 한해서만 특례상장이 가능하다. 적어도 두 개 기관에서 A등급과 BBB등급 이상을 받아야 통과할 수 있다. 기술성 평가는 2005년 바이오 업종에 처음 적용된 후 이제는 IT, 소부장 등 비바이오 분야에서도 활용되고 있다.

코스닥 상장을 목표로 하는 바이오 기업 입장에선 기술성 평가가 IPO의 첫 관문이나 다름없다. 기술성 평가 통과 여부가 투자자들에게 의미 있는 뉴스로 받아들여지는 이유다. 매출이나 수익을 내는 의료기기 업체나 제약사들은 일반 상장 경로를 택하면 되기 때문에 굳이 기술성 평가에 도전할 필요가 없다. 기술성 평가 등급이 필요 없는 회사가 IPO를 앞두고 홍보 목

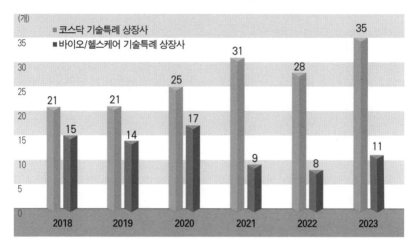

⊃⊂ 기술특례 상장사 중 바이오/헬스케어 기업 추이

(개)
- ■ 코스닥 기술특례 상장사
- ■ 바이오/헬스케어 기술특례 상장사

2018: 21, 15
2019: 21, 14
2020: 25, 17
2021: 31, 9
2022: 28, 8
2023: 35, 11

적에서 자발적으로 등급을 의뢰해 공개하는 경우가 있지만 흔히 볼 수 있는 사례는 아니다.

한편, 기술성 평가를 통해 코스닥에 상장하는 바이오 기업의 숫자는 꾸준히 감소했다. 2020년 17곳, 2021년 9곳에 이어 2022년에는 8곳에 그쳤다. 거래소 심사 항목이 세분화되고 사업성까지 검토를 받으면서 전반적인 허들이 높아졌다는 지적이다. 2023년 들어 숫자가 다소 늘고 있긴 했지만 공모가격 등 세부 내용을 살펴보면 만족할만한 수준은 아니다. 상장 이후에도 임상개발 측면에서 성과를 내지 못하고 투자자 손실만 키우는 바이오 기업들이 늘었다는 사실이 거래소의 의사결정에 영향을 미친 것으로 보인다. 특히 바이오 기업은 아니지만 반도체 팹리스(설계) 회사인 파두의 '뻥튀기 상장' 논란까지 확산되면서 기술특례 IPO를 둘러싼 부정적인 여론이 바이오 업계로까지 확산되는 분위기다.

))))(((바이오 기술성 평가 '깜깜이' 논란))))(((

기술성 평가는 제도 수행 과정과 결과 모두 해당 바이오 기업과 평가기관 그리고 일부 기관투자가 외에는 정보 접근이 쉽지 않다. 개인투자자 입장에서는 '그들만의 리그'나 다름없다. 평가등급에 대한 결과 자체가 공시 사항이 아니라서 뉴스로 보도되지 않는 이상 외부에서 이를 곧바로 알기가 어렵다. 증권신고서에 평가기관과 등급 결과가 공개될 때도 있지만 어디까지나 '통과업체' 기준이다. 기술성 평가에 탈락한 회사 입장에서는 굳이 그 내용을 보도자료 등을 통해 알릴 이유가 없다.

기술성 평가를 둘러싼 '깜깜이' 평가 논란은 국내 바이오 업계에서 꾸준히 제기돼 왔던 이슈다. 실제로 통과와 탈락의 기준이 모호한데다 기관별로 평가시스템도 제각각이다. 기술성 평가를 누가, 어떤 항목을 평가하느냐에 따라 편차가 클 수밖에 없다. 거래소가 평가단에 '유관 분야 전문가 포함 의무화', '기술 평가기간 확대' 등을 도모해 왔지만 전문성 한계에 대한 논란은 여전히 끊이지 않는다.

평가단 인력풀의 구성은 기관 자율로 이뤄짐에 따라 평가기관이 외부의 감사를 받거나 내부 평가시스템을 외부에 공개해야 할 의무가 전혀 없다. 결국 기술성 평가 탈락 이후 미비점을 보완해 재도전해야 하는 기업 입장에선 원점에서 다시 준비해야 한다.

뇌질환 치료제를 연구하는 ○○바이오 기업의 경우 2023년 기술성 평가에서 BBB, BBB등급을 받았다. 글로벌 제약사를 대상으로 1조 원 규모의 기술수출까지 달성했지만 심사 문턱을 넘지 못하면서 IPO 일정을 다시 검토하고 있다. 시장에서는 해당 기술수출 거래의 계약금(upfront)이 작았던 부분이 거론되기도 했지만, 구체적인 탈락 원인을 알기는 어려웠다.

물론 평가기관별로 기술성 평가 방식이나 기준을 비공개로 하는 것이 불가피하다는 의견도 나온다. 세부 보고서가 외부에 알려질 경우 기술성 평가를 통과하기 위한 '모범 답안'을 벤치마킹하는데 주력하는 기업들이 늘어날 것이라는 우려 때문이다. 평가 방식이나 지표별 가중치 또한 해당 평가기관의 내부 기준인 만큼 이를 강제로 공개하도록 하는 것도 문제라는 설명이다.

　　IPO에 도전하는 바이오 기업이 내세우는 신기술을 기존 전문가 집단이 평가하는 것 자체가 모순이라는 지적도 제기된다. 아무리 전문가라 할지라도 짧게는 10년, 길게는 20년 이상을 거쳐 만들어진 기술을 분석하고 향후 수익 실현 가능성까지 평가하는 게 쉽지 않다는 얘기다.

　　특히 기존 기술을 대체할 만한 R&D 혁신일 경우 혹여 기존 기술 관계자가 심사위원이라면 긍정적인 평가를 내릴 가능성이 낮다. 그렇다고 평가 담당자가 누구인지 공개하는 것도 아니다. 평가기관 스스로 바이오 기업에 대한 기술성 평가 결과의 책임을 지지 않겠다는 뜻으로 읽혀지는 부분이다. 사실상 '중립'이라 할 수 있는 BBB등급 평정이 많은 것도 상대 평가기

✂ 전문 평가기관 리스트

[총 24개 기관, 자료 : 한국거래소]

기업 평가 업무 수행기관 (7개 기관)	기술보증기금, 나이스평가정보, 한국기업데이터, 이크레더블, 나이스디앤비, SCI평가정보, 한국기술신용평가
정부 산하 연구·평가 기관 (17개 기관)	한국과학기술연구원, 한국과학기술정보연구원, 한국보건산업진흥원, 한국산업기술평가관리원, 한국전자통신연구원, 정보통신기술진흥센터, 한국생명공학연구원, 한국기계전기전자시험연구원, 해양수산과학기술진흥원, 농업기술실용화재단, 한국인터넷진흥원, 정보통신정책연구원, 금융보안원, 한국에너지기술평가원, 국토교통과학기술진흥원, 한국발명진흥회, 한국식품연구원

관에 합격과 불합격에 대한 '공'을 넘기려는 속내가 작용했을 수 있다.

〉〰〈 기술성 평가등급 vs. 회사채 신용등급 〉〰〈

국내 자본시장에서 기술성 평가제도와 같이 레이팅(rating) 시스템을 적용
하고 있는 영역으로는 회사채 신용등급 평가를 꼽을 수 있다. 한국기업평
가, 한국신용평가, NICE평가정보 세 곳이 국내 기업들의 채무 상환능력을
평가하는 데, 회사는 이들 가운데 두 곳 이상의 등급을 받아야 공모채를 발
행할 수 있다. 외형상 비슷해 보이지만 세부적으로는 기술특례 상장에 활
용되는 기술성 평가제도와 확연히 다르다.

회사채 신용등급의 경우 각 평가사별로 이자보상비율, 영업이익률, 부채
비율 등과 같은 기준이 구체적으로 공개돼 있기 때문에 발행사(등급을 의뢰하
는 회사) 뿐만 아니라 투자자 입장에서도 평정 논리를 받아들이는데 부담이
덜하다. 어떤 평가위원이 등급 산정에 관여했는지도 보고서에 기재돼 있다.

회사채 투자자들은 의사결정 과정에서 발행사 신용등급이나 향후 전망
(outlook, 등급 전망)을 꼼꼼히 따져보기 마련이다. 신용등급에 따라 금리(채권
가격)가 변동되기 때문에 민감할 수밖에 없다. 매년 정기평가를 통해 등급
을 재산정한다는 점도 일정 수준 이상의 신뢰도를 유지하는 배경이 된다.
반대로 기술성 평가등급은 IPO 과정에서 일회성에 그치는 만큼 말 그대로
거래소의 상장 예비 심사에 반영되는 목적으로 활용될 뿐이다.

회사채 신용등급은 매출이나 영업이익 등 실적이 나오는 기업이 주된 고
객이다. 녹십자, 한독 등 제약사들이 회사채를 발행할 수 있는 이유이기도
하다. 신용평가사들이 돈을 벌지 못하는 바이오 기업을 다룰 때는 신용등

급 대신 사업성 평가라는 항목으로 접근할 수밖에 없다.

삼성바이오로직스가 한국신용평가로부터 AA-(안정적)라는 회사채 신용등급(2023년 5월 기준)을 부여받은 건 지속적인 수익 창출을 통해 차입금을 갚을 수 있다는 능력을 인정받았다는 뜻이다. 지난 2021년 삼성바이오로직스가 5,000억 원 규모의 공모채를 처음으로 발행할 수 있었던 이유이기도 하다. 적자인데다 유상증자 형태의 자금 조달에 의존하는 대부분의 바이오 기업은 이 같은 신용등급을 받기가 어려운 구조다. 굳이 따지자면 버는 돈이 없기 때문에 회사채 신용등급을 받더라도 낮은 수준의 등급에 만족해야 할 가능성이 높다.

추락한 신뢰도, 기술성 평가 무용론?

그렇다면 국내 바이오 기업에 대한 기술성 평가 등급의 신뢰 수준은 어느 정도일까. 일단 해당 등급이 상장 이후 바이오 기업의 성과와 얼마나 상관관계를 보이는지 따져볼 필요가 있다.

지난 20년간 기술성 평가가 도입된 이래 100여 군데가 넘는 바이오 기업이 기술특례 상장으로 코스닥에 입성했지만 아직까지 제대로 된 상업적 결실을 맺은 곳은 거의 없는 듯 하다. 2005년 1호 기술특례 상장사로 코스닥에 입성했던 유전자 치료제 기업 헬릭스미스(옛 바이로메드)가 임상 3상까지 도전했지만 시장 기대치를 맞추는 데는 한계가 있었다.

평가사 두 곳이 A, A라는 최고 등급을 바이오 기업에 부여한다고 해서 상장 이후에 모두 긍정적인 결과로 이어지는 것도 아니다. 신라젠과 코오롱티슈진의 사례가 그랬다. 양사 모두 2019년 임상 3상에서 목표한 결과를

⌀ 한국신용평가의 삼성바이오로직스 회사채 신용평가 의견

한국신용평가는 정기평가를 통해 삼성바이오로직스의 제7-1, 7-2회 무보증사채 신용등급을 'AA-/안정적'으로 유지한다. 주요 평가요소는 다음과 같다.

- 우수한 시장 지위와 사업 역량
- 크게 향상된 이익창출력
- 투자에 따른 자금 소요 확대 vs. 양호한 투자성과 전망과 연구개발 역량 내재화
- 삼성그룹의 유사 시 지원가능성(1 Notch Uplift 반영)

Outlook - 안정적
바이오의약품 CDMO(위탁 개발 및 생산) 시장 내 우수한 시장 지위와 사업 역량, 대규모 증자로 확보된 투자재원 등을 감안할 때, 신용등급 전망은 안정적이다.

_ 한국신용평가의 삼성바이오로직스 회사채 신용평가 보고서 중 발췌(2023.5.12)

내놓지 못하면서 나중에는 거래 정지로 이어지기도 했다. 2022년 코스닥 거래가 재개되긴 했지만 투자자들에게 다시 기대감을 심어줄 수 있을 지는 좀 더 시간을 두고 지켜봐야 할 듯하다. 바이오 기업은 아니지만 2023년 상장 후 어닝쇼크 논란에 휩싸였던 파두 역시 당초 기술성 평가등급은 각각 AA, A로 최상위 수준이었다.

이 때문에 시장에서는 기술성 평가제도를 아예 없애자는 의견도 꾸준히 제기되고 있다. 이른바 '기술성 평가 무용론'이다. 해외처럼 바이오 기업의 증시 진입을 자유롭게 허용하되 더 이상 기술력을 증명하지 못하는 경우에는 자발적 퇴출을 유도하자는 것이다. 투자자 보호 때문에 바이오 기업들이 상장 유지 조건에 미달하더라도 관리종목 지정이나 상장 폐지까지 이어지는 사례는 지금까지 거의 없었다고 봐도 무방하다.

정부에서도 기술성 평가제도 개선을 위한 고심을 이어가고 있다. 특히 거래소는 평가기관 별로 등급 편차가 크다는 점에 주목해 이를 최대한 줄이는 방향으로 논의를 이어가는 분위기다. 평가 모델의 표준화 및 명확한

평가 가이드라인을 강조하고 있는 것도 이와 무관치 않다. 기술성 평가 탈락 시 그 이유에 대해 해당 평가기관으로부터 설명을 들을 수 있는 기회가 부여된다는 점도 달라진 변화다.

거래소가 2023년 2월 선보인 표준 기술성 평가 모델은 그러한 맥락에서 등장한 제도다. 표준 모델이라는 명칭부터 기관별 평가등급의 격차를 낮추겠다는 의지가 담겨있다. 특히 기존에 35개로 구성된 기술성과 시장성의 세부 지표가 18개로 재편된 점이 눈에 띈다. 아직까지 가이드라인 형태로 공개됐기 때문에 제도로 안착되기까지는 상당한 시일이 걸릴 것으로 보인다.

사실 거래소 논리대로 총 24개의 전문 평가기관이 편차 없이 같은(혹은 비슷한) 등급을 매기는 것이 옳은 일인지는 따져볼 필요가 있다. 거래소에서 모델을 만들어도 그걸 평가하는 건 결국 평가기관일 텐데, 이들이 '천편일률' 결과만 내놓는다면 오히려 평가기관의 존재 의미가 사라질 수도 있다. 거래소의 '가이드'가 자칫 또 다른 눈가림으로 이어질 수 있다는 얘기다.

첨단기술 분야 기업으로 충분한 시장 평가(시가총액 1,000억 원 이상 & VC에서 최근 5년 간 100억 원 이상 투자 유치)가 있는 경우 현행 2개의 기술평가를 1개로 완화시켜주는 방안도 새로 나왔다. 이른바 '초격차 기술특례'인데 기술성 평가를 단수로 한다고 해서 바이오 기업들이 얼마나 수혜를 입을 지는 미지수다.

시장에서는 투자자 보호를 위해 상장 주관사의 책임을 강화하는 방안을 내놓은 점에 주목하고 있다. 기술특례 상장기업이 상장 후 2년 내에 조기 부실화될 경우 주관사가 향후 기술특례 상장에서 풋백옵션(6개월) 부과, 인수 주식 보호예수기간 연장(3개월 추가) 등 페널티를 받는다는 내용이다. 기술성 평가 신뢰도가 낮은 만큼 주관사의 책임 강화를 이에 대한 보완재로 판단했을 가능성이 높다. 다만 주관사들이 위험 부담을 최소화하기 위해 IPO 수수료를 올릴 수 있다는 지적도 나온다.

그렇다면 바이오 기업 투자자 입장에서는 기술성 평가제도를 어떻게 바라봐야 할까. 현재의 기술성 평가등급은 상장 전 1회성 평가일 뿐이다. 이것만으로 바이오 기업의 미래 밸류에이션을 판단하기에는 무리가 있다. 투자자 보호라는 측면에서도 마찬가지다. 앞서 언급했듯이 우수한 평가등급을 받았다고 해서 상장 이후에 의미 있는 수준의 R&D 결과 또는 주가로 이어지는 건 아니기 때문이다.

기술성 평가는 어디까지나 코스닥 기술특례 기업들의 상장 승인을 위한 최소한의 선별 기능을 제공한다는 취지로만 받아들이면 크게 문제될 게 없다. 미디어를 통해 일부 공개되는 평가등급 결과를 '전가의 보도'처럼 과신할 필요가 없다는 얘기다.

무엇보다 바이오 기업의 기술력에 대한 판단은 보유 파이프라인의 임상시험 결과에 따라 계속 바뀔 수 있다. 회사채 신용등급이나 전망이 발행사의 채무 상환능력에 따라 매년 변하듯이 말이다. 국내 특례상장 바이오 기업에 대한 기술성 평가가 상장 이후에도 정기적으로 이뤄져야 하는 이유다.

12 신약개발사가 물티슈를 파는 이유

셀리버리는 신약개발 플랫폼인 **'약리물질 생체 내 전송기술(TSDT)*'**을 보유한 코스닥 상장사다. 그런데 2021년 한때 셀리버리의 연관 검색어가 '물티슈'인 적이 있었다. 신약개발사가 갑자기 물티슈를 파는 뷰티 생활건강 업체를 인수했으니 그럴 만도 했다. 상장 유지를 위해 매출 요건을 맞춰야 하는 회사로선 불가피한 일이었다. R&D 비용을 소진하기에 바쁜 '본업(신약개발)'만으로는 돈을 벌기 어렵기 때문이다.

사실 이는 셀리버리 뿐만 아니라 대부분의 상장 바이오 기업들이 당면한 문제이기도 하다. 바이오 기업의 태생적 한계를 감안해 유예기간 확대 등 상장 유지 조건을 지금보다 완화해야 한다는 목소리가 나오는 이유다. 하지만 신약개발사라는 이유로 외부 조달 자금에 의존해 '연명'할 수 있도록 해주는 것이 과도한 특혜가 아니냐는 지적도 있다.

---

* 세포/조직 투과 생산성을 높이기 위한 단백질을 만드는 기술. 대부분의 질병은 수술, 방사능 요법 및 인간의 손이 미치지 못하는 장기나 조직 깊숙한 부위에서 발병하므로 약물을 제대로 전달하기 위한 TSDT는 제약/바이오 산업에서 매우 강조됨.

성장성 특례 1호 바이오 기업의 몰락

코스닥 상장 바이오 기업(셀리버리)이 2021년 11월 물티슈 생산업체(아진크린)를 인수한다고 발표했을 때 시장의 반응은 탐탁지 않았다. 신약개발사가 임상시험에 돈을 써도 모자랄 판에 군이 '본업'과 관련 없는 회사를 사들이는 것에 대한 물음표였다. 아진크린 지분 100%를 인수하는 데 들인 돈만 150억 원에 달했다.

당시 셀리버리의 결정을 이해하기 위해선 먼저 코스닥 회사들의 상장 유지 요건을 상기할 필요가 있다. 일반적으로 ▲매출 30억 원 미만 ▲최근 3년 이내 2회 이상 연간 손실(법인세비용차감전손실)이 자본의 50% 초과 ▲자기자본 10억 원 미만 등의 사유가 발생하면 관리종목으로 지정된다. 다만 셀리버리와 같은 특례상장 기업은 매출액 기준으로 상장한 해를 포함해 5년, 손실비율 기준 3년(성장성 특례 상장사는 5년) 동안 관리종목 지정이 유예된다.

TSDT 플랫폼 기반 신약개발사인 셀리버리가 코스닥에 입성한 것은 2018년 11월이었다. 성장성 특례상장 1호로서 285억 원 규모의 공모자금을 손에 쥐었다. 성장성 특례란 당장 실적이 없어도 상장 주관사가 회사의 성장성을 담보하면 증시에 데뷔할 수 있도록 해주는 제도다. 상장 후 6개월간 주가 흐름이 부진하면 주관사가 일정 가격으로 주식을 되사줘야 하는 의무를 지닌다.

문제는 코스닥 입성 후였다. 매출 발생은 제한적이었고 연구개발비 증가로 영업손실만 2018년 41억 원에서 2021년 276억 원으로 늘었다. 회사로선 특례기간(5년)이 만료되는 2023년 이후를 대비해야 했다. 매출이 300억 원이 넘는 아진크린 인수는 그 마중물이었던 셈이다. 아진크린은 2020년 기준 매

ꓛꓛ 코스닥시장 관리종목 지정 사유 및 퇴출 요건

구분	관리종목	상장적격성 실질심사
매출액	최근 사업연도 30억 원 미만(지주회사는 연결기준) * 기술성장기업(우량기업부 기업 제외) 및 이익미실현기업은 상장일이 속한 사업연도 포함 5개 사업연도에 미적용	관리종목으로 지정된 다음 해에도 매출액 30억 원 미만 사유 발생
법인세비용 차감전계속 사업손실	자기자본 50% 초과(& 10억 원 이상)의 법인세비용차감전계속사업손실이 최근 3년 간 2회 이상(& 최근 사업연도 법인세비용차감전계속사업손실 발생) * 기술성장기업(우량기업부 기업 제외)은 상장일이 속한 사업연도 포함 3개 사업연도 미적용. 이익미실현기업은 상장일이 속한 사업연도 포함 5개 사업연도 미적용	관리종목으로 지정된 다음 해에도 자기자본 50% 초과 & 10억 원 이상의 법인세비용차감전계속사업손실 발생
자본잠식	최근 사업연도 말 자본잠식률 50% 이상	관리종목으로 지정된 다음 해에도 자본잠식률 50% 이상 발생
자기자본 미달	최근 사업연도 말 자기자본 10억 원 미만	관리종목으로 지정된 다음 해에도 자기자본 10억 원 미만 발생

일반적으로 ▲매출 30억 원 미만 ▲최근 3년 이내 2회 이상 연간 손실(법인세비용차감전손실)이 자본의 50% 초과 ▲자기자본 10억 원 미만 등의 사유가 발생하면 관리종목으로 지정되지만, 특례상장 기업은 매출액 기준으로 상장한 해를 포함해 5년, 손실비율 기준 3년(성장성 특례 상장사는 5년) 동안 관리종목 지정이 유예된다.

출액 371억 원, 영업이익 13억 원을 기록한 물티슈 전문 생산업체였다.

셀리버리는 100% 자회사인 아진크린에 140억 원을 추가투입하고 신공장 건설을 위한 부지도 확보했다. 아진크린이란 사명도 셀리버리 리빙앤헬스로 바꿨다. 사업영역을 물티슈에서 생활건강용품 전반과 화장품으로 확장하겠다는 구상이었다. 이후 스킨케어 제품을 새로 출시하고 유명 배우를 광고모델로 쓰는 등 관련 마케팅도 아끼지 않았다.

인수한 지 한 달 만에 핵심 기술 플랫폼인 TSDT를 셀리버리 리빙앤헬스에 이전한 것도 이와 무관치 않다. 또 계약에는 선급금과 마일스톤 이외도 TSDT가 적용된 셀리버리 리빙앤헬스 제품의 3%를 경상기술료(로열티)로 받는 조건도 포함됐다. 셀리버리 리빙앤헬스 매출이 증가할수록 셀리버리의 매출도 함께 늘어나는 구조로 만든 셈이다. 당시 언론 기사를 살펴보면 3년 내로 매출을 2,000억 원까지 늘리겠다는 포부를 밝히기도 했다.

셀리버리 외에도 화장품이나 건강기능식품의 제조 혹은 판매를 '부업'으로 삼는 상장 바이오 기업들이 적지 않다. 일부 신약개발사는 TV 홈쇼핑을 통해 자사 화장품 홍보에 적극적이다. 심지어 부동산 개발업을 정관의 사업목적에 추가하는 바이오 기업들도 있다.

2016년 상장한 큐리언트가 2021년 8월 의약품 도매·유통 기업 에이치팜을 흡수합병한 것도 같은 맥락이다. 큐리언트는 매출요건 미충족에 따른 코스닥 상장적격성 실질심사 사유가 발생해 거래 정지 상태였다가 에이치팜 합병 이후 거래가 재개된 이력이 있다. 레고켐바이오의 경우 인수합병 과정을 통해 의약품 유통업체(현 바스카바이오제약)를 계열사로 두고 있으며 헬릭스미스는 건강기능식품 회사(메이준생활건강)를 인수했다가 매각했다.

특례 유예기간 만료를 앞둔 상장 바이오 기업들 입장에서는 매출원 확보가 절실할 수밖에 없다. 2021년 초에 조 단위 기술이전 거래를 통해 900

억 원의 계약금을 벌어들인 회사(에이비엘바이오)도 등장했지만 모두가 그런 건 아니다. 계약금 수입을 5년에 걸친 매출로 회계처리를 하려면 적어도 150억 원은 받아야 한다는 뜻인데 그동안 국내 기업들의 기술이전 사례를 보면 쉽지 않은 수준이다. 수익원을 기술이전에만 의존하기엔 불확실성이 큰 만큼 상장 바이오 기업들의 사업다각화(?)가 일정 부분 용인되는 측면도 없지 않은 듯하다. 본업에 집중하지 않는다는 이유로 무조건 부정적으로 받아들여선 곤란하다는 얘기다.

셀리버리의 행보가 '해피엔딩'으로 끝났으면 좋았겠지만 결과는 그렇지 못했다. 회사는 2023년 초 5년 특례 유예기간이 끝나자마자 감사의견 거절을 받으며 상장 폐지 위기에 몰렸다. 매출은 여전히 상장요건을 맞추지 못했고 지속되는 적자로 회사는 완전자본잠식에 돌입했다(2023년 상반기 기준). 한때 10만 원까지 올랐던 주가는 폭락했고 기존에 진행했던 임상시험 상당수도 중단이 불가피했다.

셀리버리 사태는 바이오 기업들에 대한 투자심리를 더욱 악화시키는 요인이 됐다. 특히 셀리버리처럼 성장성 특례 방식을 택한 상장 바이오 기업들에 대한 점검이 필요하다는 지적이 나오기 시작했다. 그동안 성장성 특례는 기술 특례, 이익미실현 특례(테슬라 요건 상장), 소부장 특례, 유니콘 특례 등 코스닥 5가지 특례 상장 트랙 중에서 가장 문턱이 낮은 루트로 평가돼 왔다. IPO 회사 입장에선 자기자본 10억 원 이상, 자본잠식률 10% 미만 조건만 충족하면 된다. 특히 기술성 평가 의무가 없기 때문에 기술성 평가에서 떨어진 회사 입장에선 '대안'으로 부각되어 왔다.

실제로 2018년 이후 성장성 특례로 상장한 회사들 가운데 70% 이상이 제약/바이오 기업이다. 하지만 '성장성 특례 1호'였던 셀리버리 사태로 개인투자자 피해가 막심했고 관련 제도를 둘러싼 당국의 불편한 심기도 심화됐다. 거래소는 사전협의와 함께 제도 취지에 맞는 바이오 기업들을 좀 더 요구하는 등 심사를 강화했다. 상장 주관사인 증권사들 역시 풋백옵션이나 평판 이슈 등에 부담을 느끼면서 바이오 기업에 대한 성장성 특례 상장 자체를 꺼리기 시작했다. 2023년 성장성 특례로 증시에 입성한 바이오 기업이 한 곳도 없다는 사실은 이를 방증한다.

부메랑으로 돌아온 CB

투자자들 사이에선 제2, 제3의 셀리버리 사태가 일어나는 것을 우려하는 분위기다. 당장 2024년에 어떤 상장 바이오 기업이 감사의견 거절을 받을지에 대해 업계의 이목이 쏠린다. 이를 확인하는 주요 잣대 가운데 하나가 '법인세비용차감전계속사업손실'(일명 '법차손')이 자기자본의 50%를 넘지 않는지 여부다. 국내 바이오 기업 경영진들이 가장 준수하기 어려운 상장 유지 조건으로 꼽는 항목이다.

바이오 기업 대부분은 연구개발비 비중이 압도적으로 높기 때문에 일정 매출을 내더라도 손실이 불가피하다. 회계처리 규정상 신약개발사의 경우 임상 3상에 들어갈 때까지 R&D 비용의 자산화가 안 되는 만큼 적자가 누적되기 마련이다. 유상증자 등을 통해 자기자본을 늘리지 않는 이상 법차손/자기자본 지표를 개선하기 어려운 이유다. 실제로 2021~2022년 코스닥에 상장한 서른 곳이 넘는 바이오 기업 가운데 이러한 법차손/자기자본 50% 이하 요건을 충족한 곳은 2022년 말 기준으로 25% 정도밖에 되지 않았다.

최근 들어 법차손/자기자본 비율 50% 요건을 필두로 자본잠식률 등 재

⊃⊂ 세부 분야별, 상장 경로별 법인세비용차감전계속사업손익 현황

(단위 : 백만 원, 개)

분야	상장유형	평균 법인세비용차감전계속사업손익				
		Y0	Y3	Y5	Y7	Y10
바이오 헬스케어	기술평가 특례상장	△8,614 (84)	△10,614 (54)	△12,597 (35)	△7,528 (16)	△5,378 (9)
	디지털 헬스케어	△16,719 (5)	-	-	-	-
	바이오 서비스	△8,566 (7)	△12,517 (4)	339 (1)	△13,137 (1)	△8,077 (1)
	의료기기	△3,694 (21)	△1,142 (15)	△6,361 (10)	△5,750 (4)	△10,337 (2)
	의약품	△9,852 (51)	△14,455 (35)	△15,735 (24)	△7,665 (11)	△3,275 (6)
	일반상장	8,143 (68)	5,123 (57)	10,733 (44)	2,955 (37)	33,069 (25)
	디지털 헬스케어	3,086 (3)	1,709 (3)	6,343 (1)	3,001 (1)	8,312 (1)
	바이오 서비스	2,748 (3)	△3,371 (1)	51,822 (1)	63,393 (1)	-
	의료기기	7,009 (27)	7,697 (24)	6,674 (17)	12,597 (14)	85,373 (9)
	의약품	9,914 (35)	3,639 (29)	12,025 (25)	11,313 (21)	3,337 (15)
비바이오 헬스케어	기술평가 특례상장	△125 (46)	403 (11)	7,310 (6)	19,956 (1)	-
합계		887 (198)	2,268 (122)	△147 (85)	6,276 (54)	22,892 (34)

* 2005년에서 2023년 5월까지 코스닥에 입성한 상장사 기준.
* Y0:상장연도, Y3:상장연도+3년, Y5:상장연도+5년, 괄호 안은 해당 기업 수
자료 : 한국보건산업진흥원

위 표를 살펴보면 일반 상장사와 달리 특례 상장 바이오/헬스케어 기업은 거의 모든 연도에 '법인세비용차감전계속사업손실'이 발생한다. 자기자본 50%를 초과하여 상장 유지 요건을 충족하지 못하는 사례도 기술평가 특례상장 바이오/헬스케어 기업이 일반상장 바이오/헬스케어 기업보다 5배 이상 높은 수준이다.

무적 측면의 상장요건 준수가 더욱 어려워진 데는 바이오 기업들의 전환사채(CB, convertible bond)가 한몫을 하고 있다. CB는 말 그대로 사채로 발행됐지만 일정 기간이 지나면 주식으로 전환할 수 있는 투자 상품이다. 신주인수권부사채(BW), 교환사채(EB) 등과 함께 메자닌(107쪽 각주)의 일종으로

서 주식과 채권의 성격을 동시에 지니고 있다.

주가 상승기에는 CB를 발행한 바이오 기업이나 투자자 모두 '윈-윈'이다. 외형상으로 보면 채권 상품이기 때문에 회사 입장에선 당장 최대주주 지분 희석 없이 자금을 조달할 수 있다. 투자자는 낮은 수준의 만기 수익률 대신 주식 전환에 따른 업사이드(upside) 차익을 가져가는 구조다. 2020~2021년 당시 국내 제약/바이오 기업들이 발행한 CB 규모는 무려 3조 원이 넘는 것으로 파악됐다.

문제는 주가가 떨어졌을 때다. 전환가격보다 주가가 낮아지면 투자자로선 이익을 볼 수 없기 때문에 전환가격 자체를 낮추게 된다. 이른바 리픽싱(107쪽 각주)이다. 그만큼 CB 투자자들의 전환 가능 주식 수는 늘어나지만 최대주주 입장에선 지분 희석이 부담스럽다. 과도한 주가 하락으로 리픽싱 한도까지 조정이 이뤄지면 최대주주 변경이 가능할 정도로 전환 주식 수가 늘어나기도 한다.

투자자는 주식 전환으로 수익을 내기 어렵다고 생각할 만큼 시장이 안 좋아지면 상환을 요청할 수 있다. 특히 계약상 포함된 조기상환 요청(풋옵션 행사)이 이뤄지는 경우가 많다. 주가가 전환가격 이상으로 오르길 기다리느니 만기 전에 원금과 이자라도 돌려받는 것이 이득이라는 판단에서다. 채권인 CB를 갚지 않으면 디폴트(default)로 이어지기 때문에 회사로선 어떻게든 상환 요청에 응해야 한다. 임상 자금을 대기에도 부족한 마당에 CB와 같은 차입금을 예상보다 이른 시점에 상환해야 한다는 건 상당한 재무 부담으로 이어질 수밖에 없다.

투자자들이 CB 조기상환 가능성이 있는 바이오 기업들에 대해 남아있는 미상환 CB 물량과 함께 현금성 자산을 꾸준히 체크해야 하는 이유다. 세포 치료제 기반 신약개발사인 유틸렉스의 사례를 살펴보자. 이 회사는

国 국내 바이오 기업 연도별 CB 발행 총액 추이

19억 원	2,963억 원	4,968억 원	3,932억 원	6,620억 원	7,410억 원	1조 2,340억 원	1조 9,308억 원	1조 4,533억 원
2014	2015	2016	2017	2018	2019	2020	2021	2022

자료 : 한국거래소

2022년 8월 124억 원 규모의 CB를 만기 전 취득했다고 공시했다. 2년 전인 2020년에 5년 만기로 발행된 CB 물량이었다. 최초 발행규모는 290억 원이었지만 일부 주식 전환이 이뤄졌고 기관투자가들이 잔여 물량 일부에 대해 풋옵션을 선택한 것이다. 주가가 전환가격 대비 워낙 떨어져 있는 상황에서 원금이라도 회수하겠다는 전략이었다. 그나마 유틸렉스가 대응할 만한 현금성 자산이 있었기에 가능한 일이었다. 시장에선 채무 부담을 일부 덜어낸 유틸렉스가 잔여 보유현금을 활용해 신약개발 사업에서 성과를 보여줄 수 있을지 주목하고 있다.

결과적으로 보면 2020~2021년에 대규모로 발행된 CB가 부메랑이 되어서 바이오 기업들을 옥죄는 형국이다. 해당 기업들 주가 대부분이 CB 전환가격을 하회하는 만큼 기업가치가 떨어진 점이 영향을 미쳤다. 현금성 자산이 충분하다면 괜찮겠지만 대부분 그렇지 못하다는 것이 문제다. CB를 상환할 자금이 없거나 별도의 매출원이 마련되지 못한다면 새로 외부에서 자금을 마련하는 수밖에 없다. 이는 바이오 기업의 생존과도 직결되는 문제다.

CB를 차환(refunding), 즉 재발행하는 방법이 있지만 2022년 초부터 강화된 CB 관련 규정이 시행되면서 투자자 모으기가 난항을 겪고 있다. 시가 하락으로 낮아진 전환가격도 상승전환 시 다시 상향 조정이 이뤄지도록 했다. 하향 리픽싱 뿐만 아니라 상향 리픽싱도 가능해진 만큼 투자자로선 일정 수준 이상의 자본 차익을 거두기가 어려워졌다. 최대주주가 행사할 수 있는 CB 콜옵션 물량이 자기지분 비율 이내로 제한돼 있다는 점도 CB 발행을 위축시키는 요인이다.

주주배정 유상증자가 대세가 된 이유

결국 바이오 기업의 상장 유지를 위한 재무 개선 및 자금 조달 카드는 유상증자로 귀결되기 마련이다. 그중에서도 3자배정보다는 주주배정 방식에 대한 '쏠림 현상'이 심화되는 분위기다. 그동안 상장 바이오 기업 입장에서는 3자배정 유상증자 방식으로 대형 전략적투자자들의 자금을 유치해 상당한 평판 제고 효과를 누릴 수 있었다. 재무적투자자라고 해도 주가 상승기에 이를 기다렸다가 매도할 만큼의 시간적 여유가 충분했다.

하지만 주식시장이 지속적으로 악화되면서 기관투자가들이 3자배정 증자 참여를 꺼리기 시작했다. 신주 매입 때 적용되는 10% 할인율 역시 메리트가 상당 부분 없어졌다는 평가다. 차라리 주가가 좀 더 떨어지길 기다렸다가 시가에 구주를 사는 것이 더 이득일 수 있다. 여기에 우선주나 CB 등에 상관없이 상향 리픽싱이 모두 적용되면서 투자심리를 떨어뜨렸다는 분석이다.

물론 주주배정 유상증자를 실시한다고 해서 모든 문제가 해결되는 건 아니다. 증자 공시 이후 주가가 떨어진다면 자금 조달 액수가 목표에 크게 못 미칠 수 있다. 반대로 주가가 올라서 목표 금액을 초과하는 자금을 모으는 사례도 있지만 일부 기업에 한정된 케이스다.

세포 기반 면역치료백신 개발 바이오 기업 셀리드는 2023년 9월 당초 400억 원 규모의 주주배정 유상증자를 실시할 계획이었다. 하지만 공시 이후 주가가 크게 떨어지면서 주당 발행가격 역시 계속 조정됐고 부진한 청약률로 최종 조달금액은 175억 원에 그쳤다. 주관사의 역할이 실권주 인수가 아닌 모집 주선에 그쳤던 점도 발목을 잡았다. 주관사가 주주배정 및 일반공모 후 잔여 실권주를 인수한다는 계약을 맺었다면 최종 발행가격으로 목표한 금액을 모을 수 있었을 것이다.

상장 바이오 기업 입장에서 CB와 유상증자 등으로 계속 자금을 조달하다보면 결국 최대주주 지분율이 낮아질 수밖에 없다. 그만큼 경영권 변동 가능성도 커진다는 얘기다. 항체 기반 신약개발 상장사인 파멥신의 경우를 살펴보자. 2018년 11월 코스닥 상장 당시 약 8%였던 유진산 대표의 지분율이 수차례 외부 투자 유치 등으로 2023년 6월 말 기준 5%대까지 줄어들었다. 결국 2023년 7월에 3자배정 유상증자 등을 통해 파멥신의 최대주주가 변경되고 말았다.

≫⟩◗◖◗ 상장 바이오텍에 계속 '특혜'를 허하라? ≫◗◖◗≪

물론 기술특례로 상장한 기업이 재무요건 등을 맞추지 못해 관리종목으로 지정돼도 곧바로 시장에서 퇴출(상장 폐지)되진 않는다. 거래소가 2023년 초

코스닥시장 상장 규정을 개정해 상장 폐지 요건을 완화했기 때문이다. 회사로선 상장적격성 실질심사를 통해 추가 회생 기회를 엿볼 수 있다.

상장 폐지 부담이 줄긴 했지만 관리종목 지정 기준이 완화된 건 아니다. 특히 법차손/자기자본 요건과 관련해선 바이오 기업의 미충족 비율이 과도하게 높아서 실효성에 의문이 제기되고 있다. 특례 상장사들은 혁신적인 기술 기반 기업의 성장에 핵심이 되는 연구개발 투자를 줄일 수밖에 없는 상황으로 내몰릴 수 있다. 이 때문에 연구개발비 투자비용을 '법인세비용차감전손실'에 포함시키지 말아야 한다는 의견도 나온다.

기술특례 상장사들에 대한 관리종목 지정 유예기간을 늘리자는 주장도 이와 무관치 않다. 신약 하나를 개발하는 데 10년 이상이 걸리는 상황에서 국내 바이오 기업이 3년 이내로 매출 및 재무 요건을 맞추는 건 현실적으로 어렵다는 판단에서다. 아무리 이익실현이 기업의 존재 목적이라고 하지만 바이오 기업이 처한 현실과 과도하게 동떨어진 규제라는 설명이다.

물론 이에 대한 논란은 첨예하다. 관리종목 지정 유예기간을 3년에서 5년으로 늘린다고 해서 신약개발 성과가 나타난다는 보장이 없다. 자칫 일반상장으로 입성한 비바이오 기업 입장에선 역차별로 받아들일 여지가 있다. 이 때문에 미국 등 해외 일부 국가처럼 상장유지 요건을 금융감독원 등 규제기관이 판단하지 말고 완전히 시장 자율에 맡겨야 한다는 주장도 나온다.

성장성이 기대되는 바이오 기업이라고 판단되면 주주들이 믿고 계속해서 지원할 것이라는 논리다. 자금 조달도 그때마다 원활히 이뤄질 가능성이 높다. 회사로선 상장 유지를 위해 굳이 쓸데없는 '부업'에 손을 댈 필요가 없다. 2021년 mRNA 기반 코로나19 백신을 개발할 때까지 10년 넘게 누적 적자만 1조7,000억 원을 기록하던 모더나가 그랬다.

모더나의 mRNA 기반 코로나19 백신 개발 전후 흑자전환 추이

17조3,579

12조5,001

-9,962

2021년

2020년

2022년

(연간 영업이익 기준, 단위 : 억 원)

미국처럼 상장유지 요건을 규제기관이 판단하지 말고 완전히 시장 자율에 맡겨야 한다는 주장도 나온다. 성장성이 기대되는 바이오 기업이라고 판단되면 주주들이 믿고 계속해서 지원할 것이라는 논리다. 자금 조달도 그때마다 원활히 이뤄질 가능성이 높다. 2021년 mRNA 기반 코로나19 백신을 개발할 때까지 10년 넘게 누적 적자만 1조7,000억 원을 기록하던 모더나가 그랬다.

시장 자율에 맡긴다면 향후 전망이 부정적인 바이오 기업은 자연스럽게 퇴출로 이어질 수 있다. 굳이 규제 요건을 내세우지 않아도 시장에서 추가적인 자금 조달이 이뤄지지 않는다면 한계에 다다를 수밖에 없다. 시장 퇴출이 당연한 기업에 굳이 무리해서 인공호흡기를 달려고 하다가 자칫 더 큰 투자자 피해로 이어질 수 있다. 정작 필요한 기업한테 자금 조달이 이뤄지지 않는 우를 범하게 된다는 의미다.

일각에서는 기술특례 상장 기업들의 관리종목 지정 비율이 여전히 낮다는 점 때문에 마치 기술특례 상장 기업의 성과가 괜찮다는 의견을 내놓기도 한다. 하지만 이는 그만큼 '좀비바이오'의 숫자가 여전히 많다는 걸 인정하는 것이나 다름없다. 아직까지 특례상장 바이오 기업 중에 상장 폐지 사례가 한 건도 없다는 것이 반드시 긍정적인 모습은 아니라는 얘기다.

일단 당국은 상장 바이오 기업들에 대한 부실을 선제적으로 막는데 초점을 맞추는 듯하다. 금융위원회가 2023년 7월에 선보인 '기술특례 상장제도 개선 방안'에서 주관사의 사후관리 책임을 강화한 부분이 그렇다. 기술특례 기업이 상장 후 2년 내에 부실화되면 해당 주관사는 이후 IPO 업무를 맡을 때 6개월 풋백옵션을 투자자에게 제공해야 한다. 보호예수기간도 3개월에서 6개월로 연장됐다. 해당 주관사로서는 그만큼 바이오 기업 IPO를 주관하는 데 신중할 수밖에 없다.

다만, 상장 후 1년도 훌쩍 넘어선 기업의 부실 책임을 해당 주관사에 물을 수 있을지는 의문이다. 바이오 기업에 대해 그 정도까지 향후 전망을 고려하면서 IPO 업무를 맡을 주관사는 많지 않다. 결과적으로 기술특례로 상장을 준비 중인 바이오 기업들이 부담해야 할 주관사 수수료가 크게 올라갈 가능성을 배제할 수 없다.

만약 바이오 기업이 자금 조달 이슈만 해결된다면 상장사라는 지위 없이도 안정적으로 R&D를 이어갈 수 있을 것이다. 오리온을 새 주인으로 맞이한 레고켐바이오의 사례처럼 꾸준히 현금을 창출하는 기업(제약사 또는 일반 제조기업)이 바이오 기업을 인수해서 R&D를 지원하거나, 기관투자가가 장기투자를 이어간다면 해결될 수 있다. 이때 해당 바이오 기업은 '부업'을 하지 않고도 장기간 신약개발에만 집중할 수 있다. 최근 국내 대기업들과 사모투자펀드(PEF)들이 바이오 기업 투자를 늘리고 있는 점이 긍정적인 시그널로 읽히는 이유다.

CHAPTER 4

바이오텍 투자 타임?
리스크 진단 타임!

증권신고서에서 '투자위험' 지뢰 찾기

언론사에서는 기자들이 취재한 기사를 세상 밖으로 내보내려면 반드시 거쳐야 할 과정이 있다. 데스크 검수다. 데스크는 단순 오탈자뿐 아니라 기사를 올바른 방향으로 썼는지 꼼꼼히 확인한다. 역량이 떨어지는 기자일수록 데스크의 빨간 줄(?)이 늘어날 가능성이 높다. 기자로선 자존심이 상할 수도 있지만 기사가 외부에 송출되려면 데스킹 된 곳을 수정한 뒤 재가를 기다리는 수밖에 없다.

공모로 자금을 조달하는 상장사들이 증권신고서를 작성할 때도 상황은 비슷하다. 기자에게 데스크가 있다면 해당 기업에게 금융감독원은 데스크 같은 존재다. 오랜 시간을 들여 작성한 증권신고서가 '정정신고 요청'으로 되돌아올 때가 기업으로선 가장 두려운 순간이다. 단순히 회사 정보를 추가하는데 그치지 않고 자금 조달 계획 자체를 재검토해야 할 수도 있다.

물론 이러한 과정은 투자자 입장에서 보면 나쁠 게 없다. 정정신고가 많을수록 투자자들이 접하는 정보의 양이 늘어난다. 특히 제약/바이오처럼 '비전공자'들의 정보 접근성이 떨어지는 업종일수록 증권신고서는 정보비대칭의 맹점을 줄여주는 역할을 한다. 투자자들이 '매수' 또는 '매도' 버튼을 누르기 전에 증권신고서를 꼭 검토해야 하는 이유다.

〰️ 공모주 투자, 시작은 증권신고서 필독 〰️

증권신고서는 주식이나 채권 등을 공모로 발행하는 회사가 금융당국에 제출하는 서류를 말한다. 불특정 다수의 투자자가 사전에 충분한 정보를 갖고 투자 판단을 내릴 수 있도록 회사의 재무상태, 경영실적, 투자위험 등을 명기한다. 상장사가 50인 이상의 일반투자자를 대상으로 10억 원 이상의 자금을 조달하려면 반드시 증권신고서를 제출해야 한다. 사모로 자금을 조달하는 것과 비교하면 편의성이 떨어지긴 하지만 그만큼 투자자 보호가 중요하다는 뜻이기도 하다.

증권신고서는 해당 공모 작업을 대리하는 주관사(증권사)가 회사의 내부 실사 이후 이에 대한 의견을 정리하는 형태로 이뤄진다. 투자자 신뢰를 높이기 위해 주관사에서 누가 실사를 담당하는지도 구체적으로 기재된다. '신의성실'한 내용 작성은 주관사의 평판과 직결되는 부분이기도 하다. 자금 조달 주체인 회사 입장에서 증권신고서 제출은 공모로 대규모 자금을 모으기 위해 감수해야 할 통과의례나 다름없다.

IPO를 앞둔 회사에 청약을 희망하는 투자자라면 의사결정을 내리기 전에 해당 회사의 증권신고서 확인은 필수다. 공모로 발행되는 회사채, 전환사채(CB), 신주인수권부사채(BW) 등도 마찬가지다. 바이오 기업처럼 정보 접근성이 떨어지고 영업실적으로 투자 여부를 결정하기 어려운 경우라면 더욱 그렇다. 일부 운용사들이 증권신고서 요약 버전을 유료로 제공하기도 하지만 금융감독원의 전자공시 시스템(DART)을 찾아 직접 증권신고서를 살펴봐야 한다. DART는 자본시장을 취재하는 국내 경제지 기자들이 기사를 작성할 때 반드시 참고하는 웹사이트이기도 하다.

DART 통합 검색창에 IPO로 자금 조달을 계획한 바이오 기업명을 입력

DART 통합 검색창에 IPO로 자금 조달을 계획한 바이오 기업명을 입력하고 공시 유형에 '발행 공시' 조건을 설정하면 증권신고서를 찾을 수 있다.

하고 공시 유형에 '발행 공시' 조건을 설정하면 증권신고서를 찾을 수 있다. 목차는 크게 '모집 또는 매출에 관한 사항'(1부)과 '발행인에 관한 사항'(2부)으로 나뉜다.

　증권의 종류와 모집 수량, 수요 예측 및 청약 일정, 공모가 밴드, 주관사 인수 구조 등과 같은 전반적인 공모 내역을 1부에서 확인할 수 있다. 공모가 밴드의 최상단 가격에 적용 주식수(기발행 보통주식수 + 신주발행 주식수)를 곱하면 회사가 최대 어느 정도의 밸류에이션을 기대하고 있는지도 추정해볼 수 있다.

　2부에서는 회사 재무제표 및 사업 내용 그리고 내부 조직 현황 등을 파악할 수 있다. 재무제표의 경우 외형 지표도 중요하지만 주석 사항을 꼼꼼히 살펴볼 필요가 있다. 필자는 보통 주석 마지막 부분에 나오는 우발채무 및 주요 약정사항 파트를 빼놓지 않고 보는 편이다. 우발채무나 지급보증 이슈 등이 현실화될 경우 회사에 미치는 리스크 정도를 따져봐야 하기 때문이다.

'임·직원 등에 관한 사항'에서는 경영진들의 이력과 보수 그리고 직원들의 평균 근속연수 등이 명기돼 있다. 동종 업계의 여타 바이오 기업 대비 평균 근속연수가 너무 낮다면 내부 관리에 문제가 있다는 뜻으로 받아들일 여지가 있다. 계열회사나 타법인 출자 현황은 지분 50%가 넘는 자회사 등을 제외한 전반적인 외부 기업 투자내역이 기재돼 있다. 타법인 출자 현황의 경우 출자 목적에 따라 경영 참여, 일반 투자, 단순 투자로 나뉜다. 만약 해당 바이오 기업의 주력 비즈니스와 무관한 투자 건이 너무 많다면 회사 정체성을 의심해봐야 한다.

)IIIX '투자위험' 감추려는 발행사 vs. 최대한 공개하라는 감독당국 XIIII(

증권신고서에서 가장 중요한 파트는 1부에 기재된 '투자위험 요소'다. 사업위험, 회사위험, 기타위험 등 세 가지로 나뉘어 해당 공모주와 관련한 리스크 요인을 보여준다. 리스크를 되도록 숨기려는 발행사와 이를 최대한 투명하게 공개하라는 감독당국 사이에서 팽팽한 줄다리기가 이뤄지는 영역이기도 하다.

'사업위험'은 회사 비즈니스를 둘러싼 거시경제와 업황 리스크를 설명한다. 신약개발사의 경우 기술이전 지연 및 임상 실패 가능성 그리고 목표시장 내 경쟁 구도 등과 같은 개괄적인 내용이 기재돼 있다.

투자자가 좀 더 집중해서 봐야할 부분은 '회사위험'이다. 해당 바이오 기업 고유의 재무 현황과 함께 손익 추정치에 대한 변동 위험을 담고 있다. 바이오 기업 위주의 기술특례 상장사는 일정 유예기간 이후 가시적인 재무 성과를 내지 못하면 관리종목으로 지정될 수 있다는 점에 유념해야 한다. IPO를 준비 중인 회사의 증권신고서에 상장 후 추정 손익 목표와 그 근거를 기재하는 이유다. 이와 동시에 기술이전 지연 등의 이유로 이를 달성하지 못할 가능성이 있음을 '회사위험'으로 고지하게 된다. 사실 대부분의 기술특례 바이오 기업이 당초 목표한 실적치를 달성하지 못하는 만큼 투자위험 고지를 통해 스스로 면책 조항을 부여하는 측면도 있다.

'회사위험'에서는 상장 바이오 기업의 최대주주가 공모 유상증자나 CB

투자자가 좀 더 집중해서 봐야할 부분은 '회사위험'이다. 해당 바이오 기업 고유의 재무 현황과 함께 손익 추정치 등 변동 위험에 대한 주관사의 분석 내용을 담고 있다. 리스크를 되도록 숨기려는 발행사와 이를 최대한 투명하게 공개하라는 감독당국 사이에서 팽팽한 줄다리기가 이뤄지는 영역이기도 하다.

발행 과정에서 실제로 청약에 참여하는지 여부를 확인할 수 있다. 청약 참여가 의무는 아니지만 최대주주의 이 같은 결정이 시장에서 '책임 투자'의 일환으로 받아들여져 개인투자자 청약에 영향을 미친다. 최대주주가 청약에 참여하지 않는 것이 투자위험 요소일 수 있다고 판단하는 개인주주들이 그만큼 많다는 뜻이기도 하다. 이 때문에 공모 흥행이 절실한 바이오 기업 상당수는 최대주주의 청약 참여를 증권신고서에 기재함으로써(의무는 아니지만) 투자자에 어필한다. 일부 최대주주들이 유상증자 청약 자금 마련을 위해 외부 차입까지 일으키는 이유도 여기에 있다.

투자자들은 '회사위험'을 통해 IPO를 앞둔 일부 바이오 기업의 기술성 평가 결과도 알 수 있다. 기술성 평가는 기술특례상장을 추진하는 회사가 코스닥 예심 청구 전에 실시한다. 회사가 보도자료 등을 통해 평가 결과를 자발적으로 공개하지 않는 이상 외부에서 내용을 파악하기란 쉽지 않다. 투자자로선 증권신고서를 통해 어떤 평가기관이 어떤 논리를 갖고 기술성 평가등급을 제시했는지 살펴볼 수 있는 셈이다. 다만 이 역시 의무 조항은 아니기 때문에 '커트라인'(두 곳의 전문평가기관 기술성 평가에서 'A'와 'BBB' 등급 이상을 받아야 함)을 간신히 통과한 업체들의 경우 해당 내용을 공개하지 않을 가능성이 높다.

내부통제 이슈 관점에서 보면 '임원의 겸직 여부'도 회사위험 요소로 작용한다. IPO를 준비 중인 바이오 기업의 임원이 타사 임원으로도 재직하고 있다면 해당 기업 경영에 집중하지 못할 수 있다는 우려 때문이다. 내부 정보 유출 등 경영의 투명성 및 독립성이 훼손될 위험도 적지 않다. 결국 주관사가 1차적으로 겸직 중인 임원의 기업 간 거래관계와 이해상충 유무를 판단하겠지만 투자자 역시 이를 '매의 눈'으로 지켜볼 필요가 있다.

✂ 금융감독원의 증권신고서 정정신청 프로세스

NO(정정 요구)

증권신고서 제출	증권의 모집을 위한 신고서 제출(효력 발생 전 청약 권유를 하고자 하는 경우) → 예비투자설명서 첨부
증권신고서 수리	신고서의 형식 요건 및 첨부서류 확인
형식상 구비, 중요 사항 기재 적정 여부	신고서에 형식상 불비가 있거나 중요 사항에 관한 거짓 기재 또는 누락 여부 심사 → 증권신고서 수리 통지

YES

효력 발생(D+5~15) 투자설명서 제출 및 교부	증권의 종류 및 모집 방법에 따라 신고서 수리 후 일정 기간 경과 시 효력 발생
청약 및 납입 증권 발행 실적 보고	청약일 전일까지 정정신고서 제출 가능

출처 : 금융감독원 DART 기업공시 길라잡이

증권신고서 제출에 있어서 여러 번의 정정신고가 이뤄질 수 있는 만큼 투자자들은 최대한 나중에 업데이트된 버전을 확인하는 것이 중요하다. 시간 순으로 추가된 내용이 색깔별로 구분되기 때문에 정정과정을 살펴보기에도 용이하다. 정정신고서를 많이 제출했다고 해서 무조건 부정적으로 여기기보다는 정보비대칭이 그만큼 해소되고 있다는 의미로 받아들일 필요가 있다.

)IIII(정정신고는 정보비대칭의 해소 과정)IIII(

금융감독원 공시심사실은 IPO 등 자금 조달에 나선 회사가 제출한 증권신고서를 심사하는 곳이다. 투자자를 위한 정보가 미흡하다거나 실제보다 과장된 내용이 있다면 해당 회사에 정정신고를 요청할 수 있다. 물론 회사 자체적으로 오류를 수정하기 위한 목적으로 자진정정을 실시하기도 한다.

공모가격 도출을 위한 수요예측 이후 그 결과를 확인하는 것도 정정신고서를 통해서다. 국내외 연기금이나 운용사, 증권사, 보험사 등 기관투자가들이 어떤 가격대로 어느 정도의 물량을 써냈는지가 세부적으로 기재된다. 개인투자자로선 일반청약 전에 해당 공모주에 대한 기관투자가들의 관심도를 따져볼 수 있는 기회다.

⊃⊂ 증권신고서 항목별 정정 비중   (기간 : 2022~2023년 상반기, 괄호 안은 정정 건수)

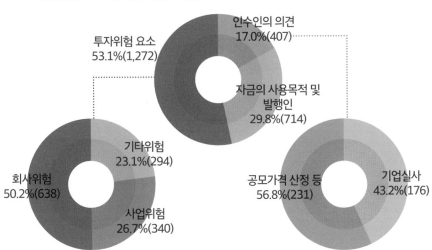

인수인의 의견
17.0%(407)

투자위험 요소
53.1%(1,272)

자금의 사용목적 및 발행인
29.8%(714)

기타위험
23.1%(294)

회사위험
50.2%(638)

공모가격 산정 등
56.8%(231)

기업실사
43.2%(176)

사업위험
26.7%(340)

자료 : 〈더벨〉 2023.6. 'IPO 증권신고서 톺아보기'

2022년 이후 제출된 증권신고서를 살펴보면 투자위험 요소를 둘러싼 정정 건수가 절반이 넘는 것으로 나타났다. 투자위험 요소 중에서는 회사위험에 대한 정정 비중이 가장 높았다.

최근에는 감독당국의 눈높이가 높아지면서 정정신고 요청이 꾸준하다. 과거와 달리 1~2회 정도의 정정신고는 당연한 것처럼 받아들여진지 오래다. 바이오 기업 등 특례상장 기업을 중심으로 미래 추정실적의 근거, 밸류에이션 산정 등의 검토 기조가 그만큼 깐깐해졌다는 뜻이다.

회사가 공모가격 산정을 둘러싼 정정 요청을 받은 이후에는 당초 목표한 금액보다 조달액을 크게 낮춰야 하는 일도 발생한다. 이 때문에 일부에서는 시장 자율에 맡겨야 하는 가격결정 과정에 금융감독원이 과도하게 개입하는 것 아니냐는 지적이 제기된다.

정정신고 과정에서 수요예측을 포함한 공모 일정이 아예 뒤로 미뤄지는 경우도 생긴다. 신고서 내용 보완에 충분한 시간을 제공하겠다는 게 감독원의 취지다. 하지만 해당 IPO 기업으로선 당초 목표로 했던 자금 조달에 차질이 생기는 만큼 처음부터 꼼꼼한 증권신고서 작성이 요구된다.

여러 번의 정정신고가 있을 때는 투자자들은 최대한 나중에 업데이트된 버전을 확인하는 것이 중요하다. 시간 순으로 추가된 내용이 색깔별로 구분되기 때문에 정정과정을 살펴보기에도 용이하다. 정정신고서를 많이 제출했다고 해서 무조건 부정적으로 여기기보다는 정보비대칭이 그만큼 해소되고 있다는 의미로 받아들일 필요가 있다.

최종 판단은 결국 투자자의 몫이다

임·직원들의 주식매수선택권(스톡옵션) 보유 현황도 따져봐야 할 위험 요소다. 임·직원별 행사 가능 시점과 행사 물량에 따라 상장 주식수가 증가하기 때문에 이는 개인주주들에게 지분율 희석 위험으로 작용한다. 이들 스

보로노이* 상장 밸류에이션,
프리IPO 대비 28% 낮췄다
'L/O 2건' 가치 사실상 미반영,
공모 물량 줄이고 할인율 확대

보로노이가 지난 2021년 8월 완료한 프리IPO 포스트 밸류에이션보다 최대 28% 낮춘 상장 몸값을 제시해 눈길을 끈다. 마지막 펀딩 전후로 성사시킨 2건의 기술이전(L/O) 가치를 사실상 밸류에이션에 반영하지 않은 모습이다. 2022년 3월 첫 번째 공모 당시 시장 눈높이를 확인한 이후 공모 물량을 줄이고 할인율도 높인 만큼 코스닥 입성에 성공할지 주목된다.

보로노이는 내달(2022년 6월) 8일부터 이틀 동안 공모가 확정을 위한 수요예측에 나선다. 앞서 3월에 공모를 진행했으나 철회를 결정했다. 같은 해 7월까지 상장예비심사 효력이 지속되는 점을 고려해 새로운 증권신고서를 금융위원회에 제출하고 공모에 다시 도전한다.

보로노이는 총 130만 주의 신주를 발행할 예정이며 공모가 밴드는 4만~4만6,000원으로 제시했다. 공모예정액은 520억~598억 원이다. 상장 밸류에이션은 최대 5,814억 원을 기대하고 있다.

이번 IPO의 프리 밸류에이션은 최대 5,204억 원 수준으로 책정됐다. 지난해 8월 250억 원 규모로 완료한 프리IPO 포스트 밸류에이션이 6,246억 원인 점을 감안하면 17% 할인된 가치다. 희망 공모밴드 하단 가격을 고려하면 28% 낮췄다. 올해(2022년) 3월에 진행했던 첫 번째 공모 당시 프리 밸류에이션 7,354억 원과 비교하면 29% 낮게 조정됐다.

---

* 신약개발사인 보로노이는 2022년 6월 유니콘 특례상장 1호로 코스닥에 입성했다. IPO 과정에서 수요예측 일정을 뒤로 미루고 공모가 밴드를 낮추는 등 여러 번의 정정신고를 거쳤다.

⊃⊂ 지아이이노베이션 공모자금 사용계획

(단위 : 백만 원)

구분내역	내역	공모자금	추정비용			비고
			2023	2024	2025	
임상개발	GI-101 임상시험 비용	2,765	6,721	8,071	8,280	임상연구, 임상시료생산
	GI-102 임상시험 비용	2,850	6,929	8,064	8,240	임상연구, 임상시료생산
	GI-301 임상시험 비용	1,411	3,430	909	180	임상연구, 임상시료생산
	GI-108 임상시험 비용	4,828	10,765	5,360	5,100	임상연구, 임상시료생산
연구개발	비임상연구 등	8,772	21,327	17,099	17,349	연구개발 인건비, 독성 및 약효연구 등
시설자금	연구설비(무형자산 포함)	877	2,132	1,903	2,018	-
운영자금	인건비 및 기타관리비	3,752	9,125	8,638	10,194	-
합계		24,855	60,429	50,045	51,361	

자료 : 지아이이노베이션 증권신고서(2023.3.20)

투자자는 증권신고서를 통해 자금의 사용 목적이 무엇인지 따져봐야 한다. IPO에 나선 바이오 기업의 경우 주로 임상개발에 조달 자금을 쓰겠다는 경우가 많지만 이를 최대한 구체적으로 기재했는지를 살펴볼 필요가 있다.

톡옵션 수량에 대해 의무보유기간(보호예수기간)이 어느 정도인지 체크해야 하는 이유이기도 하다. 보통은 1년이지만 경우에 따라서는 기간을 2년 이상 연장하기도 한다. 이 밖에 우선주라든가, 전환사채(CB)의 리픽싱 조항도 공모가격 확정 이후 오버행 리스크가 될 수 있다.

증권신고서를 통해 자금의 사용 목적이 무엇인지 따져보는 것도 중요하다. 회사채 발행만 하더라도 차환이냐 신규 발행이냐에 따라 시장에 미치는 의미가 크게 달라진다. IPO나 증자에 나선 바이오 기업의 경우 주로 임상개발에 조달 자금을 쓰겠다는 경우가 많지만 이를 최대한 구체적으로 기재했는지 살펴봐야 한다.

　물론 돈에 꼬리표가 붙은 건 아니기 때문에 공모 자금이 향후 실제 목적대로 쓰이는지를 파악하기란 쉽지 않다. 회사 또한 사업 환경의 변화, 고객과의 거래관계 유지 및 변경, 그리고 예상하지 못한 수요에 따라 자금 사용 시기와 목적이 바뀔 수 있다는 점을 강조한다.

　한편, 대부분의 증권신고서에서 아래 박스 안 문구를 확인하는 건 어려운 일이 아니다. 투자자들이 증권신고서에 씌여진 내용을 주지해야 하지만 '과신'해선 안 된다는 점을 강조하고 있다. 증권신고서에 '공모가격 산정 방식에 대한 한계'가 언급되고 있는 점도 이와 무관치 않다. 비교회사 선정과 PER(주가순이익비율) 및 할인율 적용 과정에서 주관사의 자의적인 판단이 작용하는 만큼 절대적 밸류에이션 기법이 될 수 없다는 얘기다.

　특히 주관사들은 투자자들이 신뢰할 수 있는 증권을 세일즈해야 하는 동시에 수수료 수익을 제공하는 발행사의 입장도 대변해야 한다. 원칙적으로는 양쪽 사이에서 중립을 지켜야 하지만 현실적으로는 그렇지 못할 때가 많다. 2023년 하반기 IPO시장을 강타한 반도체 팹리스 기업 파두의 뻥튀기 상장 논란도 그랬다. 증권신고서 작성을 주도하는 주관사들이 그 책임에서 자유로울 수 없는 이유다.

> "투자자께서는 투자위험 요소에 기재된 정보에만 의존하여 투자 판단을 해서는 안 됩니다. 본 증권신고서에 기재된 사항 이외의 투자 위험 요소를 검토하시어 투자자 여러분의 독자적인 투자 판단을 해야 함에 유의하시기 바랍니다."

14 '버닝레이트'로 투자 타이밍 잡기

유상증자 공시는 기존 상장사 투자자들에게 공포의 시그널이다. 늘 그런 건 아니지만 주식 수 증가에 따른 지분율 희석이 자칫 주가 하락으로 이어질 수 있기 때문이다. 투자자 입장에서 피투자회사가 언제 증자를 하는지에 대해 항상 촉각을 곤두세워야 하는 이유이기도 하다. 자금 조달을 위해 유상증자를 자주 활용하는 바이오 기업이라면 더욱 그렇다.

만약 증자 타이밍을 사전에 조금이라도 파악할 수 있다면 주식 투자에 있어서 상당한 팁이 되지 않을까. R&D에 집중해야 하는 바이오 기업의 경우 자체적으로 돈을 벌기 어려운 만큼 지금 당장의 현금보유액이 얼마인지가 1차적인 척도로 작용한다. 여기에 R&D 비용을 포함한 고정적인 현금소진액, 즉 '버닝레이트'를 안다면 회사가 언제쯤 현금이 바닥나서 추가로 자금 조달에 나설지를 예측해 볼 수 있다.

)))))(((유상증자는 바이오 기업의 '숙명'이다)))))(((

바이오 기업 입장에서 자금 조달은 비즈니스를 영위하는 과정에서 끊임없이 고민해야 할 과제다. 상장사건 비상장사건 상관없이 외부에서 버는 돈이 없다면 지속적으로 연구개발 비용을 마련하기 위한 펀딩 계획을 수립해 나가야 한다. 대부분 적자 상태인 바이오 기업의 경우 신용도가 낮기 때문에 회사채 발행이나 은행 차입이 쉽지 않다. 사실상 선택의 폭이 제한적이라는 얘기다.

채권형 상품 중에는 그나마 신주인수권부사채(BW), 전환사채(CB) 등과 같은 메자닌(107쪽 각주) 발행을 자금 조달 수단으로 고려할 수 있다. 당장 최대주주의 지분율 희석을 염려하지 않아도 되기 때문에 낮은 조달 비용으로 투자자를 모을 수 있다. 다만 주가 하락기에는 과도한 리픽싱(107쪽 각주)에 따른 전환주식 증가나 조기상환 우려 등을 감내해야 한다.

결국 회사가 선택할 수 있는 카드는 유상증자가 남는다. 보통주, 상환전환우선주(RCPS), 전환우선주(CPS) 등 주권 형태만 다를 뿐 신주 발행이라는 큰 틀은 같다. 기존 주주 입장에서는 주식 수 증가에 대비해야 한다. 만약 주주배정 유상증자에서 일정 비율로 청약에 참여하지 않으면 지분율 희석이 불가피해진다. 3자배정 증자라면 신주 매입에 참여할 기회조차 갖지 못한다. 유상증자가 회사로의 자금 유입을 의미한다는 점에서 본질적으로는 기업가치 제고 요인이지만, 이러한 주식 수 증가는 자칫 주가 하락으로 이어질 수 있다.

유상증자가 시설 확충이나 M&A 등 기업 성장을 위한 용도라는 확신이 있다면 투자자 입장에서 '호재'로 여길지도 모르겠다. 하지만 바이오 기업의 유상증자 대부분은 채무 상환까지는 아니더라도 연구개발비나 인건비 등 운영자금 마련 용도로 쓰인다. 특히 기술이전이나 임상 측면에서 성과를 보여주지 못하고 잦은 주기로 증자를 반복하는 바이오 기업이라면 투자자들이 '밑 빠진 독에 물 붓기' 식으로 증자 소식을 받아들일지도 모른다. 아울러 증자 형태가 전략적투자자를 유치하는 형태의 3자배정이 아니고 주주배정 증자라면 기존 투자자 입장에선 추가자금 투입에 대한 피로도가 가중될 여지가 높다.

))☰((증자 시점을 미리 예측할 수 있을까))☰((

그렇기 때문에 투자자들은 회사가 언제 증자를 할 것인지에 대해 민감할 수밖에 없다. 상장사의 경우 증자 공시 이후 주가 하락으로 이어질 가능성이 높다는 점에서 더욱 그렇다. 만약 바이오 기업의 조달 타이밍을 예측할수 있다면 투자 시점을 정하는데 상당한 도움이 될 것이다. 국내 바이오 기업 중에서는 일정한 현금흐름을 만들어내는 회사들이 거의 없기 때문에 이러한 '가정'을 기반으로 시나리오를 구축해볼 수 있다. 향후 '써야 할 돈'에 비해 지금 '가진 돈'이 부족할 때 자금 조달이 이뤄지는 만큼 이를 논리적으로 따져보자는 얘기다.

스타트업 시장에서 회사가 고정적으로 '써야 할 돈'을 가리켜 '버닝레이트(burning rate)'라고 부른다. 이는 우주선이 발사되어 대기권을 돌파하고 궤도에 안착하기까지 필요한 연료의 연소율에서 유래했다. 창업 회사가 시간이 지남에 따라 현금을 얼마나 빠르게 소비하는지, 매년 또는 매월 지출하는 회사의 고정비를 의미하는 표현이다. 바이오 기업이라면 연구개발비, 인건비 등이 여기에 해당한다.

당장 팔 제품이 없는 바이오 기업의 경우 R&D에 대부분의 자금을 소진하게 된다. 투자자로선 R&D에 들어가는 절대적인 자금규모와 함께 그 소진 추이도 꼼꼼히 살펴보는 것이 중요하다. 예를 들어 사업보고서상 경상연구개발비가 지난 3년간 평균보다 전년 대비 갑자기 줄거나 늘었다면 내부적으로 이벤트가 발생했을 가능성이 높다고 봐야 한다. 만약 현금보유액과 버닝레이트를 확인한 상태라면 해당 바이오 기업이 별도 매출 없이 언제까지 버틸 수 있는지를 가늠해 볼 수 있다. 보통 벤처캐피털(VC)들이 바이오 기업에 투자하기에 앞서 현금보유액과 버닝레이트를 가장 먼저 따져 묻는 이유도 이와 무관치 않다.

스타트업 시장에서 회사가 고정적으로 '써야 할 돈'을 가리켜 '버닝레이트(burning rate)'라고 부른다. 이는 우주선이 발사되어 대기권을 돌파하고 궤도에 안착하기까지 필요한 연료의 연소율에서 유래했다. 창업 회사가 시간이 지남에 따라 현금을 얼마나 빠르게 소비하는지, 매년 또는 매월 지출하는 회사의 고정비를 의미하는 표현이다. 바이오 기업이라면 연구개발비, 인건비 등이 여기에 해당한다.

그렇다면 외부에서 바이오 기업의 버닝레이트를 확인할 수 있는 방법이 있을까. 사업보고서를 제출하는 상장사라면 금융감독원 공시 자료를 통해 일정 부분 추정이 가능하다. 일단 손익계산서상의 판관비(판매비 또는 관리비) 항목부터 확인해보자. 상품과 용역의 판매 활동 또는 기업의 관리와 유지에서 발생하는 판관비는 매출원가에 속하지 않는 영업비용을 말한다. 제품 제조에 소요되는 비용을 말하는 매출원가는 보통 제약사, 진단키트 업체 등 매출이 발생하는 기업에 해당된다. 이와 달리 웬만한 바이오 기업은 연구개발비, 급여 등과 같은 항목만 따져도 큰 무리가 없다.

다만 판관비에서 빼야 할 항목이 있다. 회계상으로는 비용으로 분류되지만 실질적인 현금유출로 이어지지 않는 계정은 버닝레이트에서 제외해야 한다. 퇴직급여와 주식보상비용 등이 대표적이다. 퇴직급여는 근속시간이 경과함에 따라 증가하는 퇴직금을 비용으로 인식하기 위한 계정이다. 주식보상비용은 회사가 직원에 스톡옵션을 부여할 때 1주당 공정가치 책정 후 이를 비용으로 회계처리하는데 그 목적이 있다.

반대로 무형자산화한 연구개발 내역에 대해선 실제로 현금은 나갔지만 비용 처리를 하지 않았기 때문에 '버닝레이트'에 더해줘야 한다. 신약개발의 성공 가능성이 낮다는 점을 고려하면 바이오 기업들은 이를 대부분 비용으로 처리하는 것이 합당해 보인다. 일부 바이오 기업들이 손실을 줄이려는 목적으로 신약 파이프라인의 무리한 자산화를 시도해 논란이 된 적이 있다.

2018년 금융감독원이 발표한 지침에 따라 신약개발사들은 임상 3상 단계 이상의 파이프라인에 대해서만 무형자산으로 인식할 수

⊃⊂ 국내 주요 상장 바이오 기업 경상연구개발비 현황

(개별기준, 단위 : 억 원)

회사명	2020년	2021년	2022년
SK바이오팜	881	915	1,254
에이비엘바이오	528	410	484
레고켐바이오	542	391	511
헬릭스미스	295	312	349
지놈앤컴퍼니	110	178	337
브릿지바이오	124	165	302
올릭스	111	208	250
제넥신	390	323	278
메드팩토	240	245	312
유틸렉스	182	234	225
루닛	91	223	184
오스코텍	280	168	151
티움바이오	80	149	160
큐리언트	129	144	160
아이진	78	277	148
코오롱생명과학	131	143	136
보로노이	138	157	136
지아이이노베이션	249	233	560

무형자산화한 연구개발 내역의 경우 실제로 현금이 나갔지만 비용 처리를 하지 않았기 때문에 '버닝레이트'에 더해줘야 한다. 신약개발의 성공 가능성이 낮다는 점을 고려하면 바이오 기업들은 이를 대부분 비용으로 처리하는 것이 합당해 보인다. 그런데 일부 바이오 기업들이 손실을 줄이려는 목적으로 신약 파이프라인의 무리한 자산화를 시도해 논란이 된 적이 있다.

있다. 그만큼 현금을 창출할 가능성이 높아야 자산으로 분류할 수 있다는 뜻이다. 신약개발 대비 허들이 낮은 바이오시밀러(145쪽 각주)의 경우 임상 1상 개시 단계부터 자산화가 가능하다.

정리하면 바이오 기업의 버닝레이트는 손익계산서상의 판관비(또는 영업비용) 항목에서 퇴직급여, 주식보상비용, 감가상각비, 무형자산상각비 등을 차감한 이후 무형자산화 항목에서 개발비를 다시 더하는 방식으로 산정할 수 있다. 퇴직급여나 주식보상비용 등이 대부분 크지 않다는 점을 고려하면 판관비상의 경상연구개발비와 종업원급여 항목 등을 더하는 것으로도 충분해 보인다. 바이오 기업마다 일부 계정을 다르게 쓰는 경우도 있지만 큰 틀에선 차이가 없다.

〉〈 에이비엘바이오, 사노피와의 '빅딜'이 없었다면 〉〈

이중항체 기반으로 항암제를 개발하는 에이비엘바이오의 사례를 살펴보자. 2021년 회사의 손익계산서상 영업비용은 576억 원이었다. 경상연구개발비(410억 원)와 종업원급여(76억 원)가 영업비용의 상당액을 차지한다는 사실을 알 수 있다. 이 가운데 상각비(21억 원), 퇴직급여(9억 원), 주식보상비용(75억 원) 등을 빼면 471억 원 정도다. 2021년에 자산화된 연구개발 항목이 없으니 해당 수치가 에이비엘바이오의 2021년 버닝레이트로 계산이 된다는 얘기다. 매년 연구개발비 항목에서 차이는 있겠지만 인원이 계속 늘고 있고 임상 관련 과제 등을 고려하면 회사가 향후 부담해야 할 고정비용은 약 500억 원 정도로 추정된다. 그렇다면 2021년 말 기준 에이비엘바이오는 어느 정도의 현금을 보유했을까.

재무상태표 유동자산 항목의 현금 및 현금성자산은 216억 원이었다. 현금성자산에는 보통 만기 1년 미만의 단기금융상품도 포함된다. 당기손익-공정가치측정금융자산(220억 원)도 있는데 이는 기업이 차익 실현을 위해 취득하는 금융자산을 말한다. 보통 상장 주식이나 채권을 의미한다. 회사가 1년 이내 현금화가 가능한 유동자산으로 분류했다는 점에서 '준현금성자산'으로 볼 수 있다. 이를 합하면 에이비엘바이오의 가용자금은 436억 원 정도가 된다.

1년에 약 500억 원을 쓰는 바이오 기업의 가용자금이 436억 원(2021년 말 기준)에 그치는 만큼 당시 에이비엘바이오 경영진 입장에선 추가적인 펀딩을 고려했을 가능성이 높다. 에이비엘바이오는 2018년 말 코스닥 상장을 통해 900억 원의 공모자금을 확보한 이후 한 번도 외부 펀딩이 없던 상황이었다. 자금 운용의 버퍼를 어느 정도 확보하려면 적어도 2022년 상반기에는 유상증자 등을 통한 외부 투자금 유치 작업을 준비해야 했을 지도 모른다.

하지만 여기서 변수가 등장했다. 2022년 초 에이비엘바이오가 해외 빅파마와 대형 라이선스아웃 계약을 체결했다는 깜짝 소식이 전해졌다. 파킨슨병 등 퇴행성뇌질환 치료 이중항체 후보물질 ABL301을 글로벌 제약사인 사노피에 기술이전한다는 내용이었다. 계약금(900억 원)과 단기 마일스톤(540억 원) 등을 포함해 거래규모가 최대 9억8,500만 달러(약 1조1,820억 원)에 달하는 빅딜이었다.

실제로 에이비엘바이오는 2022년 9월과 2023년 1월에 각각 2,000만 달러(약 278억 원)와 2,500만 달러(약 318억 원) 규모의 단기 마일스톤을 사노피로부터 수령했다. 에이비엘바이오에 대한 시장의 유상증자 우려를 상당 부분 불식시키는 순간이기도 했다. 2023년 3월 말 기준 에이비엘바이오의 현금성자산은 991억 원(단기금융상품 및 당기손익-공정가치측정금융자산 포함)까지 증

⊃⊂ 에이비엘바이오 손익계산서

		2022년	2021년	2020년
영업수익* (기술이전수익)		653억 원	53억 원	81억 원
영업비용	종업원급여	44억 원	76억 원	66억 원
	상각비	23억 원	21억 원	20억 원
	경상연구개발비	484억 원	410억 원	528억 원
	기타영업비용	101억 원	68억 원	62억 원
영업비용 합계		652억 원	576억 원	677억 원

* 에이비엘바이오의 2020년~2022년 모든 영업수익은 기술이전에서 발생.

⊃⊂ 에이비엘바이오 연구개발비용 현황

구 분		2022년	2021년	2020년
비용의 성격별 분류	시약재료비	47억 원	54억 원	45억 원
	인건비(주식보상비용 제외)	74억 원	95억 원	63억 원
	주식보상비용	31억 원	49억 원	90억 원
	감가상각비	–	–	–
	외주용역비	358억 원	229억 원	345억 원
	연구개발비용 합계	512억 원	428억 원	544억 원
	(정부보조금)	-27억 원	-18억 원	-16억 원
	보조금 차감 후 금액	484억 원	410억 원	528억 원
회계 처리 내역	경상연구개발비	484억 원	410억 원	528억 원
	개발비(무형자산)	–	–	–
	회계처리금액 계	484억 원	410억 원	528억 원
매출액		673억 원	53억 원	81억 원
연구개발비용 / 매출액 비율 (연구개발비용 합계÷당기매출액)×100		71.94%	769.57%	651.45%

2021년 손익계산서상 영업비용은 576억 원인데, 이 중 경상연구개발비(410억 원)와 종업원급여(76억 원)가 영업비용의 상당액을 차지한다. 여기서 오른쪽 표에 명기된 현금 유출이 없는 상각비, 퇴직급여, 주식보상비용 등을 빼면 2021년 기준 버닝레이트는 471억 원 정도가 된다. 이 회사는 2021년까지는 매출액 대비 연구개발비용 비율이 무려 700%를 넘을 정도로 버닝레이트가 뜨겁게 타올랐다가 2022년 해외 빅파마와의 라이선스아웃에 따른 마일스톤이 매출로 인식되면서 같은 해 해당 비율이 72% 남짓으로 줄어들었다.

✕ 에이비엘바이오 현금 유출 없는 비용 내역

(단위 : 천 원)

구 분	2022년	2021년
당기손익 – 공정가치측정금융자산 평가손실	2,007,194	673,493
당기손익 – 공정가치측정금융자산 거래손실	228,020	138,662
퇴직급여	929,324	950,770
주식보상비용	4,323,376	7,520,650
감가상각비	2,129,615	1,984,936
무형자산상각비	171,982	173,377
이자비용	68,692	41,978
유형자산처분손실	2,334	5,830
무형자산처분손실	17,469	–
복구충당부채전입액	1,517	3,362
외화환산손실	2,566,756	76
대손상각비	–	435,200
합계	12,446,279	11,928,334

회계상으로는 비용으로 분류되지만 실질적인 현금 유출로 이어지지 않는 계정은 버닝레이트에서 제외해야 한다. 퇴직급여와 주식보상비용이 대표적이다.

✕ 에이비엘바이오 실적 및 현금성자산 추이

(개별 재무제표 기준)

항목	2020년	2021년	2022년	2023년 (3분기 누적)
매출액	81억 원	53억 원	653억 원	556억 원
영업이익	-596억 원	-523억 원	1억 원	71억 원
당기순이익	-556억 원	-436억 원	39억 원	106억 원
현금성자산	704억 원	436억 원	765억 원	910억 원

* 현금성자산은 각 연도 말 기준치 적용. 2023년은 9월 말 분기보고서 기준.
* 현금성자산에는 단기금융상품 및 당기손익 – 공정가치측정금융자산 포함.

에이비엘바이오가 코스닥 상장 이후 단 한 번의 유상증자 없이도 2022년과 2023년에 현금성자산이 늘어난 것은 2022년 초 글로벌 빅파마(사노피)와의 라이선스아웃 계약 체결로 선급금과 마일스톤이 매출로 인식되었기 때문이다.

가했다. 이러한 마일스톤 수입 등에 힘입어 회사는 2022년에 이어 2023년 3분기까지 흑자(누적 기준)를 이어가는 중이다.

2023년 12월 현재까지도 에이비엘바이오는 외부 조달 관련 별다른 행보를 보이지 않고 있다. 물론 그렇다고 투자자 입장에서 증자 부담이 없다고 안심해선 곤란하다. 에이비엘바이오처럼 항체 기반 신약개발사의 경우 합성 신약 대비 비용 부담이 큰 편에 속한다. 살아있는 세포와 유전자 등을 원료로 이용하는 만큼 공정개발에 상당한 비용을 필요로 하기 때문이다. 별도의 매출원이 없다면 계속해서 비슷한 수준의 라이선스아웃 딜을 수행해야만 증자에 대한 시장의 우려를 줄일 수 있을 것이다.

현금흐름을 꾸준히 체크해야 한다

바이오 업계에서 사실 에이비엘바이오 같은 케이스는 이례적이라고 할 수 있다. 대다수 바이오 기업들이 라이선스아웃 딜 자체를 만들어내는데 어려움을 겪는데다 설사 딜이 이뤄지더라도 의미 있는 수준의 계약금을 받지 못할 때가 많다. 언론을 통해 바이오 기업들의 기술이전 소식을 전하는 기사를 꾸준히 접하면서도 아직까지 '흑자 바이오'가 많지 않은 이유이기도 하다. 일부는 딜이 이뤄진 이후에 임상 진행에 문제가 생겨서 다시 파이프라인 반환으로 이어지는 경우도 있다. 이미 받은 계약금은 돌려줄 필요가 없지만(기술이전 대부분은 계약금 반환의무가 없음), 향후 마일스톤 수령 가능성이 사라졌다는 점에서 추가적인 현금 유입을 기대하기 어려워졌다는 얘기다.

게다가 앞서 분석한 시나리오는 어디까지나 산술적인 가정이기 때문에 투자자들이 너무 과신해서는 곤란하다. 특히 요즘처럼 자금 조달 여건이 어려울 때 증자 타이밍을 맞추기란 여간 어려운 일이 아니다. 몇 년 치 운영자금을 충분히 보유하고 있지만 시장 상황이 더 악화될 것을 고려해 선제적으로 펀딩을 실시하는 사례도 있기 때문이다.

상장한 지 얼마 되지도 않은 상태에서 증자를 하거나 자금 조달을 반복적으로 이어나가는 바이오 기업들도 적지 않다. 공모 증자를 하더라도 주가 하락으로 당초 목표한 금액 대비 너무 작은 금액이 모였다면 단기간 내 추가적인 자금 조달을 준비해야 한다. 최소 2~3년 이상은 버틸 수 있는 펀딩이 필요하지만 회사 입장에서 쉬운 일은 아니다.

그렇다고 버닝레이트 감축을 위해 무작정 R&D 비용을 줄이는 기업은 주의해야 한다. 회사의 존립 자체가 흔들릴 수 있는 의사결정이기 때문이다. 어렵게 진행하고 있는 임상시험을 축소하거나 아예 중단하는 것도 같은 맥락이다. 시장이 어렵다보니 아예 구조조정을 통해 인건비를 줄이는 경우도 심심찮게 등장한다. 당장 현금 소진을 최소화할 수는 있겠지만 장기적으로 봤을 때 반드시 긍정적인 결과로 이어지는 건 아니다. 투자자로선 경상연구개발비와 인건비를 포함한 바이오 기업들의 현금흐름을 꾸준히 체크해서 버닝레이트 변화를 확인해야 한다.

15 회삿돈을
어떻게 쓰는지가 중요하다

"비닐커버를 씌워둔 억대 실험장비는 펀딩 이후 신상으로 구입했다네요. 1년에 몇 번 쓰지도 않으면서 국내에 3대 밖에 없는 장비라고 자랑하는 걸 보면 기도 안 찹니다. 번거롭게 대학이나 연구소에 부탁하고 택시 타고 가서 실험하고 오느니 직접 사버리는 게 낫다고 판단한 거지요. 돈 없을 땐 시약 이런 거 싸게 사려고 흥정도 하던 업체가 막상 돈 들어오면 '임상 등 큰 그림에 전념해야 한다'며 그냥 써버리는 겁니다."

"100억 원 규모의 시리즈C 투자를 받은 바이오 기업과 미팅을 진행했습니다. 기존 투자사인 저희를 포함해 신규 투자사와 경영진이 함께한 주주 간담회였습니다. 공유 오피스에서 출발했던 회사는 서울 강남의 그럴 듯한 빌딩에 자리를 잡았습니다. 창업 초기만 해도 '헝그리 정신'으로 똘똘 뭉쳤던 임원들은 각자 방 하나씩을 꿰찼습니다. 매출은 1원도 안 나오는 회사가 말이지요."

"투자한 바이오텍의 재무자료를 검토하던 중이었습니다. 차량 리스 목록에 유명 외제차가 있어서 누가 쓰는 건지를 물었습니다. 영업본부장이 쓴다고 답하더군요. 의사들 골프 접대할 때 골프채 싣기에는 그 차가 효율적이라고. 국산차와 가격 차이도 크게 나지 않는다는 설명이었습니다. 개발 중인 치료제는 판매는커녕 여전히 임상단계인데 영업에 나설 리가 만무했지요. 당장 리스 계약 취소하라고 얘기했습니다."

〉◀█▶〈 대표이사의 월급을 정하는 방법 〉◀█▶〈

바이오 기업이 신약을 개발하거나 의미 있는 수준의 기술이전을 단행해서 돈을 벌기까지는 상당한 시일이 걸린다. 그때까지는 회사 운영을 외부에서 조달한 자금에 의존할 수밖에 없다. 금융기관에서 차입했거나 주주들로부터 투자받은 돈이기 때문에 이를 사용하는데 좀 더 신중해야 한다는 얘기다. 바이오 기업 투자를 결정할 때 회사가 당장 돈을 버는지도 중요하지만 보유자금을 어떻게 쓰고 있는지를 꼼꼼히 따져봐야 하는 이유다.

벤처캐피털(VC) 심사역들과 만나면 국내 바이오 기업들의 '자금 씀씀이'에 대해서 다양한 얘기들을 듣게 된다. 주로 창업자나 대표이사가 회삿돈을 쓰는 방식에 대한 것이다. 이들이 과거 대학교수나 일반 기업(벤처기업이 아닌)의 임·직원 시절에는 접할 수 없는 대규모 자금이 회사로 유입되다 보니, 이를 어떻게 사용해야 할 지 감을 잡지 못하는 경우가 있다. 이는 경영진의 '모럴해저드(moral hazard, 도덕적 해이)'로 이어지면서 내부통제 문제를 촉발하기도 한다.

대표이사를 포함한 경영진 보수를 책정하는 과정을 살펴보자. 원칙적으로는 보상위원회 등과 같은 내부통제 시스템이 필요하지만 이를 제대로 운영하는 회사는 드물다. 보상위원회는 이사 보수의 객관성과 투명성 확보를 위해 구성된 이사회 내 위원회를 말한다. 해외 사례처럼 사외이사 등을 여기에 포진시켜 경영진 보수 책정의 독립성을 추구해야 하지만 형식적인 경우가 많다. 사실상 국내 바이오 기업 대부분은 대표이사나 창업자 스스로 연봉을 결정하는 구조다.

경영 투명성을 높이려는 목적에서 이사회 산하에 설치하는 감사위원회도 '형식적'일 때가 많다. 현행 상법상으로는 자산총액 2조 원 이상의 상장사에 한해서 의무적으로 감사위원회를 설치하도록 규정돼 있다. 일부 바이오 기업들이 상장을 앞두고 감사위원회 설치를 자발적으로 알릴 때가 있는데 내부통제 이슈를 감추기 위한 '보여주기식' 행보가 아닌지 따져볼 필요가 있다.

만약 회사 자금이 창업자 개인 돈이라면 바라보는 시각이 조금 달라질 수도 있을 것이다. 하지만 바이오 기업이 조달하는 자금 대부분은 VC 등을 포함한 외부 투자자로부터 유입된 돈이다. 특히 VC는 정부가 출현한 모태펀드 등에서 적지 않은 자금을 유치한다. 쉽게 말해 나랏돈이란 얘기다. 경영진 입장에선 회사가 직접 벌어들인 돈이 아닌 만큼 이를 허투루 소진해서는 곤란하다.

문제는 일반투자자들 입장에서 회사 경영진이나 최대주주의 씀씀이를 제대로 파악하기가 어렵다는 점이다. 어떤 바이오 기업 오너가 한 달에 몇 번 골프를 치는지, 접대비를 얼마나 쓰는지 등은 언론에 노출되지 않을 뿐만 아니라, 공시를 통해서도 그 세부 내역을 확인하기가 곤란하다. 재무적 투자자들이 자금 사용내역을 관리하려고 해도 결국 회사가 자발적으로 내부통제 문제에 관심을 기울이지 않으면 지속가능한 경영 측면에서 한계에 직면할 수밖에 없다.

)(◍)(부동산 투자, 나쁘게만 볼 건 아니다)(◍)(

지속가능한 경영은 특히 바이오 기업 경영의 핵심 화두 가운데 하나다. 별도 매출이 없는 상태에서 외부에서 조달한 자금만으로 회사 운영을 지속할 수 있느냐가 중요하다. 보유한 R&D 파이프라인 역시 언제든 임상 실패로 이어질 수 있다는 가정을 밑바탕에 두고 비즈니스를 영위해야 한다. 일단 임상시험 등 연구개발이 자금 사용의 1순위 목적이긴 하지만 재무적투자자를 비롯한 기존 주주들의 반감을 사지 않는 선에서 다양한 형태의 투자 활동이 이뤄지는 이유이기도 하다.

신약개발과 어울리지 않아 보이는 부동산 투자가 그 중의 하나일 수 있다. 공시를 보다보면 바이오 기업들이 신사옥 투자를 위해 토지 및 건물을 양수했다는 내용을 종종 접하게 된다. 유형자산 투자규모가 많게는 수백억 원에 달하기도 한다. 코로나19 팬데믹 이후 적지 않은 현금을 확보한 진단 키트 업체 또는 제약사들이 부동산 매입에 주력하는 모습을 보였는데, 바이오 기업들도 예외가 아닌 듯하다.

바이오 기업 입장에서 신사옥을 통해 연구 공간을 한 곳에 모으면 업무 효율성이 높아진다. 특히 사옥 내 실험시설을 갖출 경우 그동안 외부 임상 수탁기관(CRO)에 상당 부분 의존했던 동물실험 비용을 낮출 수 있다. 사옥 유지비와 감가상각비를 고려해도 신사옥 마련이 충분히 의미 있는 투자가 될 수 있다. 에이비엘바이오는 2023년 650억 원을 투입해 서울 강남구 삼성동에 신사옥을 매입했다. 기존 판교 본사 임대료가 과도하게 오른 만큼 비용을 절감하고 중·장기 성장 발판을 다지겠다는 취지다.

사옥이나 R&D 센터가 아닌 단순 투자 용도로 빌딩을 매입하는 사례도 있다. 여윳돈 운용으로 예·적금보다 높은 수익을 확보할 수 있다는 기대감에서다. 회사 사정이 안 좋을 때는 부동산을 매각해 재무 개선에 활용할 수도 있다. 적지 않은 바이오 기업들이 부동산 매매업 또는 임대업을 정관상 사업목적으로 명기한 것도 이와 무관치 않다. 일부 바이오 기업은 국내 운용사와 손을 잡고 아예 해외 부동산 투자에 직접 뛰어들기도 한다.

바이오 기업이 R&D에 주력해도 모자랄 판에 부동산 투자라니 다소 생뚱맞게 비춰질 수도 있다. 더구나 이를 위해 유상증자 등 외부 자금 조달까지 단행한다면 적지 않은 주주들의 반발을 감수해야 할지 모른다. 비상장 단계에서 부동산 투자를 하려면 재무적투자자 전원의 동의를 받아야 하는 경우가 많다는 점이 이를 방증한다. 실제로 일부 바이오/헬스케어 기업의 경우 IPO 두 달 만에 200억 원이 넘는 자금을 들여 강남 소재 부동산을 매입해 시장의 이목을 끌기도 했다.

기업의 지속가능한 경영이라는 전제조건을 고려하면 부동산 투자를 나쁘게만 볼 수 없다. 부동산이 오히려 기업가치를 지탱하는 요인이 되는 경우가 적지 않기 때문이다. 매입한 부동산 가치가 상승하면 회사는 자산재평가를 통한 자본확충 효과를 기대할 수 있다. 부동산 취득이 해당 바이오 기업의 지속가능한 경영을 위한 발판이 된다는 얘기다.

항체치료제를 연구하는 코스닥 상장사 앱클론은 지난 2022년 경기도 시흥시 은행동에 소재한 1,300평 규모의 토지 및 구로구 빌딩 사무실에 대한 자산재평가를 진행했다. 2021년 기준 자기자본 대비 세전손실 비율이 50%를 넘어 자기자본 확충이 필요했던 상황이었다. 결과적으로 재평가차액이 109억 원을 넘어 상당한 재무개선 효과를 누렸다.

제넥신, 메디포스트, 크리스탈지노믹스, 헬릭스미스, 레고켐바이오 등 1세대 바이오 기업으로 불리는 곳들이 사옥 투자에 주력해 왔던 것은 우연이 아니다. 특히 M&A 과정에서는 부동산이 핵심 자산가치 역할을 하기도 한다. 줄기세포 기반 신약을 개발하는 메디포스트가 2022년 초 사모펀드에 팔릴 당시 거래가격은 1,600억 원 정도였는데, 이 가운데 판교 사옥이 밸류에이션의 상당 비중을 차지한 것으로 파악된다. 메디포스트 분기보고서상 유형자산으로 분류된 토지와 부동산 장부가치는 1,100억 원이 넘는다(2023년 9월 말 기준).

⫸ 바이오/헬스케어 기업 부동산 거래 현황

(2022년 기준, 단위 : 억 원)

회사명	거래 내용	거래 목적	계약체결일	거래대금
파미셀	양수	공장 증설	2월 15일	100
환인제약	양수	안정적인 연구시설 확보	2월 18일	107
프리비전바이오	양수	생산시설 증설	2월 22일	52
덴티움	양수	사업 확장을 위한 부지 확보	2월 23일	445
넥스턴바이오사이언스	양도	자원 효율성 제고 및 재무건전성 확보	3월 10일	210
랩지노믹스	양수	업무 공간 확보	3월 18일	223
세종메디칼	양도	재무구조 개선 및 신규 투자 재원 확보	3월 24일	90
제놀루션	양수	R&D 공간 및 공장 증설	3월 2일	199
제테마	양수	업무 공간 확보	4월 27일	820
젠큐릭스	양수	업무 공간 확보	4월 27일	94
넥스턴바이오사이언스	양수	유형자산 취득 통한 투자 수익 극대화	5월 31일	760
삼성바이오로직스	양수	제2바이오캠퍼스 부지 매입	7월 18일	4,260
국전약품	양수	목적 사업을 위한 부동산 취득	7월 21일	114
솔고바이오	양도	신규 사업 재원 마련	7월 7일	100
클래시스	양도	부동산 매각을 통한 자산 운용 효율성 강화	8월 30일	600
제이시스메디칼	양수	업무 및 생산공간 확보	9월 7일	551
휴마시스	양수	업무 및 생산공간 확보	11월 10일	490

국내 바이오/헬스케어(제약·바이오·의료기기) 기업들이 사들인 부동산이 8,215억 원에 달하는 것으로 나타났다. 〈프레스나인〉이 한국거래소 전자공시시스템 공시 내용을 토대로 집계한 결과, 2022년(계약일 기준) 바이오/헬스케어 기업들이 토지 및 건물 등의 유형자산을 사들인 사례는 모두 13건이다. 이 가운데 가장 거래규모가 큰 경우는 삼성바이오로직스로, 제2바이오캠퍼스 조성을 위해 인천경제자유구역청(IFEZ)으로부터 송도 부지에 4,260억 원 상당의 토지를 매입했다. 이미지는 국내 바이오 산업의 메카라 불리는 송도에 위치한 삼성바이오로직스 3공장 전경.

)⦚)⦚⫞ 고위험 펀드 투자는 지나치다 ⫞)⦚)⦚

바이오 기업의 '금융상품 투자' 역시 부동산 매입과 같은 맥락으로 살펴볼 수 있겠지만, 활용도 측면에서 차이가 있다. 임상 목적으로 자금 조달을 했다고 해도 실제 임상에 들어갈 때까지는 적절한 운용이 필요하기 때문이다. 최고재무책임자(CFO) 입장에선 정기예금보다 더 높은 이자율을 주는 곳으로 수신처를 바꾸는 의사결정이 당연할 수 있다. 이 과정에서 사모펀드 등과 같은 고위험 금융상품의 유혹에 빠질 수 있다.

지난 2019년경 일부 바이오 기업들이 파생결합증권(DLS), 무역금융펀드 등에 수백억 원을 투자해 시장이 한동안 시끄러웠다. 대부분이 투자등급 중에서도 1~2등급의 초고위험, 고위험 상품이었다. 경영진으로선 오랜 기간 연 1%대의 저금리 시장 여건이 이어지면서 투자처를 다변화할 필요가 있다고 판단했을 수도 있다. 운용기간이 1년 이하인 단기상품 위주라는 점도 의사결정에 긍정적으로 작용했을 것이다. 이 과정에서 여윳돈을 고수익 펀드로 굴려준다는 증권사들의 유혹도 한몫했을 가능성이 높다. 실제로 비상장 바이오 기업이 보유한 DLS나 해외금리 연계 집합투자증권(DLF) 상품은 '출자를 통한 수익'의 개념보다는 거래 은행과의 관계 때문에 어쩔 수 없이 가입하는 경우가 적지 않다.

사실 이들 고위험 펀드가 수익 일변도였으면 아무 문제가 없는 것처럼 넘어갔을 지도 모른다. 하지만 코로나19라는 예상치 못한 상황이 장기화됐고 경기 침체와 맞물리면서 펀드 투자금은 막대한 손실로 이어졌다. 시장에서는 바이오 기업이 보유자금을 임상 등 '본업'에 활용하기보다 전문 투자사처럼 굴린다는 지적이 제기됐다. 주가 하락과 함께 회사가 손실 보전을 위해 또 다시 증자를 하는 악순환이 계속됐고 이 과정에서 투자자들의

⌇ 고위험 금융상품에 투자한 바이오 기업

헬릭스미스		파멥신
2020년 10월	◑ 공시일자 ◑	2021년 6월
독일 헤리티지 DLS 등에 2,643억 원 투자	◑ 투자내역 ◑	무역금융펀드 등에 175억 원 투자
주주배정 후 실권주 일반공모	◑ 증자방식 ◑	주주배정 후 실권주 일반공모
1,612억 원	◑ 증자금액 ◑	511억 원
고위험 금융상품 투자내역은 유상증자를 추진하면서 함께 공시		

* 자료 : 각 사 증권신고서

헬릭스미스와 파멥신 모두 외부 투자자로부터 조달한 자금 상당액을 안전자산이 아닌 고위험상품에 투자했다. 회사가 기대했던 것과 달리 투자액 상당부분은 손실로 확정됐으며, 재무 개선을 위한 후속 증자도 불가피했다. 분쟁조정 신청을 통해 회수작업을 진행하고 있지만 잔여 금액을 되찾기 쉽지 않아 보인다.

신뢰는 추락할 수밖에 없었다.

　이러한 상황은 국내 바이오 기업 한두 곳에 해당하지 않는다. 상장사라 하더라도 고위험 금융상품의 세부 투자 내역은 공시에 명확히 기재되지 않기 때문에 투자자들이 제대로 파악하기가 쉽지 않다. 대부분의 바이오 기업 입장에선 스스로 제품을 팔아 번 돈이 아니기 때문에 오히려 해당 자금을 고위험 금융상품에 투자하는데 부담감이 덜했을 수도 있다. 하지만 쉽게 들어온 돈은 쉽게 나가는 법이다.

▷◁◁◁ '타법인 지분 투자'의 허와 실 가리기 ▷▷◁◁

바이오 기업들은 여윳돈으로 다른 회사 지분을 사들이는 경우도 많다. 대부분 경영권 인수가 아닌 소수 지분을 매입하는 형태다. 이 과정에서 회사들은 '오픈이노베이션' 또는 '개방형 혁신(328쪽)'이라는 명분을 내걸기도 한다. 이번 투자가 마치 보유 중인 신약 후보물질과 R&D 측면에서 시너지를 낼 수 있는 의사결정이라는 점을 어필하는 것이다.

내용을 들여다보면 바이오 기업의 타법인 지분 매입은 전략적 접근이라기보다 재무적투자자로서 캐피털 게인(capital gain, 자본이득)을 얻기 위한 경우가 많다. 대부분은 비상장사 투자로 향후 IPO를 통한 엑시트를 도모하겠다는 목적이다. 이 때문에 주로 창업 초기 단계의 낮은 밸류에이션이 책정된 기업에 투자하는 경우가 비일비재하다.

일부 바이오 기업은 외부 투자 자체를 하나의 홍보 수단으로 활용하기도 한다. 피투자회사가 IPO에 성공해서 수익을 내는 것이 마치 투자회사의 펀더멘털이 대단히 개선되는 것처럼 '과대포장'을 아끼지 않는다. 만약 피투자회사가 나스닥 상장이라도 성사된다면 그야말로 괜찮은 '보도자료 아이템'이 된다. 본업인 신약개발로 수익을 내기 어렵다보니 이런 방식을 통해 투자자들에게 어필하겠다는 의도다. 하지만 이에 따른 손실이 발생한다면 주가 하락 또는 투자사의 재무구조까지 훼손될 수 있는 만큼 해당 의사결정에 신중해야 한다.

타법인 지분 투자로 수익을 봤다고 해서 무조건 박수만 칠 게 아니라 해당 바이오 기업의 펀더멘털이 실제로 개선됐는지도 따져봐야 한다. 캐피털 게인이 신약개발사를 포함한 바이오 기업의 존재 이유는 아니기 때문이다. 일부 바이오 기업은 외부 투자에 집중한 나머지 마치 '투자 지주사'가 아니냐는 지적을 받기도 한다.

한편, 바이오 기업을 둘러싼 자금 조달 여건이 팍팍해지다보니 외부 투자 자체를 하나의 비즈니스 모델로 인정해야 한다는 의견도 나온다. 그만큼 '신약개발'만으로는 바이오 기업의 지속가능한 경영이 쉽지 않다는 얘기다.

포스텍(포항공대) 교수 출신의 성영철 전 회장이 1999년 창업한 제넥신은 1세대 바이오 기업이지만 의미있는 수준의 R&D 성과를 거두는 데 어려움

⊃⊂ 제넥신 타법인 출자 현황

(2023.9.30 기준)

법인명	상장 여부	최초 취득일자	출자 목적	지분율 (%)	장부가액 (백만 원)
프로젠	비상장	2011.12.13	단순투자	0.13	–
아지노모도제넥신	비상장	2012.11.14	일반투자	0	–
ILKOGEN	비상장	2013.12.24	경영참여	50	–
네오이뮨텍	상장	2014.04.15	경영참여	21.18	28,497
코스온	상장	2015.07.10	단순투자	5.77	–
KG-Bio	비상장	2016.03.03	경영참여	20.32	38,636
에스엘포젠	비상장	2016.12.09	경영참여	97.01	13,946
Simnogen	비상장	2017.04.27	일반투자	49	789
I-Mab	상장	2017.11.17	단순투자	4.47	6,552
Pharmajet	비상장	2018.04.12	단순투자	1.14	546
미래에셋청년창업투자조합3호	비상장	2018.07.28	단순투자	9.9	1,608
Rezolute	상장	2019.01.28	일반투자	4.96	3,241
Colmmune	비상장	2019.02.17	경영참여	22.94	4,739
KinGen Biotech	비상장	2019.12.06	경영참여	50	–
제넨바이오	상장	2020.01.13	단순투자	1.64	418
와이바이오로직스	비상장	2020.09.16	단순투자	1.33	1,417
이노퓨틱스	비상장	2020.10.06	단순투자	5.85	1,000
에스엘백시젠	비상장	2020.10.12	단순투자	13.51	9,532
큐로젠	비상장	2020.11.13	경영참여	6.16	2,561
툴젠	상장	2020.12.22	경영참여	14.12	37,409
지아이이노베이션	상장	2021.06.08	단순투자	0.69	4,015
진메디신	비상장	2021.07.29	단순투자	0.59	1,000
Egret Therapeutics	비상장	2021.07.31	단순투자	5.56	1,384
칼로스메디칼	비상장	2022.01.04	단순투자	1.59	1,000
합 계					158,290

자료 : 각 사 분기보고서

을 겪어왔다. 회사로서는 다른 돌파구가 필요했고 그 중 하나가 국내외 바이오 기업 투자를 통한 캐피털 게인이었다. 실제로 거래 상당수는 비상장 바이오벤처에 투자해 상장 이후 엑시트(자금 회수)를 도모하는 방식이었다. 그동안 유상증자를 통해 받은 자금 중 상당액이 이를 위한 목적으로 재투자됐다. 시장에서는 신약개발이라는 '본업'보다 '부업'을 우선하는 것 아니냐는 지적이 꾸준히 제기됐다. 지속가능한 경영을 위한 제넥신의 선택이 과연 옳은지 두고 볼 일이다.

16 바이오텍의
경영 아마추어리즘

코스닥 IPO를 준비 중인 한 바이오 기업의 CEO 기자간담회였다. 대표이사가 회사의 기술력을 소개하고 상장 이후 경영 계획 등을 설명하는 자리였다. 그런데 기자간담회를 연 시점이 좀 이상하다. 기관투자가를 대상으로 한 수요예측은 이미 진행된 후였고 공모가격도 결정된 상황이었기 때문이다.

보통 이런 류의 기자간담회는 IPO 업체가 증권신고서를 내고 수요예측 실시 1~2주 전에 이뤄진다. 간담회를 통해 기자 또는 증권사 애널리스트에게 기업가치를 최대한 어필하는 것이 중요하기 때문이다. 공모가격을 밴드 최상단으로 끌어올려야 개인 청약률에도 긍정적이다.

하지만 이미 공모가격이 결정된 상태인 만큼 간담회의 의미는 퇴색됐다. 뒤늦은 회사 알리기는 '김빠진 이벤트'가 된 셈이다. 현장에 참석한 기자들도 회사 경영진의 설명에 시큰둥했다. 심지어 기자가 이를 지적하기까지 회사 측은 문제를 전혀 파악하지 못했다.

1차적으로는 해당 IPO 주관사나 IR 대행사에 책임이 있을 것이다. 하지만 이들의 말을 그대로 따른 바이오 기업도 책임에서 자유롭지 못하다. 아무리 R&D에 집중하는 신약개발사라고 해도 이처럼 기본적인 부분을 등한시해선 곤란하다. IPO가 '첫 경험'인 건 어떤 회사나 마찬가지다.

))))(((R&D 이외의 것들을 봐야 한다))))(((

"바이오텍을 회사답게 만드는 건 (연구소가 아닌) 경영지원 인력이다."
바이오 투자를 전문으로 하는 어느 벤처캐피털 심사역이 한 말이다. 아무
리 뛰어난 R&D 기술을 가지고 있다고 해도 경영에 대한 기본 마인드와 원
칙이 갖춰져 있지 않으면 회사가 아닌 연구소(Lab)와 다를 바 없다는 뜻이
다. 코스닥 또는 거래소에 입성한 조 단위 시가총액의 바이오 상장사라고
해도 마찬가지다. 몸집만 커졌을 뿐 매니지먼트나 경영 기조가 여전히 스
타트업 수준을 벗어나지 못하는 경우가 적지 않다. 상장 이후 상당한 기간
이 지났어도 바이오 기업들을 '바이오벤처'로 부르는 이유다.

사실 '경영지원'이라는 단어 자체가 본래 의미를 퇴색시키는 측면도 없지
않다. 이 때문에 한 바이오 기업 임원은 경영 전반을 관장하고 이끌어가는
역할을 강조하는 취지로 '경영관리'가 더 적합한 표현이라고 말한다. 어떤
코스닥 바이오 상장사는 기존 경영지원실을 회사 조직개편 과정에서 '경영
관리그룹'으로 격상시키기도 했다. 재무/회계/인사/총무 같은 업무가 '지
원'이기보다는 회사의 경영을 '관리'하는 중요한 역할이라는 판단에서다.

국내 바이오벤처 상당수는 재무나 회계와 같은 경영관리 문제에서 프로
답지 못한 모습을 보이고 있다. 시가총액이 수조 원인 A사의 사례를 살펴
보자. 회사가 2022년 초 감사보고서 제출 지연을 공시하면서 주식시장이
발칵 뒤집어졌다. 원칙적으로 3월 말 정기주주총회 일주일 전까지 감사보
고서를 제출해야 하지만 회사는 그러지 못했다. 정당한 사유 없는 감사보
고서 늑장 제출은 벌금 또는 법적 조치가 이뤄질 수 있는 사안이다. 자칫
'비적정' 감사의견으로 이어지는 경우도 있기 때문에 투자자로선 민감할
수밖에 없다.

⊃⊂ 기타 경영 사항(자율공시)

1. 제목	감사보고서 제출 지연
2. 주요 내용	-'주식회사 등의 외부감사에 관한 법률 시행령' 제27조 제1항에 의거, 외부감사인은 재무제표에 대한 감사보고서를 2022년 3월 28일자로 예정된 정기주주총회의 1주일 전인 2022년 3월 18일까지 회사에 제출하여야 합니다. -그러나, 당사의 외부감사인은 2021년 회계연도 감사와 관련하여 2022년 3월 18일(금) 현재까지 당사 및 종속회사의 전환우선주 회계처리에 대한 외부감사인의 심리절차가 마무리 되지 않음에 따라 감사보고서의 제출이 지연될 예정입니다. -'감사보고서 제출' 공시는 추후 외부감사인으로부터 감사보고서를 수령하는 즉시 진행될 예정입니다.
3. 결정(확인)일자	2022-03-18
4. 기타 투자 판단에 참고할 사항	
- 상기 결정일자는 외부감사인으로부터 감사보고서 제출 지연을 확인한 날짜입니다.	

A사는 감사보고서 제출 지연 이후 큰 폭의 주가 하락을 감수해야만 했다. 충분히 사전에 대비할 수 있었던 부분인데도 그러지 못한 점에 대한 투자자들의 실망감이 주가에 반영됐다는 평가다.

　당시 A회사 측은 전환우선주(CPS) 회계처리에 대한 외부감사인의 심리절차가 마무리되지 않았다고 설명했다. A사 및 자회사들이 발행한 CPS를 그동안 자본으로 분류했는데 감사인이 이를 문제 삼은 것이다. 주가가 떨어지면 전환가격도 내려가는 리픽싱 조건이 있는 경우 CPS라도 금융부채로 해야 한다는 국제회계기준(IFRS)의 가이드라인 때문이었다.

　A사가 뒤늦게 해당 CPS를 부채로 바꿔 사업보고서를 제출했지만 이미 엎질러진 물이었다. 미리 감사인과 조율했다면 해결할 수 있는 문제였지만 그러지 못했고, 감사보고서 제출 지연이라는 사태로까지 이어진 것이다. 이후 '빅4' 회계법인 출신의 CPA 자격을 가진 CFO를 새로 선임하는 등 개선 노력에도 불구하고 주주들의 불만을 잠재우는 데는 상당한 시간이 필

요했다. 국내 조 단위 몸값의 신약개발사가 회계처리를 둘러싼 안이한 접근 방식으로 체면을 구긴 사례라고 할 수 있다.

mRNA 코로나19 백신을 개발했던 B사는 어땠을까. 역시 주주총회와 감사보고서 제출이 이뤄지는 2022년 3월 말에 발생한 일이었다. 상장사 입장에선 가장 바쁜 시기이기도 하다. 당시 회사가 '뜻밖의' 관리종목 지정을 받으면서 주가는 큰 폭으로 하락했다. 재무나 실적과는 아무런 관련이 없었는데 정작 B사의 발목을 잡은 건 다름 아닌 '지배구조 요건 미충족'이었다.

발단은 2021년 재무개선을 위한 877억 원 규모의 유상증자였다. 이후 자산총액이 1,000억 원을 넘기면서 상법상 사외이사 숫자는 이사 총 수의 4분의 1 이상이 되어야만 했다. 회사로선 사외이사 1명을 선임해야 했지만 이를 2022년 주주총회 안건에 올리지 않았다. B사의 자산총계는 2021년 6월 말 이미 기준을 넘긴 만큼 시간이 충분했는데도 불구하고 제대로 된 대응을 하지 못한 것이다.

위 두 사례는 재무나 회계를 둘러싼 바이오 기업들의 '아마추어적인' 접근을 잘 보여준다. 자본시장법('자본시장과 금융투자업에 관한 법률')상 공시 규정을 제대로 인지하지 못한데 따른 문제들도 같은 맥락으로 파악된다. 비상장사라고 해도 주주 수가 500인 이상인 외부감사 대상 법인이라면 정기공시(사업보고서, 분·반기보고서) 의무가 생기는데 이 부분을 등한시하는 경우가 적지 않다. 특히 상장을 앞두고 있는 회사가 공시 위반 등으로 IPO 일정이 지체되면 그만큼 비용 부담이 늘어날 수밖에 없다. 공시 번복이나 공시 불이행 등과 같은 문제로 불성실공시법인으로 지정받은 '바이오 기업'이 여러 업종 가운데 유독 많다는 점은 우연이 아닐 것이다.

사실 이러한 부분들은 도덕적으로 크게 지탄받아야 할 잘못도 아닌데다 조금만 신경을 썼으면 충분히 막을 수 있는 문제다. 안 그래도 투자 위축으로 어려움을 겪고 있는 바이오 업계인데, 회사로서의 기본을 망각한 이슈들이 시장 분위기를 더욱 악화시키고 있는 것이다. 특히 문제가 발생한 이후 이를 대응하는 과정에서 회사 경영진과 재무/회계 실무 담당자 사이에 엇박자가 눈살을 찌푸리게 한다. 경영관리는 최고재무책임자(CFO), 최고운영책임자(COO) 등 전문가에 맡겨야 하는데 대표이사의 과도한 개입으로 상황이 악화되기도 한다. 기본적인 프로세스와 시스템을 갖추되 이 역시도 사람에 의해 운영되는 만큼 각자의 R&R(roles and responsibilities, 역할과 책임)을 지키는 것이 중요하다.

〉◀▦▶〈 연구개발비 자산화? 비용 처리가 기본이다 〉◀▦▶〈

과거 국내 바이오 기업들이 회계처리와 관련해 안이하게 접근해 왔던 부분 중 하나는 연구개발 비용의 자산화 이슈였다. R&D 지출액을 전부 비용 처리할 경우 그만큼 손익계산서상 손실이 늘어난다. 하지만 이를 무형자산(개발비)으로 분류하면 회사 입장에서 당장의 회계상 손실을 최소화할 수 있다. 수익 발생 시 장기간에 걸쳐 비용처리(감가상각)를 한다는 측면에서는 큰 차이가 없겠지만 투자자들에게는 비교적 덜 부정적으로 비춰질 여지도 있다.

사업이 잘 돼서 영업이익이 많이 발생하는 회사라면 굳이 R&D 지출 비용을 자산화할 필요가 없다. 차라리 그때그때 당기 비용으로 처리하는 편이 낫다. 하지만 돈을 벌지 못하는 바이오 기업의 경영진이라면 어떻게든 적자 폭을 줄이려고 할 것이다. 상장 바이오 기업의 과도한 적자는 유예기간 이후 관리종목 지정 위험이 있는데다 외부 자금 유치 과정에서도 아킬레스건으로 작용하기 때문이다.

과거 바이오 기업 상당수가 R&D 비용을 무리하게 자산화하는 과정에서 잡음이 적지 않았다. 미래 경제적 효익의 창출 가능성이 높은 경우에만 '개발비'라는 계정의 무형자산으로 인식해야 하지만 그 기준이 애매하기 때문이다. 바이오 기업의 경우 어떤 연구개발 단계의 기술이 미래 효익을 가져올 수 있는지 명확히 따지기가 어렵다는 면도 한몫했다.

감독당국은 지난 2018년경 의약품 유형별로 자산화 가능 단계를 제시한 '제약/바이오 R&D 연구개발비 회계처리 관련 감독지침'을 발표했다. 신약은 임상 3상 승인 이후 비용부터 무형자산으로 포함할 수 있도록 했다. 임상 3상 승인 이전에는 자산가치의 객관적 입증이 어려울 것이라고 판단한 셈이다. 바이오시밀러(145쪽 각주)는 임상 1상, 제네릭(56쪽 각주)은 생동성시

⊃⊂ 제약/바이오 R&D 연구개발비 회계처리 관련 감독지침

유형	자산화 가능 단계	설정 근거
신약	임상 3상 개시 승인	• 장기간 다수의 환자를 대상으로 시험약의 안전성, 약효에 대한 검증을 거치지 않은 상태(임상 3상 개시 승인 이전)에는 일반적으로 자산가치의 객관적 입증이 어려움. • 미국 제약/바이오 업계 통계에 따르면 최근 10년 간 임상 3상 개시 승인 이후 정부 최종 승인율이 약 50%.
바이오	임상 1상 개시 승인	• 정부가 오리지널 약품과의 유사성 검증 자료를 확인하지 않은 상태(임상 1상 개시 승인 이전)에서는 일반적으로 자산가치의 객관적 입증이 어려움. • 미국 연구 결과, 임상 1상 개시 승인 이후 최종 승인율이 약 60%.
제네릭	생동성시험계획 승인 (오리지널 약품과 생체이용률이 통계적으로 동등한지 검증)	• 정부가 오리지널 약품과의 화학적 동등성 검증 자료를 확인하지 않은 상태에서는 일반적으로 자산가치의 객관적 입증이 어려움.
진단시약	제품 검증 (허가신청, 외부 임상신청 등)	• 외부의 객관적인 제품 검증이 없는 상태에서는 일반적으로 자산가치의 객관적 검증이 어려움.

험계획 승인, 진단시약은 허가신청 및 외부 임상신청 등 제품 검증을 한 상태부터 자산가치로 인정하고 있다.

꼭 가이드라인 때문이 아니더라도 최근에는 R&D 지출에 대한 비용처리를 당연하게 받아들이는 추세다. 만약 신약개발이 중도에 실패할 경우 그동안 자산화한 금액을 모두 손상차손, 즉 손실로 처리해야 하는 부담이 생긴다. 차라리 처음부터 비용으로 처리하는 것이 훗날 부담을 줄일 수 있다는 판단에서다. 여기에는 지난 2019년경 국내 주요 바이오 기업들이 임상 3상에서 기대했던 결과를 내지 못했다는 점도 영향을 미쳤다. 이러한 바이오 업종 전반에 대한 불신은 결국 대규모 투자자 피해로 이어질 수밖에 없었다.

어쩌면 R&D에 집중하는 바이오 기업의 특성상 적자는 당연한 측면도 있다. 실적 발표 때마다 일부 바이오 기업의 과도한 영업적자를 지적하는 언론 기사들이 종종 나오는데 굳이 그렇게까지 보도할 사안인지 묻고 싶다. 상장 유지가 어려울 정도로 재무 여건이 어려워진 상태라면 모를까, 그렇지 않은 바이오 기업이 정상적으로 R&D를 진행한 데 따른 비용 지출이라면 크게 문제될 게 없다.

미국 등 해외 바이오 기업들도 웬만한 R&D 지출은 모두 비용으로 처리하고 있다. mRNA 기반 코로나19 백신 개발로 '잭팟'을 터뜨린 미국 바이오 기업 모더나의 경우 앞서 10년 넘게 R&D로 인한 적자 규모가 한화로 1조 원을 훌쩍 넘는 상태였다(186쪽). 오히려 설립된 지 몇 년 되지도 않은 바이오 기업이 적자가 아닌 흑자 상태라면 그 배경을 의심해 봐야 한다. 그것도 본업(R&D)이 아닌 '부업'으로만 이익을 낸 것이라면 이를 마냥 긍정적으로 볼 수 있을까.

✕✕ 무상증자 효과의 지속가능성 ✕✕

돈을 못 버는 대부분의 상장 바이오 기업들은 지속적인 외부자금 조달이 불가피한 만큼 주가에 민감하기 마련이다. 유상증자를 실시할 때 주가가 높아야 신주 발행가격도 비례해 높아지고, 조달액도 커지기 때문이다. 대주주라고 해도 배당금이 없으니 주식담보대출을 통해 필요한 자금을 융통하는 경우가 많다. 회사 입장에서 주가 관리에 계속 신경을 써야 하는 이유다. 특히 '무상증자'는 바이오 기업들이 가장 많이 활용하는 주가 부양책으로 지목된다.

무상증자는 한마디로 기존 주주들에게 공짜로 주식을 나눠주는 것을 의미한다. 몇몇 제약사들은 무상증자를 배당처럼 활용하기도 한다. 다만 자본잉여금이 자본금 계정으로 회계처리가 이뤄질 뿐 실제 자금이 회사로 유입되는 것은 아니다. 발행주식 수가 늘어나고 권리락* 발생으로 주당 단가가 무상증자 비율만큼 낮게 조정되기 때문에 기업가치가 저평가된 듯한 착시 효과가 발생한다. 권리락 이후에 투자자들의 매수세 경향이 높은 이유다.

최근 몇 년 간 이어진 증시 하락기에 무상증자 공시가 끊이지 않았던 것도 이와 무관치 않아 보인다. 바이오 기업 상당수가 주가 부양 효과를 노리고 무상증자를 단행했다. 특히 유상증자와 함께 무상증자를 병행하는 사례가 적지 않았다. 주주배정 유상증자 과정에서 대량 신주 발행으로 지분율 희석이 불가피하기 때문에 무상증자를 병행해서 청약 흥행을 이끌려는 목

---

* 주주명부가 폐쇄되거나 배정기준일이 지나 신주를 받을 권리가 없어진 경우 주가를 인위적으로 낮추는 것.

적인 셈이다. 하지만 무상증자로 주가 상승 수혜를 입은 바이오 기업은 결과적으로 그렇게 많지 않았다.

2022년 5월 무상증자 공시 이후 HLB바이오스텝(옛 노터스)은 6거래일 연속 상한가를 기록했다. 하지만 이후 얼마 지나지 않아 주가가 급락세로 돌아서면서 3거래일 연속 하한가를 기록했다. 이후에도 주가가 꾸준히 내려가며 권리락 발생 한 달도 안 돼 상승분을 모두 반납해야 했다. 무상증자 공시로 당일 1~5% 상승하더라도 하루 이틀 만에 하락세로 돌아선 바이오 기업들도 부지기수였다.

전문가들은 무상증자가 개인투자자의 관심 유도를 통한 단기적 주가 부양에 초점이 맞춰져 있을 뿐 일부 기업들이 주장하는 주주환원과는 거리가 멀다는 의견을 내놓는다. 권리락 효과의 경우 실적과 관련된 호재가 아니기 때문에 주가 상승은 이론적으로 제한적일 수밖에 없다. 투자자 입장에선 실질적 기업가치 변동이 없는 바이오 기업의 무상증자에 과도하게 휘둘려서는 곤란하다는 얘기다.

물적분할, 불필요한 회사 쪼개기?

물적분할은 스핀오프(spin-off)* 방식을 통해 모회사가 자회사 지분 100%를 갖는 구조다. 바이오 기업의 경우 특정 파이프라인을 떼어내 관련 연구개발 자회사를 설립하는 과정에서 물적분할 방식을 활용한다. 단순히 주가

• 기업이 경쟁력 강화를 위해 일부 사업부문을 떼어내 자회사로 독립시키는 것. 기업이 스핀오프를 하는 기본적인 이유는 사업부문을 여러 개의 자회사로 독립시켜 경영 효율을 기하고 주주들의 만족을 높이려는 데 있음.

⊃⊂ 주요 제약/바이오 기업 스핀오프 현황

모기업	분사기업
제넥신	네오이뮨텍
마크로젠	소마젠
테라젠이텍스	메드팩토
	테라젠바이오
SK케미칼	SK바이오사이언스

모기업	분사기업
파멥신	윈칼 바이오팜
큐리언트	큐리파이브
대웅제약	아이엔테라퓨틱스
일동홀딩스	아이디언스
알테오젠	알토스바이오로직스
유틸렉스	판틸로고스

⊃⊂ 물적분할과 인적분할 비교

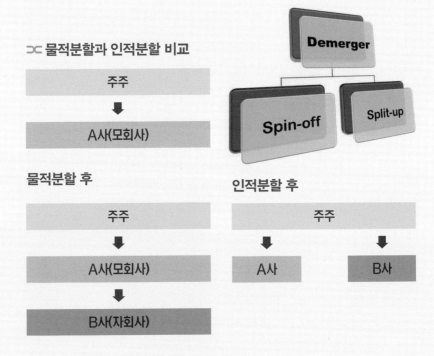

물적분할과 인적분할의 차이는 신설법인의 주식 소유권이 기존회사의 주주와 기존회사 중 누구에게 주어지느냐에 달려 있다. 물적분할의 경우 분할회사(기존회사)가 새로 만들어진 회사의 주식을 소유한다. 반면, 인적분할은 분할회사 주주들이 지분율 대로 신설법인의 주식을 나눠 갖는다. 따라서 인적분할은 주주 구성은 변하지 않고 회사만 수평적으로 나뉜다.

부양이 목적인 무상증자와 비교하면 성격이 다르다. 모회사 입장에선 특정 사업 부문이 분리되는 만큼 기업가치 저하 요인이 될 수 있다. 그렇다면 바이오 기업이 물적분할을 시도하는 이유는 무엇이고 투자자들은 이를 어떻게 바라봐야 할까.

물적분할로 신규 자회사가 만들어지면 이전 받은 파이프라인에 대한 R&D 집중도가 높아진다. 외형상으로 덩치가 작아진 자회사는 모기업보다 의사결정 속도가 빨라진 만큼 기술이전 등 사업개발을 좀 더 수월하게 이끌 수 있다. 독자적인 자금조달이 가능해졌기 때문에 모회사로부터의 펀딩 부담이 낮아진다. 향후 자회사가 상장할 경우 모회사는 자본이득(capital gain)을 기대할 수도 있다. 특히 물적분할을 통한 해외 자회사 설립은 그 자체로 홍보 효과를 배가시키는 측면도 있다. 이 밖에 적체된 내부 인력을 분산시키는 측면에서도 신설 자회사는 적절한 대안이 될 수 있다.

물론 이는 어디까지나 회사 입장에서의 '유리한' 해석일 뿐이라는 의견도 나온다. 시장 전반적으로 보면 물적분할에 대한 곱지 않은 시선이 더 강하다. 기업의 핵심 자산이 이전될 경우 모기업의 주주 가치 훼손으로 이어지는 것 아니냐는 지적이다. 실제로 물적분할 실시 이후 모회사의 주가 하락 사례가 적지 않았던 이유이기도 하다. 여기에 자회사 상장까지 이뤄진다면 '이중 상장' 논란에서 자유롭지 못하게 된다.

미국의 경우만 해도 모회사와 자회사가 동시에 상장하는 사례는 거의 없다. 모회사가 상장사로서 자회사 지분을 100% 가질 뿐이다. 반면, 이중 상장은 지배주주가 지배권을 유지하면서 그 비용을 소액주주에게 전가하는 자금 조달 형태다. 국내 바이오 기업 일부는 자회사를 경영권 승계나 모회사의 실적 개선 수단으로 악용하기도 한다.

IPO를 앞둔 바이오 기업 일부가 기술이전 실적을 위해 물적분할을 실시할 때도 있다. 자회사를 만들고 보유한 파이프라인 일부를 떠넘기는 형태인 만큼 불필요한 회사 쪼개기라는 지적이 끊이지 않는다. 기술이전이라고 하지만 막상 세부적으로 들여다보면 모회사가 가진 기술과 거의 차이가 나지 않는다. 그럼에도 회사 측은 이러한 자회사와의 파이프라인 거래를 마치 의미 있는 라이선스아웃 딜인 것처럼 포장한다. 계약금이 오고가긴 하지만 형식적인 수준일 때가 대부분이다.

지난 몇 년 간의 시장 악화로 물적분할에 대한 관심이 가라앉는 분위기다. 자회사를 만든다고 해도 펀딩이 쉽지 않은데, IPO 허들이 높아진 점이 영향을 미치고 있다. 여기에 정부 차원의 규제도 한몫하고 있다. 물적분할 반대하는 주주를 대상으로 주식매수청구권을 부여해 보유주식을 물적분할을 추진 전 주가로 회사에 팔 수 있도록 한 점이 핵심이다. 한편, 물적분할 이후 해당 자회사를 상장할 경우 모회사 소액주주들에게 공모주식의 50% 이상을 우선 배정하는 방안도 논의되고 있다.

전문가들은 물적분할 자체가 문제라기보다는 결국 '명분상의 문제'라는 점을 강조한다. 물적분할을 하더라도 회사 성장과 투자자 이익이라는 공동의 목표를 달성하는 것이 중요하다는 얘기다. 그 과정에서 물적분할 등의 의사결정 배경을 시장과 공유하고 그 효익에 대해 투자자들을 설득해 나가려는 노력이 절실하다.

CHAPTER 5

차세대 바이오텍의
새 주인은 누구인가

17 대주주 지분 매각은 '금기의 영역'일까

2021년 12월 류영준 카카오페이 대표를 포함한 경영진 8명은 스톡옵션을 행사해 카카오페이 주식 900억 원어치를 매도했다. 카카오페이가 코스피에 상장한지 한 달여 만에 벌어진 일이다. 공모가 9만 원에서 출발한 카카오페이 주가는 한때 24만 원까지 치솟았지만 임원진의 대거 주식 매도 이후 폭락으로 이어졌다.

상장 이후 1년간 매도가 금지되는 우리사주조합과 달리 카카오페이 경영진의 스톡옵션은 보호예수로 묶이지 않았기에 가능한 일이었다. 개인투자자 피해가 속출했고 경영진의 '도덕적 해이'가 도마 위에 올랐다. 결국 금융위원회는 상장 후 스톡옵션으로 얻은 주식도 6개월 간 의무보유 기간을 강제하는 방식으로 사태 진화에 나섰다.

국내 바이오 기업 경영진의 주식 매각에 대한 잣대는 이보다 더 엄격하다. 특히 R&D 핵심이자 최대주주인 창업자가 1주라도 판다면 큰일이 날지도 모른다. 투자자들이 회사에 큰 문제가 있다고 생각할 가능성이 높다는 이유다. 창업자는 신약 성공이라는 그날까지 주가 부양을 위해 매진해야 할 뿐이다. 엑시트(자금 회수)는 그야말로 '언감생심'이다.

〉〉〉 내부자 주식 매도 = 고점 시그널? 〈〈〈

개인주주 입장에선 상장사 임원들의 주식 매각이 불편할 수밖에 없다. 내부 정보를 잘 알고 있는 이들의 매도라는 점에서 자칫 현 주가가 '고점'이라는 인식을 투자자들에게 심어줄 수 있기 때문이다. 이는 향후 주가 하락으로도 이어질 가능성이 크다. 법에 어긋나는 것은 아니지만 경우에 따라서는 '도덕적 해이'로 받아들여진다. 특히 타 업종 대비 '정보비대칭성'이 심각한 신약개발사라면 내부자들의 주식 매각을 긍정적으로 바라보기는 더욱 어려울 것이다.

코로나19 팬데믹으로 전 세계가 공포에 떨던 당시를 기억해보자. 치료제 및 백신 개발 선언(?) 등으로 주가가 급등한 국내 제약사 오너 일가의 지분 매각이 잇따랐다. 결과적으론 어떤 제약사도 임상 성과를 내지 못하면서 주가 폭락으로 이어졌지만 오너 일가는 이미 막대한 시세차익을 거둔 뒤였다. '꼭지'에 올라탄 투자자들은 대규모 손실을 감수할 수밖에 없었다. 일부 회사는 지분 매각 목적이 M&A 및 신규 R&D 투자금 마련이라고 밝혔지만 기존 채무를 갚는데 이를 활용하면서 시장의 반감을 샀다.

주가 변동성이 심한 바이오 업종일수록 투자자들은 이러한 시각에서 벗어나기가 쉽지 않다. 과거 국내 한 바이오텍 경영진이 임상 중단 사실을 미리 알고 주식을 매도한 것 아니냐는 혐의로 기소가 돼 한동안 시장이 시끄러웠던 적이 있었다. 나중에 무죄로 드러나긴 했지만 당국에서도 '내부자'들의 주식거래를 얼마나 민감하게 받아들이고 있는지 방증하는 대목이다. 이 때문에 일부 바이오 기업 임원들은 '주식을 팔기 위해' 퇴사를 강행하기도 한다.

이러한 상황은 해외도 크게 다르지 않아 보인다. 코로나19 백신 개발이 한창이던 지난 2020년 모더나와 화이자, 노바백스 등 글로벌 제약사 임원들이 여러 번에 걸쳐 수천억 원어치의 회사 주식을 내다 팔았다. 이들 가운데 일부는 임상시험이 끝나지 않은 시점에 주식을 대거 처분하면서 내부 정보 이용에 따른 매각이 아니냐는 논란을 빚었다. 당시 시장은 임원들의 주식 매도를 개발 중인 백신 및 치료제 효능에 문제가 있는 것으로 받아들였고 이후 주가 하락 사태를 야기했다.

아무튼 국내에서는 내부자 주식 매도에 대한 거래소의 공시 가이드라인이 엄격하다. 투자자가 상장사 전체 지분 중 5% 이상을 보유해야 공시의무가 발생하는 것과 달리 내부자는 단 1주만 매매해도 공시를 해야 한다.

코로나19 팬데믹으로 전 세계가 공포에 떨던 당시를 기억해보자. 치료제 및 백신 개발 선언으로 주가가 급등한 국내 제약사 오너 일가의 지분 매각이 잇따랐다. 결과적으론 어떤 제약사도 임상 성과를 거두지 못하면서 주가 폭락으로 이어졌지만 오너 일가는 이미 막대한 시세차익을 거둔 뒤였다. '꼭지'에 올라탄 개인투자자들은 대규모 손실을 감수할 수밖에 없었다. 이러한 상황은 해외도 크게 다르지 않다. 코로나19 백신으로 유명한 화이자, 모더나, 노바백스 등 빅파마에서도 심각한 도덕적 해이가 드러났기 때문이다.

화이자 '백신 성공' 발표 날, CEO는 주식 팔아 62억 챙겨

화이자의 CEO(앨버트 불라)가 자사의 코로나19 백신 임상시험 중간결과를 발표한 지난 (2020년 11월) 9일 자사 보유 주식의 62%를 매각해 수익을 챙긴 것으로 드러났다. 당시 화이자가 자사의 코로나19 백신 후보군이 임상시험에 성공했다고 발표하자, 화이자 주가는 15% 급등했다.

불라는 보유한 자사주 중 13만여 주를 556만 달러(약 62억 원)에 팔았다. 샐리 서스먼 화이

화이자의 CEO 앨버트 불라

자 부사장도 같은 날 보유한 자사주 4만4,000주를 180만 달러(20억 원)에 팔았다고 CNN이 전했다.

화이자는 성명에서 "이번 주식의 매각은 불라의 개인 재무계획이자 사전에 결정된 계획의 일부"라면서 문제가 없다고 밝혔다. 규정상 상장기업 내부 인사들이 자사 보유 주식을 미리 정한 날짜나 가격에 팔 수 있다는 것이다. 그러나 불라 CEO가 자사주를 팔기로 한 날에 맞춰 화이자가 굳이 임상시험 중간결과를 발표한 것은 부적절하다는 비판이 나왔다. 화이자는 지난 9일 코로나19 백신 임상 3상에서 코로나19에 걸린 94명을 조사한 결과 90% 가량 효과적이라는 중간결과를 발표했고, 당일 화이자 주가는 15% 급등했다.

미 공영방송 NPR은 화이자 임원들이 '내부 부당거래' 의혹을 방어하려고 사전 판매를 계획했다고 지적했다. 그러면서 화이자의 백신이 FDA의 승인을 받으면 연방정부로부터 수십억 달러를 받기로 한 것을 고려하면 이러한 내부거래 문제는 심각하다고 했다.

지난 2020년 5월에는 모더나 임원들이 코로나19 백신 임상 1상 중간결과를 발표한 뒤 자사 주식을 매도해 수익을 챙겨 논란이 일었다. 모더나는 임원들의 주식 판매는 문제없다는 입장이었지만, 당시 언론들은 백신 성공을 확신했다면 주가가 더 오를 텐데 왜 굳이 서둘러 자사주를 팔았냐고 지적했다.

2022년 9월에는 주요 임원 및 지분 10% 이상 보유한 주주가 주식수의 1% 이상 또는 거래금액 50억 원 이상을 매매할 때 아예 사전공시가 필요하다는 감독당국의 지침이 나오기도 했다. 내부자 지분 변동에 대한 정보를 일반투자자에게 적시에 제공하자는 취지다.

✖ 내부자거래 사전공시 제도 도입 방안

구분	주요 내용
공시의무자	상장사 임원과 주요 주주 (사후공시 제도와 동일) - 임원 : 이사·감사 및 사실상 임원(업무집행책임자 등) - 주요 주주 : 의결권 있는 주식 10% 이상 소유, 임원 임면 등 주요 경영 사항에 사실상 영향력 행사자
공시 대상	당해 상장사가 발행한 총 주식수의 1% 이상 또는 거래금액 50억 원 이상을 매매하려는 경우 - 총 주식수에는 지분증권(우선주 포함), 전환사채, 신주인수권부사채, 관련 증권예탁증권 등 포함 * 매매예정일 기준 과거 1년간 거래금액을 합산하여 판단(쪼개기 매매 등 규제 회피 방지)
공시 내용	(가격) 매매기간 중 시가 수준(전일종가 대비 최대 ±5%)에서 가능 (수량) 목표수량을 공시하되, 목표수량 대비 일정범위(최대 ±30%) 안에서 거래 가능 (매매예정기간) 거래가 특정일에 과도하게 집중되는 것을 방지하기 위하여 '매매예정일 + 10영업일' 이내 거래 완료
공시 기한	매매예정일 최소 30일 전까지 공시(30일 간 거래 금지 효과)

자료 : 금융위원회(2022년 9월 13일)

✖✖✖ 대주주 지분율 20% 룰은 현실적일까 ✖✖✖

미공개 정보를 기반으로 한 주식거래 또는 호재성 재료를 이용해 주가 부양 이후 차익을 실현하는 부정거래는 엄격한 처벌이 뒤따라야 할 것이다. 문제는 내부자들이 정당한 절차에 따라 합법적으로 주식을 팔아도 시장에서 색안경을 끼고 본다는 사실이다. 특히 이들 내부자 중에서도 투자자들이 가장 민감해 하는 부분이 최대주주 또는 창업자의 주식 매각이다.

국내 바이오 업계에선 2세 상속 사례가 거의 없는 만큼 인수합병 이력이 없는 회사의 최대주주는 곧 창업자일 가능성이 높다. 그리고 창업자가 바이오 전공자일 경우 그의 R&D 역량이 회사 밸류에이션에 직결된다. 외부 전문가 영입을 통한 바이오 기업 경영이 국내에서 쉽지 않은 이유가 여기에 있다. 투자자 입장에선 바이오 기업 창업자의 지분 매각을 자칫 경영 의지가 없다는 뜻으로 받아들일 수 있다.

최근 업계 인식이 변했다고는 하지만 바이오 기업 최대주주의 지분 매각은 여전히 '금기의 영역'이다. 1주라도 팔았다가는 마치 회사가 임상시험 등에서 커다란 문제라도 난 것처럼 뉴스 헤드라인에 오르기 십상이다. 주주들의 거센 반발도 감수해야 한다. 그렇기 때문에 국내 바이오 기업 창업자는 IPO를 해도 신약 성공 등으로 수익을 내기까지는 '엑시트'가 쉽지 않다.

서정진 셀트리온 회장이 2020년 미국 JP모건 컨퍼런스에서 했던 말이 생각난다. 해외 투자자들 앞에서 그룹 회장직 사임을 공식적으로 밝히는 자리였다(아이러니하게도 그는 2023년 3월 경영에 복귀했다). 당시 서 회장은 "한국에서는 상장사 대주주가 지분을 팔지 못하는 구조이니 (회장직을 내려놔도) 주가 하락은 염려하지 않으셔도 됩니다"라고 말해 현지 객석을 채운 해외 투자자들의 폭소를 이끌었다. 현장에 있던 해외 투자자들이 국내 주식시장 환경에 대해 어떻게 생각했을지 읽히는 대목이다.

바이오 기업 창업자들이 지분 매각을 꺼리는 데는 금융당국에 대한 '눈치 보기'도 한몫한다. 상장을 앞두고 있는 비상장사에 대한 '대주주 지분율 20% 룰'이 대표적이다. 명문화된 규정은 아니지만 최대주주가 지분율 20% 이상을 유지해야만 경영권 변동에 대한 우려 없이 '책임 경영'을 이어나갈 수 있다는 논리다. 외형적으로는 소액주주 보호를 내세우고 있지만, 바이오 업계에서는 과도한 규제가 아니냐는 불만이 상당하다. 지분을 팔지 않더라도 신주 발행으로 투자금을 유치하다보면 20% 이하로 지분율이 희석되는 경우가 적지 않기 때문이다. 비상장사들이 자금 조달 과정에서 투자가치를 최대한 끌어올리려 안간힘을 쓰는 점도 결국 지분율 유지를 위한 행보로 봐야 할 것이다.

바이오 기업의 대주주 지분을 둘러싼 엄격한 규제는 거래소의 IPO 심사 과정에서 매번 되풀이되는 사안이다. '지분율 20% 룰' 외에 과거 인수합병 경력이 있는 회사 대주주에 대해 색안경을 끼고 보는 경향도 이와 무관치 않아 보인다. 상장 이후 경영권 매각을 통한 최대주주의 엑시트가 자칫 소액주주 손실로 이어질 수 있다는 당국의 우려가 반영된 것이다. 미국이나 유럽에서 바이오 기업 창업자가 엑시트 자금으로 또 다른 바이오 기업을 설립하는 시도를 높이 평가하는 것과 커다란 대조를 이룬다.

ЖIIIЖ '의무'가 된 최대주주의 공모주 청약 ЖIIIЖ

상황이 이렇다보니 일부 상장된 바이오 기업의 대주주들은 지분 매각은 고사하고 투자자 달래기에 급급한 모습을 보일 때가 많다. 주주배정 유상증자 등과 같은 공모 방식으로 자금을 조달할 때가 특히 그렇다. 주주배정 유상증자는 기존 주주에게 현금을 받고 신주를 부여하는 형태로 보유 지분에 따라 신주배정 비율이 정해져 있다. 최대주주 입장에선 가장 많은 지분을 보유한 만큼 신주 청약에 따른 자금 부담도 클 수밖에 없다.

만약 이 같은 공모 증자에서 최대주주가 청약에 참여하지 않으면 다른 개인주주들이 반발할 여지가 크다. 마치 회사에 내부적인 문제가 있거나 추가적인 성장동력이 사라졌기 때문에 최대주주가 신주 매입을 '일부러' 하지 않는 것으로 받아들일 수 있다. 이는 결과적으로 기존 주주들의 청약 불참과 함께 향후 주가 하락으로 이어질 우려도 있다. 최대주주 입장에선 당장 보유하고 있는 현금이 부족해도 최대한 청약에 참여한다는 의지를 보여야 한다는 얘기다. 일부 전문가들은 바이오 기업의 주주배정 유상증자 흥행이 증권신고서에 최대주주의 청약 참여 여부가 명기돼 있는지에 달려 있다고 말할 정도다.

이 때문에 창업자가 돈을 빌리거나 구주를 팔아 '울며 겨자 먹기'로 공모에 참여하는 사례가 나타나기도 한다. 2022년 유틸렉스가 실시한 966억 원 규모의 주주배정 후 실권주 일반공모 유상증자도 그랬다. 최대주주이자 창업자인 권병세 대표는 당시 증권신고서를 통해 청약 의사를 분명히 했다. 다만 청약에 필요한 자금은 보유 주식 가운데 일부를 매각해 마련한다는 입장을 밝혔다. 결과적으로 신주 청약을 위해 기존 구주를 처분하는 것인 만큼 주주들에게 청약 의지를 어필한다는 것 외에는 큰 의미를 찾기 어려웠다.

상장 과정에서 최대주주가 보유한 지분에 대해 예정된 보호예수기간을 늘리는 점도 비슷한 맥락이다. 기본적으로는 '거래소 눈치보기'에 따른 것이지만 결국 투자자를 의식한 의사결정과 다름없다. 매도 가능 시점을 늦추는 것인 만큼 소액주주로선 최대주주의 '오버행(잠재적 매도 물량)' 위험 부담을 최소화할 수 있다. 해당 회사는 이 같은 보호예수 조건을 최대주주의 책임 경영 확대라는 뜻으로 언론에 어필함으로써 주가 부양 용도로 활용하기도 한다.

거래소 역시 IPO에 나선 바이오 기업들이 보호예수기간을 짧게 설정해서 가면 종종 재검토를 요구한다. 일반적으로 최대주주의 보호예수기간은 6개월이지만 시장 신뢰도를 높이기 위해 3년까지 늘린다. 경우에 따라서는 전체 물량 중 30%는 1년, 30%는 2년, 40%는 3년 등으로 보호예수기간을 달리 설정하는 방식으로 거래소에 어필하기도 한다.

월급 외에 다른 수입을 찾기 어려운 바이오 기업 최대주주는 보유 지분을 팔 수 없는 상황이 난처하기만 하다. 회사가 신규 자금을 유치하고 시장에서 적정 밸류에이션을 평가받는다는 점 외에는 IPO에 따른 개인적인 실익이 많지 않다고 봐야 한다. 지분이 아무리 많아도 외부 시선 때문에 팔기가 어려우니 주가 등락은 큰 의미가 없다. 신약개발사 대부분이 이익을 내지 못하는 만큼 주주배당을 기대할 수도 없다.

유일한 해법은 M&A이지만 바이오 기업 창업자들의 경영권 매각은 희망사항에 가깝다. 결국 계속해서 주식담보대출에 의존하는 수밖에 없다. 만약 시장금리까지 높아지면 대출에 따른 이자비용 부담도 늘어나는데다 자금을 빌려준 증권사의 상환 요구에서도 자유롭지 못하게 된다. 당장은 편할 수 있지만 주가 하락에 따른 반대매매 위험 등 부담스러운 점이 한두 가지가 아니다.

신약개발사 보로노이의 최대주주가 받은 주식담보대출(250억 원)에 대한 증권사의 만기 연장 불가 통보가 대표적이다. 유상증자 참여를 위한 자금 조달 차원에서 한국투자증권과 2023년 8월 주식담보대출 계약을 맺었는데, 3개월 만에 대출금 상환 통보를 받으면서 법적 분쟁을 예고했다. 의료기기 업체인 이오플로우 최대주주 역시 2023년 11월 주식담보대출 만기 연장 불가를 통보받은 이후 보유 지분에 대한 반대매매까지 이뤄졌다.

〉DC〈 창업자에게도 '엑시트 활로'가 필요하다 〉DC〈

최근에는 IPO 과정에서 바이오 기업 창업자가 구주 매출을 하는 등 일부 변화된 모습도 나타나고 있다. 구주 매출은 기존주주가 이미 보유하고 있는 주식 지분 중 일부를 공개적으로 매도하는 것을 말한다. 이 때 IPO 공모 자금은 회사로 귀속되지 않고 구주 매출을 실시하는 주주들의 주머니로 들어가게 된다.

지난 2020년 말 코스닥에 입성한 마이크로바이옴 기반 신약개발사인 지놈앤컴퍼니가 대표적이다. IPO 과정에서 공동 창업한 대표 두 명이 각자 보유 지분 일부를 매각키로 해 눈길을 끌었다. 두 대표는 당시 공모가격(4만 원) 기준으로 각각 약 40억 원과 37억 원의 현금을 확보했다.

국내 바이오 기업 대부분의 IPO가 자금 조달을 위한 신주 발행만을 고집한다는 점에서 흔치 않은 케이스였다. 보통 자금이 필요하더라도 창업자가

⊃⊂ 지놈앤컴퍼니 창업자 2명의 IPO 구주 매출 및 지분율 변동

(2020.12.10. 정정신고서 기준, 단위 : 주)

보유자	회사와의 관계	매출 전 보유주식수	매출 주식수	매출규모	매출 후 보유주식수(비율)
박한수	최대주주 (대표이사)	2,004,800	100,240	40억 원	1,904,560 (13.74%)
배지수	임원 (대표이사)	1,870,000	93,500	37억 원	1,776,500 (12.82%)
합계		3,874,800	193,740	77억 원	3,681,060 (26.56%)

IPO 이전 단계에서 시장의 눈을 피해 일부 구주를 매각하는 방식을 택하는 경우가 많았다. 구주 매출이 포함된 IPO 회사의 수요예측에는 참여하길 꺼려하는 기관투자가들이 적지 않다는 점도 아킬레스건이다.

당시 지놈앤컴퍼니 측은 최대주주가 설정한 보호예수기간이 2년 반으로 평균 대비 긴 편이다보니 안정적인 사업 운영을 위해 IPO 단계에서의 구주 매출이 불가피했다는 입장을 밝혔다. 이후 공모가격 결정을 위한 수요예측과 일반 청약은 일부 우려에도 불구하고 성공적으로 마무리됐다. 거래를 숨기지 않고 공개적으로 주식 매각을 밝힌 점 등이 오히려 긍정적인 결과로 이어졌다.

2021년 9월 코스닥에 입성한 프롬바이오도 구주 매출을 공모에 포함시킨 케이스다. 신주 모집 82%, 구주 매출 18.3%로 공모 구조를 짰다. 총 공모액은 432억 원이었는데, 회사로 유입되는 자금은 352억 원, 구주 매출에 나선 주주들은 79억 원을 가져갔다. 최대주주 본인뿐만 아니라 형제들

⊃⊂ 프롬바이오 IPO 구주 매출 내역

(단위: 주, 원)

성명	관계	주식수			매출규모
		공모 전	공모 후	구주 매출분	
심태진	최대주주 본인	4,950,000	4,660,000	290,000	5,220,000,000
김숙경	최대주주의 배우자	450,000	450,000	0	-
김지훈	발행회사 임원	450,000	450,000	70,000	1,260,000,000
심태용	최대주주의 형제	200,000	150,000	50,000	900,000,000
심태권	최대주주의 형제	200,000	200,000	0	-
심태성	최대주주의 형제	200,000	170,000	30,000	540,000,000
전체		6,450,000	6,010,000	440,000	7,920,000,000

자료: 증권신고서

과 임원까지 구주 매출에 나섰다는 점이 지놈앤컴퍼니와 차이가 나는 부분이다.

바이오 기업 창업자가 IPO에서 구주 매출을 했다는 이유만으로 이들에게 무리한 잣대를 들이대선 곤란하다. 특히 바이오 기업의 경영진 대다수가 비상장 단계에서 연봉을 높게 받을 수 없는 상황이었다는 점을 감안해야 할 것이다. 상장 이후 주식 처분, 특히 스톡옵션을 행사한 주식을 처분하는데 있어서는 좀 더 유연한 시각을 가질 필요가 있다. 최대주주 또는 대표이사가 일정 수준의 현금 유동성을 가져가야만 오히려 효과적인 경영 활동을 이어나갈 수 있다고 주장하는 전문가들도 적지 않다.

외부에서의 자금 조달이 어려운 시기에는 대표이사가 직접 '급한 불'을 꺼야하는 상황이 생긴다. 필요한 경우에는 자사주 매입을 통해 적극적인 주가 부양 의지를 어필할 수도 있다. 물론 시장을 교란하는 내부자 주식 매도는 비난받아 마땅하고, 또 적절하게 규제해야 한다. 다만, 미공개 정보에 기반한 불법적인 거래가 아니라는 전제 하에 창업자를 포함한 최대주주에게 최소한의 엑시트 활로를 열어주는 것이 장기적으로 투자자에게 신뢰도를 높일 수 있는 길이라는 생각이다.

18 당근을 쥔 바이오맨이 바이오텍의 투자가치를 춤추게 한다

'1타 강사' 현우진 씨는 '대한민국에서 가장 많은 돈을 버는 88년생'이라는 닉네임으로 유명세를 탔다. 강의료 외에 직접 제작한 교재 판매 수익 등으로 연수익이 해마다 수백억 원에 달했다. 그가 청담동의 최고가 아파트를 현찰로 매입했다는 얘기가 뉴스로 나올 정도였다. 2022년 6월경 현 씨가 한 유튜브 라이브방송에서 은퇴를 시사하는 발언을 하자 일부 사교육 종목의 주가가 발칵 뒤집어졌다. 당시 그가 소속된 인터넷강의 업체 메가스터디교육 주가는 무려 7%대의 급락세를 연출했다.

비슷한 시기 전 세계 아미들을 '멘붕'에 빠뜨린 BTS의 잠정적인 활동 중단 뉴스도 비슷한 사례라고 할 수 있다. 데뷔 9년 만의 폭탄선언에 멤버들의 군 입대 관련 불확실성 뉴스까지 겹치며 당시 하이브 주가는 20%대 폭락을 기록했다. 지금은 다양한 아이돌그룹을 통해 수익을 내고 있는 하이브이지만 당시만 해도 BTS에 대한 과도한 회사 의존도가 우려를 낳았다.

✕✕✕ '키맨'의 조직 이탈 리스크 ✕✕✕

앞서 언급한 두 가지 사례는 기업의 수익성이 소수의 '키맨'에 좌우될 때 초래될 수 있는 리스크를 잘 보여준다. 하이브, 메가스터디교육과 같은 조 단위 시가총액을 자랑하는 회사도 그러한데 아직까지 구멍가게 수준에 머물러 있는 국내 바이오벤처들은 오죽할까라는 생각이 든다. 바이오 업계 에서는 체계적인 전문 인력 시스템으로 운영되는 회사가 드물다보니 일부 핵심 임·직원의 이탈이 기업가치에 큰 영향을 줄 수밖에 없다.

그렇다고 이들을 대체할 만한 인력 수급이 쉽게 이뤄지는 것도 아니다. 설립 5년차인 어느 국내 신약개발사 대표는 "실력 있는 임상개발 전문가 또는 의약 화학자(medicinal chemist) 등을 필요로 하지만 이에 걸맞은 직원을 찾기가 어렵다"고 늘 하소연이다. 화학 관련 전공자들의 경우 2차전지, 화장품 등과 같은 비 바이오 영역에서의 러브콜이 적지 않기 때문에 굳이 적자투성이 회사로 가득한 바이오 업계에 오기를 주저한다.

대체적으로 바이오 기업들은 당장 업무 투입이 가능한 경력직을 선호하는 만큼 이제 막 대학원을 졸업한 신규 구직자 입장에선 난감하기만 하다. 반대로 경력직들은 연봉이나 복지 수준이 낮은 (특히 설립 초기의) 바이오 스타트업에 가는 걸 꺼린다. 설사 입사한다고 해도 몇 년이 지나 더 좋은 연봉이나 복지 조건을 제시하는 대형 회사로의 이직이 빈번하다. 특히 바이오 기업을 둘러싼 지속적인 투자 침체가 고용시장 분위기를 더욱 악화시켜 왔다.

그러다보니 바이오 기업으로선 우수한 인재를 뽑고 이들의 조직충성도를 높이는데 더욱 혈안이 될 수밖에 없다. 신약개발이라는 궁극적인 미션이 있긴 하지만 지속가능한 회사 경영을 위해선 안정적인 조직 관리가 전제돼야 한다. 이때 회사 성과가 임·직원 각자에게 금전적인 이익으로 이어질 수 있다는 기대감을 심어주는 것이 중요하다. 당장 연봉을 낮게 책정하더라도 스톡옵션 등을 보상 조건으로 내거는 바이오 기업들이 적지 않은 이유다. '키맨'으로 분류되는 우수한 직원이 빠져나가지 않도록 관리 시스템이 작동하는 회사라면 투자할 만한 가치는 이미 충분하다.

▷◁◁ 스톡옵션과 우리사주 활용법 ▷◁◁

스톡옵션은 임·직원이 미리 정한 가격으로 당해 기업의 주식을 매수할 수 있는 권리다. 기업들이 인재 유치와 임·직원 동기 부여를 위해 가장 적극적으로 사용하는 제도다. 행사가능 수량을 연도별로 제한할 수 있는 만큼 직원들의 장기근속을 유도할 수 있다. IPO 이후 시장에서 주식 매매가 가능하기 때문에 임·직원으로선 실질적인 보상 기회가 생긴다. 실제로 금융감독원이 2015~2019년 상반기 코스닥 특례 상장사들을 조사한 결과 이들이 부여한 스톡옵션 전체의 85% 이상이 제약/바이오 업종인 것으로 나타났다.

스톡옵션은 바이오벤처뿐만 아니라 신사업에 도전하는 대기업 계열사 입장에서도 당근책이 될 수 있다. 롯데바이오로직스는 2023년 3월 모든 임·직원을 대상으로 스톡옵션 제도를 도입해 눈길을 끌었다. 사전에 고과 평가를 진행하긴 하지만 계열사 내에서 기업 상장 전에 모든 임·직원을 대상으로 스톡옵션을 부여하는 것은 롯데그룹 창사 이래 처음 있는 일이다. 삼성바이오로직스에 이어 후발주자로 위탁개발·생산(CDMO) 사업에 진출한 만큼 우수 인재를 확보하고 핵심 인력 이탈을 방지하기 위한 유인책으

⊃⊂ 스톡옵션 부여규모 톱10 상장사

(2023년 1월~11월 기준)

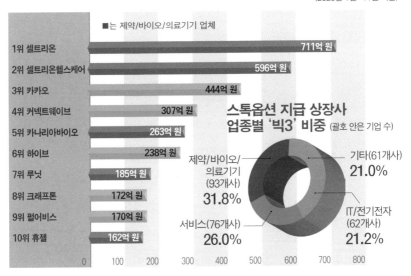

■는 제약/바이오/의료기기 업체

1위	셀트리온	711억 원
2위	셀트리온헬스케어	596억 원
3위	카카오	444억 원
4위	커넥트웨이브	307억 원
5위	카나리아바이오	263억 원
6위	하이브	238억 원
7위	루닛	185억 원
8위	크래프톤	172억 원
9위	펄어비스	170억 원
10위	휴젤	162억 원

스톡옵션 지급 상장사 업종별 '빅3' 비중 (괄호 안은 기업 수)

- 제약/바이오/의료기기 (93개사) 31.8%
- 서비스(76개사) 26.0%
- 기타(61개사) 21.0%
- IT/전기전자 (62개사) 21.2%

바이오 기업 입장에서 스톡옵션은 우수한 전문인력의 조직충성도를 높이기 위한 최적의 당근책이다. 신약개발이라는 궁극적인 미션을 달성할 때까지 지속가능한 회사 경영을 위해선 안정적인 조직관리가 전제되어야 한다. 이때 회사의 성과가 임·직원 각자의 금전적인 이익으로 이어질 수 있다는 기대감을 심어주는 것이 중요하다. 당장 연봉을 낮게 책정하더라도 스톡옵션 등을 보상 조건으로 내거는 바이오 기업들이 적지 않은 이유다. 실제로 2023년 기준(11월까지) 국내 상장사 중 스톡옵션을 많이 부여한 회사 10곳 중 5개사가 제약/바이오 기업이다. 업종별로 살펴보면, 같은 기간 스톡옵션을 부여한 292개 상장사 중 93개사가 제약/바이오/의료기기 업체로 집계됐다.

⊃⊂ 상장사 스톡옵션 부여규모 및 대상자 추이

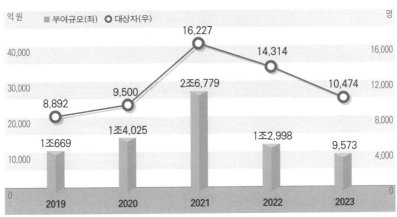

억 원 ■ 부여규모(좌) ○ 대상자(우) 명

	2019	2020	2021	2022	2023
대상자	8,892	9,500	16,227	14,314	10,474
부여규모	1조669	1조4,025	2조6,779	1조2,998	9,573

자료 : CEO스코어

로 보인다. 2023년 4월 임·직원 9명에 스톡옵션을 부여한 롯데헬스케어 역시 적용 대상을 전 직원으로 확대할 계획이다. 바이오/헬스케어 사업에 대한 롯데그룹의 적극적인 지원 의지를 확인할 수 있는 대목이다.

최근 바이오 기업의 스톡옵션 행사 조건 경향을 살펴보면, '부여 2년 후 100% 행사' 등과 같은 기존 방식은 상당부분 사라진 듯하다. '부여 2년 후 50%, 3년 후 75%, 4년 후 100% 한도' 등으로 연도별 행사 물량을 다르게 하는 형태가 많다. 일부 바이오 기업은 '부여 2년 후 50% 한도, 상장 후 100% 행사 가능' 등과 같은 방식으로 스톡옵션을 받은 임·직원들이 상장까지 업무를 집중하는데 초점을 맞추는 편이다. 스톡옵션을 부여했는데 2년 후에 전량을 행사하고 퇴사한다면 회사 입장에선 난감할 수밖에 없다. 무엇보다 이처럼 중도 이탈하는 사례가 발생하면 직원 한 사람의 문제로 끝나지 않고 조직 전체가 흔들릴 우려가 있다.

사실 비상장 단계에서 낮은 연봉을 감수해야 했던 임·직원들은 스톡옵션 행사로 '잭팟'을 기대한다. 특히 설립 초기 입사해 (액면가에 가까울 정도의) 아주 낮은 행사가격으로 스톡옵션을 지급받은 이들은 상장 이후 수백 퍼센트의 수익률을 올리기도 한다. 공모가격이나 주가가 아무리 낮게 형성되더라도 상장만 되면 웬만한 수익이 보장되는 셈이다. 물론 임상 실패 발표 직전 스톡옵션 행사에 따른 주식 매각 등으로 도덕적 해이 이슈를 야기하는 바이오 기업 임·직원들도 있다.

그렇다면 국내 바이오 기업은 어떤 임·직원에게 스톡옵션을 지급할까. 소수의 성과자들에 한해 '인센티브' 개념으로 스톡옵션을 제공하는 것이 일반적이지만 입사자 모두에게 스톡옵션을 지급하는 경우도 있다. 물론 어느 쪽이 더 임·직원들의 조직충성도를 높일 수 있는지는 따져볼 필요가 있다. 스톡옵션의 과도한 지급이 자칫 공정한 성과 보상의 가치 기반을 흔들 수 있다는 지적도 나온다.

스톡옵션을 많이 부여할수록 회사 입장에선 그만큼 회계상 부담이 커진다. 실제 현금 유출로 이어지는 건 아니지만 많게는 수십억 원의 주식보상 비용을 감수해야 한다. 이 과정에서 주식 수 증가에 따른 지분율 희석을 우려하는 재무적투자자 등 기존 주주의 반발을 가져오기도 한다. 기본적으로 회사 정관에 스톡옵션에 대한 근거 규정을 두는 이유다.

주목할 점은 바이오 기업이 상장한 이후에는 스톡옵션 횟수나 물량이 눈에 띄게 줄어든다는 사실이다. 단순히 공시 등의 이슈도 있지만 '회사가 원하는 수준의 행사가격'을 설정하기가 어렵기 때문이다. 비상장 단계에서는 '상속세 및 증여세법'에 따른 주식가치평가를 하고 그 평가액 이상으로 스톡옵션을 부여하면 그만이다. 보통 비상장 바이오 기업은 손실규모가 커서 주당 평가액은 액면 또는 액면을 약간 상회하는 수준으로 나올 때가 많다.

스톡옵션 행사가격은 벤처캐피털 등과 같은 재무적투자자의 투자 단가 이상의 범위에서 회사가 일정 여유를 갖고 정할 수 있다. 행사가격을 어느 정도 조정 및 예측할 수 있는 만큼 일부 현금 보상을 줄이는 대신 스톡옵션을 더 주는 방식의 보상이 가능하다는 얘기다. 시점별로 행사가격을 조금씩 올려가면서 임·직원 사이의 혼란을 줄일 수 있다(물론 회사 밸류에이션이 점진적으로 상승한다는 가정에서다).

하지만 상장을 하면 행사가격은 주가에 연동되어 정해진다. 아무리 성과를 올린다고 해도 주가가 스톡옵션 행사가격 이상으로 오르지 않으면 큰 의미가 없다. 만약 너무 높은 주가일 때 부여를 했다가, 주가가 폭락하면 자칫 '줄퇴사'로 이어질 수 있다. 스톡옵션 행사의 의미가 없어진 직원 입장에선 차라리 빨리 퇴사하는 편이 낫다고 판단할 가능성이 높다. 특히 주가 변동성이 큰 바이오 기업일수록 이 같은 사례가 자주 나타난다.

임·직원들이 어느 시점에 스톡옵션을 받느냐에 따라 희비가 갈리는 만큼 회사 조직관리 측면에서 부담도 크다. 주가가 최근 몇 년간 지속적으로 하락세를 그렸을 경우를 생각해보자. 초기에 스톡옵션을 받은 직원의 행사가격보다 1~2년 뒤에 들어온 직원들의 행사가격이 훨씬 낮을 수 있다는 얘기다. 이에 따라 성과급 차이를 둘러싸고 직원들 간에 위화감이 조성될 가능성을 배제하기 어렵다.

스톡옵션과 비슷한 직원 보상책으로는 우리사주 제도가 있다. 근로자가 우리사주조합을 통해 자사주를 취득할 수 있도록 해주는 시스템이다. 직원들은 보통 회사가 상장하거나 증자할 때 발행 주식의 20%를 기존 주주보다 우선 배정받는다. 사전에 정해진 공모가로 주식을 살 수 있는 만큼 대출까지 일으켜 우리사주를 매입하는 직원들도 있다. 다만 보호예수 조항 때문에 1년 뒤 주가가 공모가격보다 낮게 형성된다면 손실로 이어질 수 있다.

2020년 7월 거래소에 입성한 SK바이오팜의 경우 상장 이후 단기간에 주가가 급격히 상승한 케이스다. 공모가격은 주당 4만9,000원이었지만 상한가 행진을 지속하며 상장 5거래일만에 주가가 20만 원대를 찍었다. 하지만 1년 뒤 주가 하락을 우려한 나머지 차라리 퇴사해서 차익을 실현하겠다는 직원들이 나타나기도 했다. 주식 양도소득세 부과 대상이 되는 개인 주식 보유액 기준(2023년 12월 기준 10억 원)이 축소될 것이라는 우려 또한 퇴사를 부추기는 요인이었다.

〉◁〉◁〉◁◀ 주가 침체기에는 현금과 복지가 최고다? 〉◁〉◁◀〉◁◀

주가 변동성 때문에 상장사 직원들은 스톡옵션보다 현금 인센티브를 선호할 때가 많다. 어차피 IPO가 된 상태에서 추가적인 업사이드 가능성에 기대기보다는 정해진 현금을 받는 것이 낫다는 판단에서다. 스톡옵션을 주더라도 현금 보상 이후 '플러스 알파'의 개념으로 지급할 때가 많다. 스톡옵션 미실현이익에 대한 소득세 적용 우려 때문에 핵심 인재 유인책으로서의 동력이 많이 떨어졌다는 지적도 나온다.

다만 상당수의 바이오 기업들이 적자라는 점에서 의료기기 업체나 제약사에 비해 인센티브 규모가 제한적일 때가 많다. 기본적으로 '돈을 벌기 어려운' 신약개발사의 태생적 한계 때문에 어떤 식으로 임·직원의 인센티브를 책정할 지에 대한 고민이 깊어진다.

조 단위 규모의 글로벌 라이선스아웃을 통해 거액의 계약금이 유입된다고 해도 성과급 분배 문제로 내부적인 갈등을 겪는 바이오 기업도 있다. 기본적으로 해당 딜을 주도한 사업개발 담당자나 관련 임원의 공로가 가장 클 수 있겠지만 나머지 관리부서의 기여도를 어떻게 책정하느냐를 놓고 갈등이 생길 수 있다는 얘기다.

이 때문에 성과 기반이 아니라 근속 보너스 형태로 보상을 지급하는 바이오 기업들도 적지 않다. 예를 들어 "5년 근속하면 연봉 외에 1,000만 원을 추가로 현금 보상하겠다"라는 방식이다. 임·직원 입장에서는 주가 변동성이나 실적 등과 무관하게 근속을 하면 예측가능한 보너스를 받는다는 장점이 있다. 회사로선 직원 이탈을 막는데 효과적일 수 있겠지만 현금이 넉넉지 않다면 활용하기 쉽지 않은 제도다.

최근에는 복지, 기업문화 등을 개선해 우수 인재를 확보하려는 시도도 늘고 있다. 일부 바이오 기업은 동호회 지원금, 연 30일이 넘는 연차, 생일 축하금 등을 지급한다는 점을 내세우기도 한다. 신약개발이라는 미래의 불투명한 성과에 베팅하기보다 '워라밸' 등을 우선시하겠다는 직원들의 심리를 파고드는 전략이다.

문제는 언제나 '돈'이다. 자금이 달리는 설립 초기 단계의 바이오 기업으로선 이러한 복지를 제공하고 싶어도 할 수 없는 게 현실이다. 당장 연구개발비를 충당하기도 녹록치 않은 상황에서 사내복지 수준을 높이는 건 쉽지 않다. 그럼에도 경쟁사 또는 대기업으로의 인력 유출을 막기 위해 무리해서 직원들 눈높이를 맞춰야 한다는 것이 대다수 바이오 기업들의 딜레마다.

국내 한 바이오 기업 대표는 사업개발 담당 직원의 이직 의사에 속앓이가 상당하다고 했다. 기술이전 경험 등을 바탕으로 몸값을 올려 큰 회사로 간다고 하니 막기가 쉽지 않다. 그렇다고 내부적으로 대체자원이 있는 것도 아니다. 그는 "기술 경쟁력에 대한 판단은 뒤로 한 채 좋은 복지를 가진 회사들이 마치 더 나은 바이오 기업의 기준인 것처럼 받아들여지는 것이 아쉽다"고 토로했다.

본인의 자산 손실을 감수하면서까지 직원 복지를 충당하는 바이오 기업 CEO도 등장했다. 어느 상장 바이오 기업 대표가 매년 우리사주조합에 본인 주식 일부를 무상 출연하고 있다. 그동안 출연한 주식규모만 수십억 원에 달한다.

〉〇〇〈 투자에 앞서 임·직원의 교체주기를 주목해야 하는 이유 〉〇〇〈

제약/바이오 업계 기자로 입문한지 얼마되지 않았을 때의 일이다. 국내 바이오 투자 전문 벤처캐피털에서 명망이 높던 임원급 심사역을 만나 던진 질문이었다. 바이오 기업 투자를 결정할 때 임상 데이터나 파이프라인 정보를 제외하고 가장 중요하게 여기는 포인트가 무엇인지에 대해서였다. 그는 일말의 망설임도 없이 '창업자와 핵심 인력간의 결속력'을 1순위로 꼽았다.

당시에는 선뜻 와 닿지 않았지만 지금은 충분히 고개가 끄덕여지는 말이다. 바이오 기업 설립 이후 C-레벨, 즉 임원을 중심으로 창업 멤버들이 얼마나 오랫동안 남아있는지를 봐야 한다는 얘기였다. 핵심 인력들이 그대로 남아 있는 회사일수록 밸류에이션 관점에서 좀 더 높은 평가를 받는다는 전제가 깔려 있다.

당시 그 심사역은 설립 이후 5년간 최고기술책임자(CTO) 등을 포함한 C-레벨 인력이 한 번도 안 바뀐 바이오 기업과 여러 번 바뀐 바이오 기업이 있다면 어느 쪽에 투자할지 되묻기도 했다. CTO급 임원이 회사를 떠나 또 다른 바이오벤처를 설립하거나 이직 등을 통해 경쟁관계를 형성한다면 기존 회사의 기업가치는 타격을 입을 가능성이 높다.

임원 이탈 대부분은 최대주주(창업자) 또는 대표이사와의 불화가 원인을 제공한다. 특히 전문 경영인 체제에서 창업자가 최대주주라는 이유로 경영에 과도하게 간섭할 경우 갈등이 발생할 소지가 커진다. R&D에 전문성을 가진 창업자가 자금조달 등 재무관리 영역에서 최고재무책임자(CFO)와 갈등을 빚는 것도 같은 맥락이다. 특히 설립 초기에는 결속력을 보이다가도 일정 기간이 지나 성과가 나기 시작했을 때 조직 내 균열이 일어날 가능성이 높다.

코스닥 상장사인 레고켐바이오의 사례를 살펴보자. 2006년 설립된 회사는 창업 멤버 7명으로 시작해 ADC(항체약물접합체) 분야 누적 기술수출 6조 원을 달성한 바이오 기업으로 성장했다. 특히 김용주 대표를 포함해 박세진 사장(CFO), 조영락 부사장(개발본부장) 등 세 명이 17년 넘게 자리를 지키며 회사를 이끌어오고 있다.

바이오 기업 투자를 결정할 때 임상 데이터나 파이프라인 정보 다음으로 중요한 포인트는 '창업자와 핵심 인력간의 결속력'이다. 바이오 기업 설립 이후 C-레벨, 즉 임원을 중심으로 창업 멤버들이 얼마나 오랫동안 회사에 남아있는지를 살펴봐야 한다. 핵심 인력들이 그대로 남아 있는 회사일수록 밸류에이션 관점에서 좀 더 높은 평가를 받는다는 전제가 깔려 있기 때문이다.

⊃⊂ 레고켐바이오 임원 현황

2023년 9월 분기보고서 기준

성명	직위	등기임원 여부	상근 여부	담당 업무	소유 주식수(주)	재직 기간
김용주	대표이사	사내이사	상근	회사총괄	2,426,428	17년 4개월
박세진	사장	사내이사	상근	경영관리총괄	381,528	17년 4개월
조영락	부사장	사내이사	상근	개발 본부장	52,380	17년 4개월

바이오 기업에서 핵심 전문인력인 임원이 중도이탈하는 이유는 대부분 최대주주(창업자) 또는 대표이사와의 불화 탓이다. 전문 경영인 체제에서 창업자가 최대주주라는 이유로 경영에 과도하게 간섭할 경우 갈등이 발생할 소지가 크다. 2006년 창업 멤버 7명으로 시작해 ADC(항체약물접합체) 분야에서 다수의 기술수출 실적을 올린 레고켐바이오는 업계에서 조직충성도의 이상모델로 꼽힌다. 김용주 대표를 포함해 박세진 사장(CFO), 조영락 부사장(개발본부장) 등 3명이 17년 넘게 회사를 이끌어오고 있다.

임원 외에 직원들의 조직충성도를 따져보는 것도 중요하다. 적정 수준의 '직원 교체 비율(turnover rate)'은 조직에 긍정적인 영향을 미쳐 선순환으로 이어질 가능성이 높다. 하지만 해당 비율이 과도하게 높으면 창업자를 포함한 경영진의 매니지먼트에 결함이 있는 건 아닌지 확인해 봐야 한다. 이는 자칫 기업가치 저하로 직결되기 때문이다. 상장사 투자자라면 사업보고서를 통해 직원들의 평균 근속 연수 등을 주기적으로 점검해야 한다.

바이오 기업의 임·직원 교체 주기나 이탈율은 임상시험 등 불확실한 R&D 전망보다 정량적인 투자 판단 기준으로 꼽힌다. 인사 및 조직 관리에 문제가 있는 바이오 기업이 연구개발 등 다른 영역에서 긍정적인 성과를 낼 리가 만무하다. 어느 인기 구직 정보사이트에서 공개하는 회사 직원들의 경영진 평가 점수가 구직자들의 의사결정에 상당한 영향을 미치고 있다는 사실은 눈여겨 볼 대목이다. 투자자로선 바이오 기업 창업자 또는 대표이사의 독단적 경영에 따른 안팎의 '잡음'을 미리 체크할 필요가 있다.

19 교수들의 창업은 성공할 수 있을까

한국 사회에서 대학 교수, 아니 '교수님'에 대한 권위는 남다르다. 여러 직업 중에서도 매우 높은 수준의 사회적 지위를 인정받는다. 외국과 비교해도 대학 교수에 대한 리스펙트 정도가 훨씬 우위에 있다는 생각이다. 같은 의사선생님이지만 동네병원이 아닌 대학병원에서는 호칭이 교수님으로 바뀐다.

하지만 바이오 업계에서 교수님들이 '사장님'이 되면 얘기가 달라진다. 신약개발의 부푼 꿈을 안고 바이오 기업을 차렸지만 대표이사 노릇이 여간 쉽지가 않다. 정부로부터 연구비를 타내야 하는 스트레스는 회사 매출 압박에 비할 바가 아니다. 연구실(LAB)에서 대학원생 다루듯이 직원을 다뤘다가는 낭패를 보기 십상이다. 어느 한쪽에 '올인'하지 못하고 교수님과 사장님 사이에서 정체성 혼란을 겪는 창업자들이 비일비재하다.

상황이 이렇다보니 교원 창업 바이오 기업에 대한 투자자들의 시각도 점차 달라지고 있다. 일반 기업에서 경험과 전문성을 쌓은 창업자들이 오히려 높은 평가를 받는 사례가 늘고 있다. 당초 기대했던 만큼 R&D 사업성과를 내는 교원 창업회사들이 실제로 드물기 때문이다 바이오 기업의 창업자 또는 CEO로서 과연 어떤 인물이 적합한 지에 대한 고민은 쉽게 해결되지 않을 듯 하다.

🧬 바이오텍 투자에서 CEO 역량이 중요한 이유 🧬

바이오 업계를 취재하면서 가장 큰 화두는, '과연 투자자들이 어떤 기준으로 바이오 기업을 선택하는가'이다. 비바이오 전공자건 생명과학 분야 전문가건 당연히 회사 R&D에 대한 기술 검증이 우선이라고 생각할 수 있겠지만 그게 전부는 아니다. 바이오 전문 벤처캐피털(VC)을 포함한 기관투자가 대부분은 대표이사 또는 창업자의 역량이 투자 결정을 상당 부분 좌우한다고 말한다.

특히 창업 초기 바이오 기업이라면 보유한 신약 후보물질의 향후 임상시험 진입이나 상업성 여부를 사전에 예측하기가 쉽지 않다. 사업 분야에 대한 피봇팅(pivoting) 가능성이 언제든지 존재하기 때문이다. 이 같은 R&D 불확실성보다는 CEO 역량을 제대로 따져보고 베팅하는 투자가 수익률 측면에서 훨씬 안전하다는 설명이다. 아무리 주목받는 파이프라인을 도입한다고 해도 CEO가 어떻게 사업화에 나서는지에 따라 성패가 갈리기 마련이다.

언론에서 상장을 앞둔 바이오 기업 CEO(또는 창업자)를 인터뷰하는 취지도 크게 다르지 않다. 투자자를 포함한 시장 참여자들에게 해당 CEO가 바이오 기업을 이끄는 리더로 적합한지를 보여주는 것이 인터뷰의 핵심이다. 단순히 임상시험 성과를 내고 매출을 달성하는지 여부뿐만 아니라 임·직원을 대하는 태도, 도덕성, 기업가 정신(enterpreneurship) 등을 포괄적으로 따져봐야 한다.

하지만 실제로 바이오 기업 CEO를 다룬 언론 인터뷰를 보면 아쉬울 때가 많다. 얼마나 신규 파이프라인을 보강했는지, 자금은 어떻게 조달했는지, 라이선스아웃 계획은 무엇인지 등 회사 이슈에 집중되는 경향이 크다.

CEO라는 사람보다는 회사 자체에 포커싱 되는 경우가 많다는 얘기다. 이 역시 중요한 부분인 건 맞지만 사실 꼭 인터뷰를 통해서 확인해야 하는 정보는 아닐 수 있다.

CEO나 창업자 개인에 초점이 맞춰진 기사라고 해도 그가 어느 대학에서 석·박사 학위를 취득했고 중점 연구 과제는 무엇이었는지 등과 같은 사안에 집중되는 경우가 많다. 여기에는 바이오 기업 창업자라면 생명과학 전공의 대학 교수 출신이어야 한다는 선입견도 한몫하는 것 같다. 이른바 대학교수에 대한 한국 사회의 뿌리 깊은 존중 문화가 바이오 기업 창업자의 평판을 가늠하는 데까지 영향을 미친다는 분석이다. 반대로 연구자나 교수 출신이 아닌 이가 신약개발사를 설립하는 것에 대해선 색안경을 끼고 보는 경우가 적지 않다.

﹥❂❮ 교수/CEO 겸임, K-바이오의 전유물? ﹥❂❮

MIT(매사추세츠 공대) 화학공학과 교수인 로버트 랭거 박사는 연쇄 창업가로 잘 알려진 인물이다(118쪽). 특히 코로나19 백신을 개발한 미국 바이오 기업 모더나 창업 멤버로도 유명하다. 하지만 그는 모더나의 CEO도 최대주주도 아니다. 모더나 설립은 '플래그십 파이오니어링(Flagship Pioneering)'이라는 벤처캐피털이 주도했고 CEO는 외부에서 초빙한 전문 경영인이 맡았다. 미국에서 흔히 찾아볼 수 있는 교원 창업 기업이지만 경영·자금·위험 부담을 모두 안고 가는 이는 교수가 아닌 VC란 얘기다.

국내는 어떨까. 최근에는 뜸하지만 3~4년 전 까지만 해도 대학 교수들의 바이오 기업 창업이 붐을 이뤘다. VC들의 자금 지원이 꾸준했고 IPO 관문

⊃⊂ 한국과 미국의 교수 창업 모델 비교

구분	창업자 주도 모델(한국)	벤처캐피털 주도 모델(미국)
대주주	창업자(교수)	벤처캐피털(창업자는 소수 지분)
위험 부담	창업자(교수)	벤처캐피털
창업자 역할	CEO, CTO 등(상임직)	founder, advisor(비상임직)
휴/겸직 제도 (성실의무 충돌 문제)	• CEO, CTO 등 상임직 겸직 허용 • 장기(~6년) 휴직 허용	• ① 대부분 자문역 등 비상임직만 겸직 허용 ② 일부 대학은 상임직 겸직도 허용 • 기업 활동은 주당 1일 이내만 허용(①, ② 모두) • 단기(1년) 휴직 허용, 안식년 때 상임직 가능
교수직에 미치는 영향	교육과 연구에 지장 있음	교육과 연구에 지장 없음
연쇄 창업 가능성	낮음	높음
교수 창업 활성화 정도	확대되기 어려움(다수가 휴직하면 학과 운영에 문제)	얼마든지 확대 가능(스탠퍼드 공대는 대부분의 교수가 기업과 연결)
한국과 미국 비교	• 한국 : 교수 창업의 지배적 모델 • 미국 : 퇴직 또는 겸임교수로 전환	• 한국 : 아직 사례 없음 • 미국 : tenure track,* 교수 창업의 지배적 모델

* 종신적 지위를 인정받게 될 교직 신분

⊃⊂ 미국 바이오 분야 대학 기반 창업의 성공/실패 현황

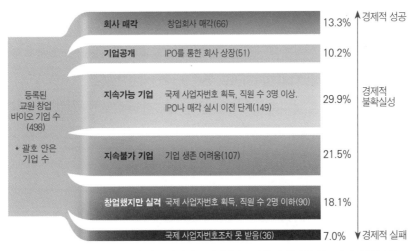

〈Godfrey et al.〉(2020)에 따르면, 미국 내 바이오 업계에서 교원 창업 회사 중 약 23.5%가 M&A나 IPO를 통해 자금 회수(엑시트)에 성공한 것으로 나타남. 상대적으로 국내 교원 창업 바이오 기업 대다수는 엑시트는 고사하고 일정 수준 이상의 R&D 성과를 내기도 쉽지 않은 상황임.

자료 : 과학기술정책연구원(STEPI)에서 2022년 5월 발간한
〈한국과 미국의 교수 창업 제도 비교와 시사점〉(김석관 선임연구위원) 참조.

도 지금보다 훨씬 낮았던 시기였다. 일부 교수들은 회사 CEO와 최대주주까지 겸하면서 부와 명예를 모두 거머쥘 수 있었다.

국가 연구 과제를 사업화하는 부분에 대해서 긍정적인 사회 분위기까지 조성되면서 연구 성과가 뛰어난 교수들의 창업이 줄을 이었다. 여기에는 미국과 다른 환경도 한몫을 했다. CEO를 맡으면 교수직을 사임해야 하는 미국과 달리 국내 대학 대부분은 교수들의 겸직을 허용하고 있다. 주당 겸직 활동 시간의 제한이 없고, 학생 고용과 학내 시설 활용에 대해서도 우호적인 환경을 유지하고 있다. 그만큼 교수들의 책임과 권한 모두 막강할 수밖에 없다. 교수라는 직업 자체에 대해 '우대하는' 한국 특유의 사회적 분위기 역시 회사 CEO를 겸임하는데 긍정적으로 작용했을 가능성이 높다.

그렇다면 국내 상장사 가운데 '교수 창업'으로 이뤄진 바이오/헬스케어 기업은 얼마나 될까. 코스닥 바이오/헬스케어 회사 기준으로 시가총액 상위 20위권 기업(2023년 7월 기준) 중에서 창업자가 교수 출신인 경우는 의외로 많지 않다. 바이오 기업으로는 오스코텍 김정근 대표(단국대 치대 교수), 박셀바이오 이제중 대표(화순전남대학교병원 혈액종양내과 교수) 정도에 그쳤다. 원래는 더 많았지만 의미 있는 R&D 성과를 내는데 어려움을 겪으면서 예전만큼의 존재감을 발휘하지 못하고 있다. 양윤선 메디포스트 전 대표(서울대 · 삼성서울병원 임상병리과 교수), 서정선 마크로젠 회장(서울대 의대 · 생화학과 교수), 강경선 강스템바이오텍 회장(서울대 수의과학대 교수), 김현수 파미셀 대표(연세대 원주의과대 혈액종양내과 교수) 등 1세대 바이오 기업 창업자 상당수가 여기에 해당된다. 일부는 이미 경영권 매각을 단행하기도 했다.

전공으로 따지면 의대 출신이 적지 않은 것으로 파악된다. 임상시험에 대한 숙련도와 각종 질환에 대한 이해도가 높다는 점이 바이오 기업 창업에 긍정적으로 작용했다는 분석이다. 최근 의대 출신 창업자들은 바이오

코스닥 시가총액 상위 바이오/헬스케어 기업 최대주주 주요 이력

(2023년 7월 기준)

회사명	최대주주	전공	주요 이력
셀트리온헬스케어	서정진	산업공학	삼성전기, 한국생산성본부, 대우자동차
에이치엘비	진양곤	법학	부산은행, 평화은행
케어젠	정용지	유전공학	노스웨스턴 의대 박사후연구원
알테오젠	박순재	생화학	LG생명과학, 한화석유화학
루닛	백승욱	전자공학	카이스트대학원
메디톡스	정현호	미생물학과	미국국립보건원, 생명공학연구원
파마리서치	정상수	약학	대웅제약
바이오니아	박한오	화학과	카이스트대학원, 생명공학연구소
씨젠	천종윤	분자생물학	이화여대 생물과학과 교수
메지온	박동현	경제학과	스탠퍼드대 MBA, 메릴린치
레고켐바이오	김용주	화학과	LG생명과학
에이비엘바이오	이상훈	분자생물학	한화케미칼 바이오사업부
오스코텍	김정근	생화학	단국대학교 치과대학 생화학교실 주임교수
차바이오텍	차광렬	의학	산부인과 의사, 차의과학대학교 총장
엘앤씨바이오	이환철	사범대	대웅제약, 씨지바이오
보로노이	김현태	경영학	삼성자산운용, 한화투자증권, 이베스트증권
엔케이맥스	박상우	경제학	삼성증권, 두유웹
박셀바이오	이제중	혈액종양학	화순전남대학교병원 혈액종양내과 교수
레이	이상철	의료공학	경희대 동서의학대학원

* 최대주주가 펀드를 포함한 법인으로 바뀐 사례는 최대한 제외.

외에도 인공지능(AI) 신약개발, 디지털 헬스케어 등으로 그 영역을 넓혀가고 있는 모습이다. 서범석 루닛 대표(서울대 의대), 강성지 웰트 대표(연세대 의대) 등이 여기에 해당된다.

시가총액 상위권을 차지하는 바이오 기업 최대주주 중에는 오히려 기업에서 경력을 갈고 닦은 '사업가형 스타일'이 많다. 김용주 레고켐바이오 대표와 이상훈 에이비엘바이오 대표는 박사 학위 취득 후 각각 LG생명과학과 한화케미칼 등에서 연구원으로 R&D 경험을 쌓았다. 서정진 셀트리온 회장이나 진양곤 에이치엘비 회장은 아예 바이오와는 무관한 학과를 전공했다. 서 회장은 대기업에서 컨설팅과 기획 업무를, 진 회장은 은행권 출신으로 M&A 영역에서 전문성을 보이다가 바이오 업계로 진출했다.

교수 개인이 아무리 뛰어난 신약 연구 성과를 갖고 있다고 해도 이를 사업화하는 건 다른 차원의 문제다. 신약 후보물질을 직접 발굴하는 대신 외부에서 유망 파이프라인을 도입해 임상개발을 이어나가는 바이오 기업들이 적지 않다. 이를 위해서는 실력 있는 전문가들을 모아서 시너지를 극대화하는 관리 역량 및 자금 조달 능력 등이 우선적으로 요구되기 마련이다. 대학 내 연구실 생활에 익숙한 교수들의 경우 상대적으로 간과할 가능성이 높은 영역이기도 하다.

외면받는 교원 창업 바이오텍

최근 들어 일부 VC를 중심으로 교수가 창업한 비상장 바이오 기업에 대해 소극적인 투자 기조가 형성되고 있는 것도 교원 창업 퇴조 현상과 무관치 않다. 한 VC 심사역 관계자는 "일부 교수들의 경우 학교와 회사를 제대로 구분하지 못하고 회사를 마치 연구실처럼 운영하는 경우가 있다"고 말한다. 교수 출신 창업자가 직원들을 대할 때 학생이나 연구 조교 다루듯이 하다가 반발을 사는 경우도 종종 회자된다.

교원 창업은 다른 바이오 기업과의 협력이나 펀딩 과정에서 자칫 이해상충 논란을 불러일으킬 수 있다. 해당 창업 교수가 특허 범위를 자의적으로 해석한 나머지 이에 대한 보고의무를 이행하지 않거나, 단독 출원을 진행하는 문제 등도 같은 맥락이다. 회사 설립 이후 발생하는 이슈들에 대해 문제 해결 능력이 떨어진다는 지적 또한 교수 창업자들에게 자주 제기된다.

국내의 경우 미국과 달리 교수직와 대표이사 지위를 '겸직'할 수 있는 부분에 대해서 VC를 포함한 투자자들의 우려가 끊이지 않는다. 교수 입장에선 사업에 실패해도 '돌아갈 곳(대학)'이 있기 때문에 위안이 되지만 해당 회사에 거액을 투자한 VC들은 상황이 다르다. 웬만하면 투자 결정에 앞서 해당 회사 창업자에게 기존 교수직을 포기하고 사업에 '올인'할 것을 요구하는 이유이기도 하다.

교수 출신 창업자가 사업에 집중하더라도 회사 경영 전반을 모두 책임 지기는 쉽지 않다. 이 때문에 VC를 포함한 투자자들은 교수 출신 창업자가 '본업'인 연구개발에 집중하고 재무나 인사 관리 등은 전문 경영인에게 맡기는 방안을 선호하는 편이다. 한 VC 심사역은 "(교수 출신) 창업자들이 R&D에 매진하기보다 본인의 지분율 관리라든가 밸류에이션에 신경을 쓰는 경우가 있는데, 이 경우 투자기관과의 신뢰 관계가 틀어질 수 있다"고 말한다.

이 때문에 교수 출신 창업자가 경영 전면에 나서지 않고 CTO(최고기술책임자)로서의 역할에 집중하는 바이오 기업 사례도 늘고 있다. 대신 외부 전문가를 CFO(최고재무책임자)라든가, CSO(최고전략책임자) 등으로 영입해 경영 전반을 위임하는 것이다. 연구에 전문성을 지닌 대학 교수가 CEO 역할까지 도맡을 만큼 폭넓은 경험을 갖지 못했다는 점을 고려한 의사결정이다. 다른 바이오 기업에서 IPO를 수행했거나 증권사에서 바이오 애널리스트를 담당했던 이들이 종종 핵심 경영진으로 영입되는 것도 같은 맥락으로 이해된다.

〉〉〉〈〈〈 국내에서 VC 주도의 바이오텍 창업이 어려운 이유 〉〉〉〈〈〈

"과학자가 창업하면 초기엔 기술개발에 관여하지만 5~10년이 지나면 제품개발 과정에서 할 일이 거의 없습니다. 과학자들이 연쇄 창업가가 되는 게 중요합니다." 툴젠을 창업한 김진수 전 서울대 교수가 언론과의 인터뷰에서 한 말이다. 그는 "한국은 교수의 CEO 겸임이 당연하다보니 1세대 바이오벤처의 창업자가 회장이거나 CEO직을 계속 유지하는 경우가 많다"고 지적했다. 교수는 CEO로서의 역할보다 계속 새로운 연구를 통해 창업에 나서야 하는데 그렇지 못하다보니 바이오 기업의 성장을 가로막고 있다는 설명이다. 김 전 교수는 "미국처럼 자금을 투입한 VC 주도 하에 CEO를 별도로 선임하면 창업한 교수가 자유로울 수 있다"고 해결책을 제시하기도 했다. 앞서 설명한 것처럼 미국 VC인 플래그십 파이오니어링과 손을 잡고 모더나를 창업한 로버트 랭거 박사의 사례와 일맥상통하는 부분이다.

과학기술정책연구원(STEPI)의 김석관 선임연구위원은, 한국은 제도·문화적 한계로 VC 주도 모델을 구현하기 쉽지 않다고 설명한다. 자본시장법상 VC의 경영 지배를 위한 투자가 제한돼 있어 창업을 주도하고 대주주로서 스타트업을 경영하는 것이 막혀 있기 때문이다. 실제로 포트폴리오 회사들에 대한 VC 심사역들의 경영 참여는 고작해야 기타비상무이사, 사외이사 등재 정도다. '선관주의 의무'에 그치는 수준이다. 펀드 투자자 입장에서 VC 심사역들이 경영 참여보다 수익률 관리에 좀 더 신경 쓰기를 바란다는 점도 일정 부분 영향을 미치고 있다.

김 연구위원은 VC 주도 모델이 작동하기 위한 전문 경영인 풀(pool)이 국내에 풍부하지 않다는 점도 한계로 지목했다. 한국은 스타트업 생태계의 역사가 짧아 창업 경험이 있거나 대기업과 스타트업을 거치면서 역량을 축적한 전문 경영인 풀이 부족한 실정이라는 분석이다.

실제로 VC 심사역 상당수는 '돈을 번 경험'을 통해 바이오 기업 경영에 직접 나서거나 창업에 도전하는 일이 거의 없다. 계속 투자가(investor)로만 남기를 원할 뿐 자금 회수까지 단행하며 얻은 인사이트를 직접 활용할 의지가 크지 않아 보인다. 해외에서 일부 '큰 손'들이 M&A를 통한 엑시트 자금으로 새로운 컴퍼니빌더(75쪽 각주) 역할을 이어가는 것과 대조적이다. 어쩌면 바이오 기업을 일정 부분 성장시키거나 엑시트까지 단행한 창업자들이 그 경험을 바탕으로 또 다른 바이오 기업의 전문 경영인으로 투입되는 것도 대안이 될 수 있겠다.

20 바이오틱 경영 승계의 딜레마, 후계자가 누구인지 봐야 한다

#지난 2022년 3월 성영철 제넥신 창업자(1956년생)가 사내이사와 이사회 의장직을 사임했다. 1999년 제넥신을 창업한지 23년 만에 경영에서 완전히 손을 뗀 것이다. 이사회 의장직은 제넥신 최대주주인 한독의 김영진 회장이 이어받았다. 이후 성 전 회장은 2대주주이자 고문으로서 별도 C-레벨 직책을 맡지 않고 R&D 후진 양성에만 집중하고 있다.

#김선영 헬릭스미스 창업자(1955년생)는 2023년 2월 회사 대표직에서 물러났다. 국내 코스닥 특례상장 1호 기업으로 한때 코스닥에서 시가총액 2위까지 올랐던 헬릭스미스의 최대주주가 카나리아바이오엠으로 바뀐 탓이다. 이후 김 전 대표는 2대주주 겸 최고전략책임자(CSO)를 맡으며 헬릭스미스 후보물질에 대한 임상개발, 사업전략을 총괄하기로 했다.

#서정진 셀트리온 창업자(1957년생)는 2023년 3월 셀트리온홀딩스와 그룹 3사의 이사회 공동의장으로 경영에 복귀했다. 2021년 초 주주총회에서 이사회 의장직을 포함한 모든 직위에서 사임한지 2년만이다. 서 회장은 장남 서진석 셀트리온 경영사업부 총괄대표와 서준석 전 셀트리온헬스케어 이사회 의장 등 두 명의 자녀를 두고 있다.

><II>< 창업자의 깊어지는 고민 ><II><

성영철, 김선영, 서정진 세 사람의 공통점은 무엇일까. 50년대생이라는 점 외에 모두 '1세대 바이오 창업자'라는 타이틀을 보유하고 있다. 제넥신(1999년), 헬릭스미스(1996년), 셀트리온(1991년) 모두 1990년대에 설립된 회사들이다. 상장한 지도 모두 10년을 훌쩍 넘겼다(셀트리온은 2008년 우회상장 후 2018년 코스피시장 이전 상장). 그만큼 신규 상장하는 바이오텍의 벤치마킹 대상이 되는 회사들이기도 하다.

공교롭게도 이들 3사는 지난 몇 년간 창업자를 포함한 지배구조의 변화를 겪었다. 한 곳(헬릭스미스)은 창업자가 해임 위기 끝에 회사에 새 주인을 맞으며 대표직과 최대주주 지위를 내려놔야 했다. 다른 한 곳(제넥신)은 외부 전문가를 내세우고 창업자 본인은 아예 회사 경영 일선에서 손을 떼는 의사결정을 내렸다. 2세들에게 경영을 맡겼다가 회사 상황이 나빠지자 다시 복귀한 사례(셀트리온그룹)도 눈여겨봐야 한다. 세 가지 케이스 모두 바이오 기업의 '지속가능한 지배구조'가 무엇인지에 대해 화두를 던진다.

3사 말고도 국내 1세대 바이오 기업 상당수는 창업자의 나이가 60대를 넘는다. 이들은 언제까지 계속해서 대표이사로서 회사를 이끌어갈 수 없다. 설사 그렇다고 해도 신약개발 성공이 단기간 내 보장되는 것이 아니다. 상장 이후에도 10년 넘게 R&D를 지속해 왔던 바이오 기업 대부분이 여전히 성과 창출에 어려움을 겪고 있다는 사실을 주목해야 한다.

이런 상황에서 바이오 기업들은 경영권 매각을 결정하기도 쉽지 않다. 수익을 내지 못하는 바이오 기업의 특성상 기업가치 전체에서 창업자 개인이 차지하는 비중은 상당하다. 일부 예외도 있지만 바이오 기업 밸류에이션의 핵심이라 할 수 있는 R&D 전략을 대부분 창업자가 주도하고 있기 때문이다. 인수자들이 이를 무시하고 해당 창업자의 지분을 사들이기란 만만치 않은 일이다. 창업자 지분율이 아무리 낮다고 해도 그 존재감을 무시하기 어려운 이유이기도 하다. 바이오 기업 창업자의 딜레마가 여기에 있다.

성영철 전 회장이 1999년 설립한 제넥신의 사례를 살펴보자. 2009년 상장 당시만 해도 최대주주인 그의 지분율은 33% 수준이었다. 2014년 한독이 CB 전환 등으로 최대주주에 오르면서 성 전 회장은 2대주주로 내려앉았다. 이후에도 유상증자, CB 발행 등으로 그의 지분은 계속 희석됐고 최근 지분율이 5.87%(2023년 9월 말 기준)까지 낮아진 상태다.

그렇다고 해서 창업자로서 성 전 회장의 존재감까지 희석된 건 아니다. 적어도 2023년 10월 이사회 의장을 포함한 제넥신 경영에서 완전히 손을 뗄 때까지는 실질적인 권한을 유지해 왔다고 봐도 무방하다. 회사가 전문경영인 체제를 도입했을 때도 '제넥신=성영철'이라는 공식은 상당부분 유효했다. 오랜 시간이 지났어도 투자자들이 성 전 회장에 거는 기대감을 내려놓기 어려웠던 셈이다.

이는 결과적으로 외부 전문가들이 회사에 안착하지 못하는 요인이 됐고 잦은 대표이사 교체로 이어졌다. 제넥신으로선 일관된 경영 전략을 전개하는데 어려움을 겪어야 했다. 성 전 회장에 대한 의존도 심화는 그동안 한독 측에서 용인한 측면도 있다. 최대주주로 올라섰지만 제넥신의 R&D 방향성 등과 관련해 성 전 회장의 영향력을 무시하기 어려웠다.

창업자가 건재한 바이오 기업에 대해 외부의 적대적 M&A 사례가 별로 없다는 점도 이와 무관치 않다. 설사 M&A가 이뤄지더라도 창업자가 어떤 식으로든 경영진 일원 또는 R&D 총괄 책임자로서 역할을 이어가는 경우가 적지 않다. 성 전 회장 역시 제넥신 2대주주이자 R&D 고문으로서 리더

⊃⊂ 제넥신 대표이사 변동 현황

1999년 6월 설립 ~ 2015년 8월	성영철 대표이사 체제
2015년 8월 ~ 2017년 8월	경한수/서유석 각자 대표이사
2017년 8월 ~ 2019년 11월	서유석 단독대표
2019년 11월 ~ 2021년 3월	성영철 회장, 4년만의 대표이사 복귀
2021년 3월 ~ 2021년 9월	성영철/우정원 각자대표 체제
2021년 9월 ~ 2022년 3월	우정원 단독대표, 성영철 회장 경영 퇴진
2022년 3월 ~ 2023년 1월	닐 워마(Neil Warma)/우정원 각자대표
2023년 1월 ~ 2023년 10월	닐 워마/홍성준 각자 대표이사
2023년 10월 ~	홍성준 단독대표

⊃⊂ 제넥신 상장계열 지배구조

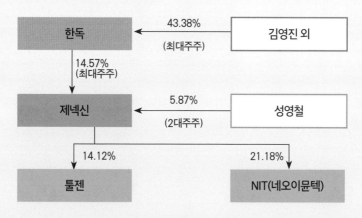

한독이 제넥신 최대주주가 된 이후에도 창업자인 성영철 전 회장에 대한 경영 의존은 한동안 유지됐다. 제넥신의 R&D 방향성 등과 관련해 성 전 회장의 영향력을 무시할 수 없었다. 바이오 기업으로서는 창업자가 정립해놓은 연구개발의 기조를 한순간 바꿀 수 없는 게 현실이다. 이처럼 바이오 기업에서 창업자의 존재는 전문 경영인이 회사에 안착하지 못하는 요인이 되곤 한다.

십을 발휘하고 있다.

헬릭스미스 창업자인 김선영 전 대표의 경우 최대주주가 바뀌고 대표이사 직에서 물러났지만 임상총괄 CSO(최고전략책임자)로서 회사 핵심 파이프라인에 여전히 깊이 관여하고 있다. 천랩(현 CJ바이오사이언스) 창업자인 천종식 대표 또한 2021년 7월 CJ제일제당에 경영권 지분을 넘긴 이후에도 2대 주주로서 CEO직을 유지하고 있다.

﹥║║﹤ 바이오 기업의 2세 승계 리스크 ﹥║║﹤

2세를 통한 바이오 기업 경영권 승계 리스크도 투자자 입장에서는 골칫거리가 아닐 수 없다. 증여나 상속으로 지분을 물려받은 자녀가 창업자의 신약개발 비즈니스를 원만히 이어갈 수 있다면 아무런 문제가 없다. 하지만 아직까지 국내 바이오 기업 가운데 경영권 승계가 제대로 이뤄진 사례는 찾아보기 어렵다.

셀트리온의 경우 서정진 회장이 2021년 이사회에서 물러났지만 2년 만에 경영 복귀를 선언했다. 사임 발표 때만 하더라도 두 아들을 통한 2세 경영이 본격화될 것으로 관측됐지만 창업자가 최대주주로만 남기에는 코로나19 팬데믹 등 시장 여건이 녹록치 않았다. 서 회장 사임 이후 그룹 계열사의 주가가 떨어지면서 투자자들의 우려가 커진 점이 창업자 복귀를 부추겼을 가능성이 높다. 회사 역시 상장 계열 3사 합병, 신약개발 투자 등 현안이 산적해 있는 상황에서 서 회장의 빠른 판단과 의사결정이 필요했다는 점을 강조했다.

셀트리온은 순수 바이오텍이라기보다 일정 수준 이상의 매출과 이익을 시현하는 회사인만큼 2세로의 경영권 승계 가능성이 열려있다. 하지만 적자를 이어가는 신약개발사 상당수는 2세가 창업자에 버금가는 능력을 인정받지 못한다면 경영권을 승계하기가 쉽지 않다. 김선영 헬릭스미스 전 대표는 과거 장남에게 지분 증여를 꾸준히 시도했지만 시장 반발에 부딪혀야 했다. 결국 임상 실패 이후 유상증자를 통해 회사 주인이 바뀌는 결과를 맞이했다.

LG생명과학(현 LG화학) 연구자 출신인 박순재 대표가 이끄는 알테오젠 역시 가족에게 경영권 이전이 이뤄질 가능성은 높아 보이지 않는다. 자녀가 특수관계인으로 회사 지분을 일부 보유하고 있을 뿐 바이오 관련 전공자도 아니고 경영 참여 이력도 없기 때문이다. 공동 창업자이자 박 대표의 배우자인 정혜신 사장(전략 총괄)도 퇴사한 상태다.

일부 바이오 기업들은 2세로의 승계 작업을 위해 전문 경영인을 활용하기도 한다. 창업자는 최대주주로 남고 전문 경영인이 후계자를 '보필(?)'하면서 최대한 시간을 벌겠다는 전략이다. 하지만 이러한 '경영수업' 형태가 장기적으로 투자자의 신뢰를 이끌어낼 수 있을지는 미지수다. 특히 2세가 비바이오 전공자라면 더욱 그렇다. 창업자로선 최대한 빨리 신약개발에 성공함으로써 후계자를 위해 안정적인 수익구조를 만들어놓기를 희망하지만, 그다지 현실성이 높은 시나리오는 아니다.

물론 대기업 계열의 바이오 기업은 상황이 다르다. 바이오벤처라기 보다 그룹의 사업 다각화 차원에서 바이오 사업을 시작한 만큼 관점을 달리 볼 필요가 있다. 2023년 말 정기 인사에서 승진 임용된 최윤정 SK바이오팜 사업개발본부장(부사장)이 대표적이다. 2017년 SK바이오팜에 입사한 지 6년 만으로, 그룹 내 최연소 임원이다. 신동빈 롯데그룹 회장의 장남인 오너 3세 신유열 상무 역시 같은 시기 롯데지주의 미래성장실장과 롯데바이오로직스의 글로벌 전략실장 겸직을 발령 받았다.

이들은 아직 '경영수업'에 그친다는 평가를 받고 있지만, 각자 지위에서 의미 있는 성과를 낼 경우 향후 계열 분리를 통한 경영권 승계로 이어지는 발판을 마련할 수 있다. 무엇보다 시스템과 전문 경영진이 갖춰진 대기업 계열사인 만큼 투자자 입장에선 오너 3세들에 대한 검증 부담을 낮출 수 있다. 적자 일변도인 순수 신약개발사와 달리 확실한 매출 플랜을 갖춘 곳들이라는 점도 차별화 포인트다. SK바이오팜은 자체 개발한 FDA 승인 약물(뇌전증 치료제) 등으로 2023년 3분기 누적 기준 매출 1,714억 원을 기록했다. 롯데바이오로직스 역시 미국 현지 공장을 보유한 위탁개발생산(CDMO) 업체라는 점에서 신약개발사에 비해 매출 기대치가 높다.

그렇다면 제약사(pharmaceutical company)는 어떨까. 국내 제약사 대부분은 합성의약품 위주의 제네릭(generic, 복제약) 사업을 영위하고 있다. 따라서 매출과 영업이익이 꾸준한 편이다(56쪽 각주). 신약개발을 위한 R&D에 굳이 무리해서 자금을 투자하지도 않는다. 꾸준히 팔리는 '스테디셀러' 약품이 있고 대표이사의 경영 능력에 크게 문제만 없다면 지속가능한 비즈니스를 영위할 수 있다. 국내 제약사들이 2세, 3세 승계로 이어지는 지배구조를 유지하는 이유가 여기에 있다.

실제로 제약사 관련 뉴스를 살펴보면 후계 구도와 증여 및 상속 문제에 대한 기사가 끊이지 않는다. 자녀가 회사 지분을 추가로 매입하고, 승계 자금을 어떻게 충당하는지 등의 뉴스는 주가에 적지 않은 영향을 미치기 마련이다. 대부분 국내 제약사들의 경우 2~3세 경영이 본격화되면서 '창업자 시대'는 이미 막을 내린 지 오래다.

⨉ 코스닥 시가총액 기준 톱20 제약/바이오/헬스케어 지배 현황

* 2023년 12월 11일 기준

회사명	분류	최대주주	소유/경영 분리 현황
셀트리온제약	제약	서정수	친인척
삼천당제약	제약	(주)소화	
클래시스	의료기기	BCPE Centur Investments	전문 경영인 체제
휴젤	의료기기	Aphrodite Acquisition Holdings	
에스티팜	바이오원료	동아쏘시오홀딩스	
HK이노엔	제약	한국콜마	
파마리서치	의료기기	정상수	
카나리아바이오	신약개발	카나리아바이오엠	
차바이오텍	신약개발	차광렬	
에이치엘비	신약개발	진양곤	최대주주가 CEO 겸직
알테오젠	신약개발	박순재	
루닛	AI영상	백승욱	
메디톡스	의료기기	정현호	
레고켐바이오	신약개발	김용주	
씨젠	진단	천종윤	
메지온	신약개발	박동현 외 2인	
에이비엘바이오	신약개발	이상훈	
바이오니아	신약개발	박한오	
오스코텍	신약개발	김정근	

코스닥 시가총액 상위 기준 제약/바이오/헬스케어 회사(20곳)를 조사한 결과 절반 정도는 최대주주(대부분 창업자)가 대표이사 지위를 겸직 중인 것으로 나타났다. 이들 대부분은 수익 기반이 마땅치 않은 신약개발사로 창업자 부재 시 지배구조 대안이 필요한 상황이다. 반대로 현금 창출이 꾸준히 발생하는 의료기기나 제약사는 전문 경영인 체제가 원활히 유지되는 편이다.

×◈× 창업자 이후 '플랜B'가 중요하다 ×◈×

바이오 기업 투자자로선 현 창업자 중심의 지배구조 체제가 영원할 수 없음을 깨달아야 한다. 대부분의 바이오 기업들이 언젠가는 겪어야 할 일이지만 당장은 이를 외면하는 경우가 많다. 국내 1세대 바이오 기업이라고 해도 미국이나 유럽에 비해 업력이 짧은 만큼 최근에서야 M&A 등을 통한 최대주주 변경 소식이 간간이 들릴 뿐이다. 이마저도 예상치 못한 이벤트 또는 지속가능한 경영이 어렵다는 이유로 불가피하게 내린 의사결정이 대부분이다.

2020년 코스닥에 상장한 줄기세포 연구기업 ○○생명과학의 사례를 살펴보자. 창업자가 2022년 3월 갑작스럽게 세상을 떠났다. 당시 회사 측은 창업자 별세에 따른 연구개발 연속성이나 자금 관련 문제는 없다고 밝혔지만 경영 공백에 대한 시장 안팎의 우려가 적지 않았다. 고인의 배우자가 최대주주 지위를 이어받긴 했지만 신임 대표 취임까지 CEO 자리가 5개월간 공석이어야 했다. 창업자 부재 리스크를 업계 전반에 일깨워준 사례였다.

투자자들은 창업자 부재 시 '플랜B'를 바이오 기업이 준비해놓고 있는지 확인해야 한다. 창업자 또는 현 대표이사가 어떤 후계 구도를 그리고 있는지를 살펴봐야 한다는 얘기다. 바이오 기업의 지속가능한 경영을 위해 매우 중요한 사안이다. 신약개발 자체에 워낙 오랜 시간이 걸리는 만큼 창업자가 결자해지할 것이라는 전략에 베팅해선 곤란하다. 비록 바이오 기업은 아니지만 애플이 1등 기업 명맥을 유지하는 건 창업자 스티브 잡스가 팀 쿡이라는 걸출한 후계자를 키워냈기 때문에 가능했다. 바이오텍을 비롯한 모든 기업들이 벤치마킹해야 할 부분이다.

'플랜B' 없이 지금의 창업자 체제가 마치 영원히 지속될 것처럼 관리하는 바이오 기업을 긍정적으로 바라보긴 쉽지 않다. 1인 지배 체제가 견고해지면서 자칫 독단적인 경영으로 이어질 수 있다. 소위 '하이테크' 기업이라고 할 수 있는 바이오 기업이 오히려 구시대적인 경영 체제를 고수하는 우를 범하게 된다는 얘기다. 창업자가 지분율을 늘리는데 집착하는 것도 같은 맥락이다. 이러한 기업일수록 창업자 부재에 따른 리스크는 훨씬 더 커지게 된다.

한 국내 바이오 기업은 '각자대표 제도'를 활용해 창업자 부재 리스크를 최소화하려는 모습을 보여준다. 2020년 상장한 마이크로바이옴 기반 신약개발사인 지놈앤컴퍼니는 2022년 초 '3인 CEO 체제'를 구축해 눈길을 끌었다. 창업자 2명과 외부 경영진 1명이 '각자대표'를 맡는 형태였다. 당시 설립 7년차 바이오벤처로서는 이례적 의사결정이었다.

자칫 경영 구조가 비효율적으로 흐를 수 있다는 의견도 나왔지만 창업자 1명에 권한이 집중돼 있는 대부분의 국내 바이오 기업 지배구조와 비교하면 분명 차별화되는 부분이다. '공동대표'는 도장이 2개 찍히지 않으면 승인되지 않지만 '각자대표'는 내부 결재나 외부 의사 표명을 단독으로 해도 효력이 있는 구조다. 의견 대립 시 해결에 다소 곤란을 겪을 수 있지만 평소에는 신속한 의사결정이 가능하다는 점에서 바이오벤처에 더 적합할 수 있다. 회사 입장에선 외부 경영진에 대한 '사전 트레이닝'으로 후계자를 길러내는 효과를 거둘 수도 있다.

사실 투자자뿐만 아니라 창업자 본인마저도 창업자 부재 이후 '플랜B'를 염두에 두고 있지 않을 가능성이 높다. 비상장사 입장에선 거래소의 '대주주 안정성' 같은 심사항목을 고려할 때 적어도 IPO까지는 창업자가 버텨야 한다는 구조적 문제가 있다. 상장 이후라고 해도 당장의 성과를 내는 게 우선이지, 후계자 트레이닝은 뒷전이다. VC 역시 상장 이후 엑시

⌘ 지놈앤컴퍼니 창립 멤버 출신 각자대표 현황

(2023년 3분기 공시 기준, *의결권 있는 주식)

성명	배지수(1971년생. 남)	박한수(1973년생. 남)
직위	대표이사	대표이사
등기임원 여부	사내이사	사내이사
상근 여부	상근	상근
담당 업무	경영 총괄	연구 총괄
소유주식*	1,887,500주	2,015,560주
최대주주와의 관계	등기임원	본인
재직기간	8년	7년 1개월
임기 만료일	2024.03.28	2025.03.28
주요 경력	서울대 의공학 석사, Duke University, MBA 2005~07년 Bain&Company 컨설턴트 2007~08년 한국MSD 대외협력이사 2015년~현재 지놈앤컴퍼니 각자대표	서울대 생화학 박사 2009~13년 Harvard Medical School, Brigham&Women's Hospital 선임연구원 2013~15년 미국 Jackson Lab 팀장/책임연구원 2016~현재 광주과학기술원 의생명공학과 부교수 2018년~현재 지놈앤컴퍼니 각자대표

2020년 상장한 마이크로바이옴 기반 신약개발사인 지놈앤컴퍼니는 '각자대표 제도'를 활용해 창업자 부재 리스크를 최소화하는 모습을 보여주었다. 2022년 초 '3인 CEO 체제'를 구축해 눈길을 끌었는데, 당시 설립 7년차 바이오벤처로서는 이례적 의사결정이었다. 현재도 배지수, 박한수 대표이사를 포함해 3명의 각자대표가 회사 경영을 이끌고 있다.

트(자금 회수)가 목적이기 때문에 회사의 지속가능한 성장에 대해선 관심을 덜 갖게 된다.

결국 자금 회수 옵션이 다양화돼야 하고 이를 바탕으로 창업자가 어떻게 회사를 지속 성장시킬 것인지 복안이 있어야 한다. 그리고 해당 고민을 실질적으로 풀어줄 동력자(회사 내 주요 임원 또는 외부 투자자 등)가 있어야만 '플랜B'가 제대로 작동할 것이다. 한 바이오 기업 대표는 "창업자 본인이 회사를 '소유물'로 생각해서 집착하기보다 언젠가는 떠나보내야 하는 '자식'의

느낌으로 봐야한다"고 했다. 창업자로선 그렇게 마음먹기가 쉽지 않겠지만, 회사의 지속가능한 경영을 위해서는 불가피한 선택이지 않을까.

)﹚﹚(바꿔야 산다! 이사회 중심 체제로의 전환)﹚﹚(

제대로 된 후계자를 찾을 수 없는 바이오 기업이라면 이사회 중심의 경영을 우선순위로 고려해야 한다. '지분율'과 '경영'은 별개로 봐야 한다는 얘기다. 만약 비상장 바이오 기업의 창업자라면 지분율 희석에 신경을 쓰지 않을 것이고 따라서 자금 조달 과정에서 밸류에이션 수치를 민감하게 받아들일 이유도 없어진다.

미국이나 유럽의 바이오 기업 창업자가 지분율에 집착하지 않는 모습을 보여주는 것도 이사회 경영과 무관치 않다. 예를 들어 창업자는 지분율 5% 내외에서 최고전략책임자(CSO) 정도의 역할만 하고 실질적인 매니지먼트는 전문 경영인에 맡기는 케이스다. 특히 최근에는 바이오 기업에도 ESG 지표를 적용하는 투자기관이 증가하는 만큼 이사회 중심 경영이 더욱 주목을 받을 것으로 보인다.

신규 상장한 바이오 기업들이 감사위원회 설치를 늘리고 있는 이유도 이사회 중심 경영으로 투명성을 높이기 위함이다. 자산총액이 1,000억 원을 초과하더라도 자발적으로 감사위원회를 설치하면 상근 감사 제도를 두지 않아도 된다. 비상장사 역시 내부통제 장치 강화 등으로 향후 IPO에 대비하는 모습이다. 최대주주와의 자금 거래 가능성을 차단해 경영 투명성을 높이고 소유와 경영을 분리하겠다는 취지다.

BUY
BIO

CHAPTER 6

미디어에 숨겨진
'바이오' 독법(讀法)

21

바이오텍의 보도자료
혹은 약장수의 거짓말

2021년 11월 22일 반도체 소재 기업 램테크놀러지가 초순도 불화수소 기술을 개발했다는 뉴스가 주요 경제지의 헤드라인을 장식하자 회사 주가는 상한가로 치솟았다. 다음날 오전까지 급등하던 주가는 하락세로 급변했는데, 이유는 '가짜 보도자료' 때문이었다. 램테크놀러지 측이 배포한 보도자료가 아니고 누군가가 허위로 작성했다는 사실이 밝혀진 것이다. 기업이 발송한 보도자료를 언론이 별다른 검증 없이 받아 써주는 관행을 교묘히 이용한 것이다. 이에 따른 손실은 오롯이 투자자의 몫으로 돌아갔다. '가짜 보도자료'까지는 아니지만 국내 바이오 업계 또한 '과장된' 보도자료가 난무하는 현실에 직면해 있다.

바이오 기업과 보도자료, 떼려야 뗄 수 없는 관계

'보도자료(press release)'란 말을 처음 들어본 사람은 없을 것 같지만, 실제로 투자자 중에는 보도자료가 생소한 사람이 적지 않다. 간단히 말해 보도자료는 언론 보도를 목적으로 기자에게 전달되는 요약 자료를 말한다. 회사나 정부부처, 단체 등의 홍보 담당자가 이메일 등으로 전달하면 해당 기자가 이를 받아서 기사로 쓰게 된다. 어떤 곳은 보도자료 작성 및 배포를 위해 외부 에이전시를 활용하기도 하지만, 바이오 기업은 특성상 내부 전담 인력을 두는 경우가 많다. 그만큼 정확한 정보 전달이 중요하기 때문이다.

신약개발사는 임상 결과나 R&D 진행 상황을 공개할 때 보도자료를 적극 활용한다. 기업가치에 영향을 미치는 민감한 내용인 만큼 신중을 기할 필요가 있다. 투자금을 조달하거나 외부에서 전문가를 영입할 때도 보도자료는 효과적인 홍보 수단이다. 모든 보도자료가 기사화되는 것이 아니기 때문에 회사는 기자들의 구미에 맞는 내용을 담으려고 신경을 쓰기 마련이다.

보도자료의 1차 목표는 어디까지나 미디어 노출이다. 특히 외부 자금 조달이 꾸준히 필요한 바이오 기업은 상장 유무와 상관없이 투자자에게 회사를 적극적으로 어필해야 한다. 제약사와 달리 별도로 수익 창구가 없는 경우가 많기 때문에 지속적인 언론 홍보 활동으로 회사가 '투자가치 있는' 비즈니스를 영위하고 있음을 보여줘야 한다. 상장사의 경우 보도자료는 대부분 주가를 올리기 위한 용도로 보면 된다.

상장사에 비해 일반 대중에 덜 알려진 비상장사들은 홈페이지 말고는 시장에 회사 정보를 알릴 방법이 마땅치가 않다. 감사보고서가 있지만 일정 조건(자산 120억 원, 부채 70억 원, 매출액 100억 원, 종업원 수 100명 이상의 기준 중에서 2개 이상을 충족한 회사)에 한해서만 금융감독원 전자공시 시스템(DART)에서 확인이 가능하다. 그만큼 회사 홍보에 한계가 있기 때문에 비용을 들여서라도 보도자료를 최대한 활용하려는 편이다.

상황이 이렇다보니 일부 바이오 기업은 불필요한 보도자료를 기자들에게 '남발'하기도 한다. 해외 유명대학 교수가 자사 연구실을 방문한 것과 관련해 경영진과 악수한 사진만을 기자들에게 내보낸 사례도 있었다. 독자들이 궁금해 하는 건 해당 전문가가 회사에 와서 어떤 논의를 나눴느냐인데 그 부분에 대한 내용은 전혀 없다. 단순히 '권위'에 호소하는 보여주기식 행보에 지나지 않는 행태임을 지적하지 않을 수 없다. 심지어 창업자의 일거수일투족을 이벤트화해서 그때마다 이를 보도자료로 만들어 보내는 회사들도 적지 않다.

))))((보도자료 뉴스? 어미와 과장법을 주목하라!))))((

그렇다면 투자자 입장에선 보도자료 뉴스를 어떻게 걸러서 봐야할까. 이를 논하기에 앞서 '취재 뉴스'와 '보도자료 뉴스'를 구분하는 것부터 시작해야겠다. 취재 뉴스는 말 그대로 기자들이 직접 사실관계를 확인해서 쓴 기사를 말한다. 회사 입장을 그대로 받아 적는 보도자료 뉴스와 구별된다. 보도자료 뉴스가 대부분 회사에 긍정적인 내용 일색이라는 점도 이와 무관치 않다.

보도자료는 사실관계를 전달하는 핵심 문장의 어미에서 일반 기사와 뚜렷한 차이를 보인다. 특히 회사를 주어로 해서 '~라고 밝혔다'라고 기재되는 경우가 많다. 제3의 회사나 외부 관계자의 코멘트가 아닌 해당 회사가 공식 입장을 드러냈다는 의미로 받아들여진다. 기자들이 취재 기사를 쓸 때 '~라고 밝혔다'라는 식의 어미를 되도록 피하려고 하는 이유도 해당 기

미국의 비즈니스 매거진 〈포춘〉의 커버(2014년 6월)를 장식했던 엘리자베스 홈즈. 그녀가 창업한 테라노스는 극소량의 혈액으로 250여 종의 질병을 확인할 수 있다는 기술을 대대적으로 홍보했다. 사실이라면 기존 바이오 시장을 통째로 뒤흔들 수 있는 혁신이라 할만 했다. 많은 투자자, 기업가, 정치인들이 홈즈와 테라노스를 마크 저커버그와 페이스북에 버금가는 위대한 스타트업이라고 칭송했다. 600만 달러의 투자로 시작된 테라노스의 기업가치는 한때 90억 달러로 급증했다. 하지만 모든 것이 거짓이었고 결국 홈즈는 희대의 사기꾼으로 전락하고 말았다. 바이오 업계의 허위 보도자료 논란은 결코 우리나라만의 문제가 아님을 방증하는 대목이다.

홈즈의 사기행각에 마중물 역할을 한 게 〈포춘〉이나 〈포브스〉 같은 미국의 명망 높은 언론이라면, 그의 범법행위에 경종을 울린 것도 언론이었다. 2015년 10월 15일자 〈월스트리트저널〉은 테라노스의 보도자료에 언급된 250여 종의 질병 중 실제로 진단할 수 있는 것은 헤르페스를 포함해 16종에 불과하며, 그나마도 자료의 유효성 시험(validity test) 요건을 충족시키지 않았다는 충격적인 사실을 보도했다.

사가 보도자료가 아니라는 점을 대중에 어필하려는 데 있다.

같은 시간에 비슷한 제목의 뉴스가 연이어 나오면 보도자료 뉴스라는 걸 의심해 볼 필요가 있다. 회사가 특정 시간에 보도자료를 뿌리면 보통 30분이 채 안 된 시점에 관련 기사가 쏟아지기 마련이다. 포털 사이트에서 기사를 시간 순으로 검색해 봐도 확연히 구분이 된다. 기자들 대부분이 보도자료를 거의 수정하지 않고 '있는 그대로' 써 주기 때문에 기사 작성에도 시간이 별로 걸리지 않는다. 일정 시점까지 보도금지를 뜻하는 엠바고 (embargo) 역시 보도자료 배포 시점을 의미한다는 점에서 같은 맥락으로 보면 될 것 같다. 각 언론사들이 사전에 정해진 엠바고 시간에 맞춰서 보도자료 뉴스를 내보내는 것이다.

보도자료 기사의 또 다른 특징 중 하나는 제목이나 기사 내용에서 사용되는 표현이 전반적으로 과장돼 있다는 점이다. '역대급', '사상 초유의', '전무후무', '수익 대박' 등과 같은 단어가 여과 없이 드러날 때가 많다. 기존에 나온 적이 없었던 신약개발 기술 또는 임상시험 결과 등을 홍보해야 하는 바이오 기업의 경우 특히 이런 식의 표현이 많다. 상당 부분은 투자자들의 눈길을 사로잡기 위해 무리수를 던지는 것이라고 보면 된다. 팩트체크를 해보면 실제로 그렇지 않은 경우가 비일비재하다.

회사 내 PR 담당자 또는 PR 에이전시 입장에선 대표이사 눈치를 보느라고 어쩔 수 없이 이 같은 표현을 쓸 때가 많다. (경영진이나 오너 상당수가 이처럼 과장된 수사를 좋아하기 때문일 것이다.) 사실 기자들이 기사 작성 전에 해당 보도자료를 확인하면 간단하게 해결될 일이지만 이걸 일일이 체크할 만큼 '적극적인' 기자들이 얼마나 있는지는 모르겠다. 그나마 최근에는 부사, 형용사 사용을 줄여서 되도록 건조한 문체로 정리하려는 보도자료가 늘어나는 분위기다.

엔지켐생명과학
코로나19 치료제, 임상 성공 대박 내나

엔지켐생명과학이 세계 첫 코로나19 치료제를 내놓을 것으로 자신하고 있다. 렘데시비르를 비롯한 치료제 후보들이 임상에서 효과가 있다는 분석이 나왔으나 대조군이 없는 실험 결과가 많아 분석에 한계가 있다는 지적이다. 아울러 임상 중 사망자들의 안전성에 대해서는 아직 의문표가 달린다.

엔지켐생명과학이 지난 주 식약처에 코로나19 치료제 임상 2상 시험계획(IND)을 제출한 'EC-18(PLAG)'은 코로나19 감염자 사망 1위 요인인 급성호흡부전 또는 급성호흡곤란 증후군을 일으키는 '사이토카인 폭풍'을 효과적으로 잡는다는 국제 논문 다수가 이미 나와 있어 긍정적인 결과가 예상된다.

아울러 변종이 나타나기 시작한 코로나19 바이러스 전반에도 효과가 있을 것으로 국내외 연구진은 보고 있다. 현재 준비 중인 임상은 식약처의 승인을 기다리고 있다.

충북대학교병원 등 공공기관도 참여해 120명 규모의 임상(위약 대조 병행)이 진행되는 만큼 객관성이 담보될 전망인데 코로나19 치료제의 미국 특허는 이미 출원했고 현지 임상 준비도 속도를 내고 있다.

아직 확정되지 않은 사실을 기반으로 바이오 기업의 임상시험 관련 내용이 기사화된 사례. 언론이 이를 무비판적으로 수용할 때 결국 피해자는 투자자가 될 수밖에 없다. 엔지켐생명과학은 그로부터 1년 뒤 코로나19 환자를 대상으로 진행한 국내 임상시험 2상에서 1차 평가변수를 충족하지 못했다는 사실을 공개해야만 했다.

291

》《 보도자료는 오너의 버킷리스트가 아니다 》《

바이오 기업들의 보도자료 기사를 볼 때 신경 써서 체크해야 할 부분 중 하나는 문장의 시제다. 만약 '과거형'보다 '미래형' 시제로 끝나는 문장이 많으면 내용의 신뢰도를 따져볼 필요가 있다. 예를 들어 신약개발사가 연초에 배포한 보도자료에 "연내 조 단위 글로벌 기술이전을 단행할 계획이다"라는 내용을 적는다면 이를 어떻게 받아들여야 할까.

바이오 기업 간 기술이전은 거래 상대방과의 비밀유지 계약도 그렇고 사전에 조금의 정보라도 공개되어서는 곤란하다. 일부 빅파마의 경우 이미 완료된 기술이전조차 계약금이나 마일스톤 금액 등을 공개하지 않도록 요구하기도 한다. 하물며 도장을 찍기도 전에 이런 식으로 투자자들에게 '바람'만 넣는다면 해당 바이오 기업의 진정성을 의심해 봐야 한다. 적어도 현재 시점에선 그만한 규모의 기술이전이 성사되진 않았기 때문에 큰 의미를 부여해선 안 된다는 얘기다.

기본적으로 보도자료는 거래 완료 또는 이사회 등 내부의 공식적인 의결 과정을 통해 확정한 사안 등을 기반으로 작성되어야 한다. 증권사 리서치나 외부 자문기관 등이 시장 전망을 내놓는 것과는 달라야 한다는 얘기다. 유상증자 등 공시 사항이라면 공시 시점과 비슷하게 맞춰서 보도자료를 내는 것도 중요하다. 아직 일어나지 않은 일을 가지고 보도자료를 낼 경우 창업자 또는 대표이사의 '희망사항'을 전달하게 될 가능성이 높다. 상장사라면 더욱 주의해야 한다. 투자자에게 헛된 기대감을 심어줄 수 있기 때문에 자칫 주가 조작과 같은 범죄로 이어지기도 한다.

이 같은 오류는 보도자료 뿐만 아니라 바이오 기업의 대표이사를 포함한 주요 경영진에 대한 인터뷰 기사에서도 자주 발견된다. "내년 상반기 안으로 흑자 달성하겠다" 등과 같이 결연한 의지가 느껴지는 제목을 통해서 말이다. 겉으로는 그럴 듯하지만 아직 달성된 것이 아니기 때문에 투자자들을 혼란스럽게 만들 수 있다. 실제 목표했던 흑자를 달성한 이후에 그와 관련한 보도자료를 내는 것이 좀 더 신뢰감을 높일 수 있다는 뜻이다. 구체적인 매출을 실현한 것과 앞으로 매출을 실현하겠다는 건 분명 다르다. 더구나 바이오 기업처럼 투자자에게 '꿈을 파는' 업종일수록 보도자료는 좀 더 신중히 작성되어야 한다.

특히 임상시험 결과를 둘러싸고 보도자료에 섣불리 '임상 성공'이라는 제목을 붙이는 바이오 기업은 무조건 경계해야 한다. 1차 평가지표(primary endpoint)를 달성하지 못했는데도 불구하고 안전성 또는 유효성을 확인했다는 것만으로 보도자료를 뿌린다면 투자자들이 현혹될 수 있다는 얘기다. 자료 내용을 세부적으로 살펴보면 1차 평가지표를 입증하지 못했다는 점을 확인할 수 있지만 그 정도로 꼼꼼한 투자자들을 찾기란 쉽지 않다. 투자자 대부분은 뉴스를 통해 드러나는 내용을 그대로 믿기 마련이다.

시간을 2020년부터 2022년 초로 되돌려보자. 코로나19 바이러스 확산으로 전 세계적으로 사망자 및 환자 수가 폭발적으로 늘어나던 시기였다. 거의 매일 코로나19 관련 뉴스가 헤드라인을 장식했고 누가 먼저 치료제 및 백신을 개발할 것인가가 제약/바이오 업계 최대의 관심사였다. 각국 정부들도 패스트트랙(fast track) 도입 등으로 신약 심사기간을 단축시키는데 적극적인 모습을 보였다.

당시 국내 제약/바이오 기업들은 어떤 행보를 보였을까. 언론에서는 코로나19 치료제나 백신 개발을 둘러싸고 장밋빛 전망만을 그리는 보도자료 기사가 쏟아져 나왔다. "오미크론 변이에 조만간 대응 가능한 백신 또는 진단키트를 만들어 내겠다" 또는 "○○물질이 코로나19 바이러스에 강력한 해결책이 될 수 있을 것" 등의 계획만을 늘어놓는 기사가 대부분이었다.

기존 치료제에 대한 약물재창출*, 즉 '드럭리포지셔닝(drug-repositioning)'으로 코로나19에 대응하겠다는 제약사 및 바이오 기업들의 보도자료도 적지 않았다. 뚜렷한 임상시험 근거 없이 당장의 주가 상승에만 목적을 둔 시나리오 수준의 보도자료들이 대부분이었다. 정부 역시 코로나19 치료제 개발사 5곳과 백신 개발사 9곳 등 총 14곳의 임상 과제에 1,600억 원이 넘는 돈을 지원하며 투자자들의 기대감을 끌어올렸다.

하지만 이들 업체 중에서 일정 성과를 보인 곳은 셀트리온(치료제 렉키로나)과 SK바이오사이언스(백신 스카이코비원) 정도에 그쳤다. 국내 제약사와 바이오 기업 대부분이 코로나19 관련 제품의 임상을 중단하면서 용두사미가 아니냐는 지적을 피하기 어려웠다. 불확실한 정보에 기반한 보도자료로 주가만 띄운 셈이었다. 손실은 오롯이 투자자들의 몫이었다.

일양약품은 지난 2020년 3월 동물실험에서 라도티닙이 대조군에 비해 코로나19 바이러스를 70% 줄이는 것으로 나타났다는 보도자료를 배포했다. 라도티닙은 일양약품이 자체 개발한 2세대 만성 골수성 백혈병 치료제(제품명 슈펙트)다. 이후 코로나19 적응증으로 러시아 임상 3상을 실시하며 국내 최초로 해외 임상에 들어간다고 밝혔다.

코로나19 테마주로 부상한 일양약품의 주가는 순식간에 요동쳤고, 2020년 1월 2만 원에서 2020년 7월 9만7,000원까지 급등했다. 개인투자자들이 몰려든 사이 일양약품 오너 일가 등 특수관계인들은 고점에서 주식을 내다팔았다. 하지만 회사는 2021년 3월 거래소 공시를 통해 임상 3상 실패를

---

* 이미 시판되어 사용되고 있어 안전성이 입증된 약물이나 임상시험에서 안전성은 있지만 효능이 충분히 입증되지 않아 허가 받지 못한 약물을 대상으로 새로운 적응증을 규명한 신약개발의 한 방법.

⊃⊂ 일양약품이 자율공시의 '기타 경영사항' 항목을 통해 밝힌 임상 3상 실패

1. 제목	라도티닙 COVID-19 , 러시아 R-PHARM 임상 3상 결과
2. 주요 내용	1.주요 내용 일양약품 라도티닙(Radotinib)의 COVID-19 임상 3상을 러시아 R-PHARM 社가 진행하였으나, 표준 권장 치료(러시아 MOH 권장 사항에 따름)보다 우수한 효능을 입증하지 못하였습니다. 이에 러시아 R-PHARM社는 러시아의 COVID-19 환자 치료를 위한 라도티닙 마케팅 승인 신청을 진행하지 않을 것입니다. 2. 향후 계획 러시아 R-PHARM社는 라도티닙 CML적응증 등록을 2021년 내에 완료할 계획입니다.
3. 결정(확인)일자	2021-03-04
4. 기타 투자 판단과 관련한 중요 사항	

- 상기 확인일자는 결과보고서 수취한 일자임.
- 임상시험 약물이 의약품으로 유효성을 확인하고 최종 허가받을 확률은 통계적으로 약 10% 수준으로 알려져 있습니다. 임상시험 및 품목허가 과정에서 예상하거나 기대에 충족하지 못하는 결과가 나올 수 있습니다. 투자자분들께서는 수시공시 및 사업보고서 등을 통하여 공시된 내용을 바탕으로 투자 위험을 고려하여 신중히 투자하시기 바랍니다.

일양약품은 지난 2020년 3월 동물실험에서 라도티닙이 대조군에 비해 코로나19 바이러스를 70% 줄이는 것으로 나타났다는 보도자료를 배포했다. 라도티닙은 일양약품이 자체 개발한 2세대 만성 골수성 백혈병 치료제(제품명 슈펙트)다. 이후 코로나19 적응증으로 러시아 임상 3상을 실시하며 국내 최초로 해외 임상에 들어간다고 밝혔다. 일양약품의 주가는 2020년 1월 2만 원에서 2020년 7월 9만7,000원까지 급등했다. 개인투자자들이 몰려든 사이 일양약품 오너 일가 등 특수관계인들은 고점에서 주식을 내다팔았다. 하지만 회사는 2021년 3월 거래소 공시를 통해 임상 3상 실패를 발표했고 주가는 큰 폭으로 하락했다.

⊃⊂ 코로나19 백신 개발 중단

기업	단계	중단시기
셀리드	임상 2b상	2022년 12월
삼천당제약	투자 유치	2022년 9월
HK이노엔	임상 1상	2022년 5월
제넥신	인도네시아 임상 2/3상	2022년 3월

⊃⊂ 코로나19 치료제 개발 중단

기업	단계	중단시기
대웅제약	임상 3상	2022년 3월, 12월
동화약품	임상 3상	2022년 11월
크리스탈지노믹스	임상 2상	2022년 7월
종근당	임상 3상	2022년 7월
셀트리온	유럽 임상 2상	2022년 6월
큐리언트	남아공 임상 2상	2022년 2월
부광약품	임상 2상	2021년 9월
GC녹십자	임상 2상	2021년 5월
일양약품	임상 3상	2021년 3월

자료 : 금융감독원

발표했고 주가는 큰 폭으로 하락했다. 시장에서는 주가조작 의혹이 제기됐고 대표이사가 국정감사에서 이를 직접 사과하는 사태로까지 이어졌다(86쪽).

신풍제약 역시 코로나19로 인해 주가가 롤러코스터 흐름을 보인 대표적인 기업이다. 회사는 말라리아 치료제인 피라맥스를 약물재창출 방식으로 코로나19 치료제로 개발을 시작했다. 이 영향으로 2020년 초 8,000원도 안 되던 주가가 2020년 9월 21만 원을 넘겼고 시가총액은 한때 10조 원대를 기록했다. 당시 회사는 자기주식 처분을 통해 2,100억 원이 넘는 자금을 확보하기도 했다. 하지만 2021년 임상 2상에서 통계적 유의성(301쪽) 확보에 실패했고 2023년 10월 공개한 임상 3상 톱라인 역시 1차 유효성 지표를 충족하지 못했다.

⫸⫷ 사실의 나열보다는 '리뷰'가 중요하다 ⫸⫷

상황이 이렇다보니 보도자료 자체에 대한 투자자들의 불신감도 커지는 분위기다. 해당 회사 입장에선 최대한 언론에 많이 노출되길 바라는 목적이겠지만 요즘처럼 미디어 숫자가 많아지다 보니 실질적인 홍보 또는 IR 효과가 오히려 떨어지는 것 아니냐는 의견도 나온다. 보도자료가 회사의 입장(특히 최대주주)만을 일방적으로 대변하는 내용일 뿐 실제 기업가치에 미치는 영향에 대해선 좀 더 따져볼 필요가 있다는 것이다.

보도자료가 배포되는 시점과 대상도 논란거리다. 대다수 개인투자자들은 기업가치에 영향을 미칠만한 이벤트를 기사를 통해 뒤늦게 접하게 된다. 기자나 기관투자가 등 일부 '핵심 관계자'에게 보도자료가 사전에 공유되는 것과 대조적이다. 회사 측이 주요 IR 행사에서 기관투자가나 애널리스트 등의 참석만 허용하고 개인을 배제하는 것도 같은 맥락이라고 볼 수 있다.

사실 해외에서는 소송으로 이어질 수도 있는 사안이다. 보통 기자나 내부 관계자들에게 엠바고까지 '침묵'을 요구하지만 대규모 기술이전이나 임상 결과가 공개되기에 앞서 주가가 요동치는 사례가 적지 않다. 공시 또는 기사화 전에 정보가 새나갔을 것으로 의심하기 충분한 정황이다.

결국 주가에 영향을 미칠만한 중요한 이슈가 있을 때는 회사 홈페이지나 공시 등을 통해서 '무차별적으로' 그리고 '동일한 시점에' 정보 공개가 이뤄져야 한다. 일부 기업들이 자체 뉴스룸을 통해 보도자료를 대체하고 있다는 점도 의미 있는 변화로 보인다. 이럴 경우 그동안 보도자료를 받아쓰기만 해왔던 기자들은 도태될 가능성이 높다. 독자나 투자자들이 '천편일률'적인 내용의 기사를 점점 더 외면하고 있는데다 ChatGPT와 같은 AI챗봇도 등장한 만큼 기자들의 위기감이 더욱 커지는 분위기다.

팩트만 있는 그대로 전달하는 것이 아닌, 해당 팩트에 대한 개별 언론 또는 기자의 정제된 리뷰가 절실한 요즘이다. 특히 온갖 루머와 가설이 난무하는 제약/바이오 업계 담당 기자라면 기사 송출에 앞서 사실관계를 좀 더 꼼꼼하게 확인해야 하지 않을까.

22 공시와 뉴스 속 'R&D' 이해하기

SNS를 보다보면 누군가 분석한 글에서 바이오 기업의 임상시험 등 R&D 내용을 둘러싼 전문적인 식견에 깜짝 놀랄 때가 한두 번이 아니다. 이들 중에는 제약사나 바이오 기업에 근무하지 않지만 스스로 공부를 통해 일정 경지에 오른 인플루언서들도 있다. 바이오 R&D에 대한 해석은 생명과학이나 약학 전공자여야만 가능하다는 시장의 편견을 깡그리 깨부수는 순간이다. 비전공자라고 해도 뉴스와 공시자료를 부지런히 찾아 읽고 나름 분석해보고자 하는 노력 여하에 따라 업황에 대한 인사이트를 함양할 수 있는 것이다.

주변을 돌아보면 과거의 지식에만 매몰돼 더 이상 공부하지 않는 바이오 종사자 및 투자자가 적지 않다. 물론 그렇다고 매번 논문을 읽고 학회를 찾아다니라는 얘기는 아니다. 적어도 뉴스나 공시 등 공개된 정보를 제대로 해석만 할 수 있어도 의미 있는 투자결정을 내리는 데 도움이 된다.

⋈⊪⋈ 임상 '승인'은 '성공'이 아니다 ⋈⊪⋈

개인투자자가 바이오 섹터를 볼 때 가장 어려워하는 부분은 무엇일까. 결국 임상 등 전문적인 R&D 이슈가 아닐까 싶다. 상장 바이오 기업이라면 사업보고서 등을 통해 대략의 R&D 현황이라도 파악할 수 있지만 비상장사는 그것조차 쉽지 않다. 생명과학 전공자 등 전문적 소양을 갖춘 투자자라면 학회 발표 자료라든가 전문지에 실리는 논문 등을 어느 정도 이해할 수 있지만, 비전문가 입장에선 쉽게 접근하기 어려운 영역이다. 그렇다보니 막상 자료가 있어도 공부해서 이해하려고 하기보다는 전문가의 의견에 의존하려는 경향이 강하다.

그런 전문가들조차 주변에 없다면 직접 뉴스나 공시를 봐야한다. 하지만 제약/바이오 담당 기자 중에서도 '비전공자'가 많기 때문에 기사에 업계 현실을 제대로 반영하지 못한 오류가 자주 발견되곤 한다. 투자자 입장에서 기자들이 작성한 R&D 관련 기사일지라도 있는 그대로 받아들여선 곤란한 이유다.

바이오 기업들의 임상시험 관련 뉴스에 '성공'이란 단어가 자주 발견되는 점도 이와 무관치 않다. 회사 측에서 배포한 보도자료를 기자들이 그대로 기사로 옮겼을 가능성이 높다. 기사가 포털이나 HTS에 풀리면 주가는 곧바로 불기둥을 그리기 시작한다. (물론 그 반대도 있긴 하지만 임상 실패를 보도자료로 내는 회사는 거의 보지 못했다.) 이처럼 바이오 기업이 임상시험의 결과에 대해 직접 성공 또는 실패를 얘기하는 건 바람직한 걸까. 당연히 아니다!

임상 의뢰자인 바이오 기업이 해당 임상 결과의 성패(成敗)에 대해 왈가왈부해선 곤란하다. 거래소는 신약개발의 성패가 임상시험 결과 등을 토대로 규제기관이 시판을 허가하는지 여부에 따라 결정되는 것이라고 설명한다. 임상시험 결과와 관련해 제3의 기관인 CRO(임상시험수탁기관) 등이 분석한 임상시험 결과보고서를 공개하지 않은 채, 회사의 자체적 판단 및 분석 내용만 공시하는 건 더더욱 안 될 일이다.

임상시험에 대해선 객관적인 수치와 데이터 그리고 이에 대한 과학적 해석만이 있을 뿐이다. 따라서 규제기관이 상업적 허가를 (시판허가) 승인하기 전까지는 임상시험의 성패를 둘러싼 판단은 오롯이 업계와 시장의 몫으로 두어야 한다.

언론은, 임상 결과를 긍정적으로만 해석해 내놓은 보도자료를 섣불리 기사화하지 말아야 한다. '국내 1호 블록버스터 도전', '대규모 기술수출 협의 중'과 같은 표현을 공시나 보도자료에 기재한 바이오 기업이 자주 눈에 띄는 건 위험한 일이 아닐 수 없다. 주가 상승을 도모하기 위한 경영진의 희망사항일 뿐 실제 라이선스아웃으로 이어진 사례는 드물기 때문이다. 거래소 측은 임상 종료 이후 '향후 계획' 역시 임상시험 진행 관련 사항에 한해 제한적으로 기재해야 한다는 입장이다.

투자자들의 혼란을 키우는 요인 가운데 하나가 '임상 승인'이라는 기사 제목이 있다. 이것만 보면 진짜 임상시험 관문을 통과한 것처럼 느껴진다. 하지만 정확하게는 '임상시험 계획 승인(IND)'이 맞는 표현이다. 조인수 사노피 의학부 이사는 "IND도 의미 있는 행보인 건 맞지만 그 자체로 해당 파이프라인의 임상적 유효성이나 의학적 가치가 확인되었다는 뜻은 아니다"라고 지적했다.

주가에 민감한 대부분의 상장 바이오 기업들은 이 같은 '가이드라인'에 맞추는 걸 여전히 꺼리는 눈치다. 물론 회사가 과장된 내용의 보도자료를 낸다고 해도 해당 기자가 제목을 수정하면 되지만 이를 얼마나 실천할 지는 의문이다. (반대로 회사가 보도자료를 '제대로' 써도 매체에서 조횟수를 올리려는 의도로 기사 헤드라인을 '어그로(aggro)'* 하는 경우도 있다.)

)◖◖◖ 1차 평가지표, p값 그리고 통계적 유의성 ◗◗◗(

바이오 관련 기사를 읽다 보면 종종 PFS(progression-free survival, 무진행 생존기간), TTP(time to progression, 종양 진행까지의 시간), OS(overall survival, 전체 생존기간) 등과 같은 전문적인 영문 이니셜을 접하곤 한다. 이러한 용어는 주로 약의 유효성이나 안전성 등을 판단하기 위한 평가지표를 설명할 때 등장한다. 바이오 기업은 그 중에서도 특정 임상시험이 입증하려는 주요 목적과 직접 연관되는 변수를 1차 평가지표(primary endpoint)로 정한다. 보조적인 성격의 2차 평가지표(secondary endpoint)가 있긴 하지만 이에 대한 결과는 후순위라고 보면 된다.

기본적으로 1차 평가지표를 만족하지 못했다면 임상이 목표를 달성하지 못했으므로 실패한 것으로 해석해야 한다. 2차 평가지표는 추가 임상의 가능성이 열려 있다는 의미 정도로 받아들여야 할 것이다. 이른바 '미충족 의료 수요'가 다수인 시장에선 2차 평가지표로도 제한적인 허가를 받을 수 있겠지만, 가능성은 희박하다.

이 부분에 대한 논의 과정에서 빠지지 않는 용어가 있다. 바로 p값을 의미하는 '통계적 유의성(statistically significant)'이다. 보통 과학자들이 특정 가설을 신뢰할 수 있는지 통계적으로 검증할 때 사용한다. 즉, 임상 결과가 유

• 관심을 끌고 분란을 일으키기 위하여 인터넷 게시판 따위에 자극적인 내용의 글을 올리거나 악의적인 행동을 하는 일(편집자 주).

의미한 차이를 보이지 않는 데도 차이가 있는 것처럼 잘못 결론을 내리는 오류(1종 오류)의 확률이다. 이를테면 p값이 6% 이하라면 실제 효과가 없는 약이 효과가 있다고 나올 가능성을 6% 이하로 통제한다는 의미다. 보통 업계에서는 5% 이하를 통계적으로 유의미하다고 받아들이긴 하지만, 절대적인 기준은 없다.

임상 2a상에서 p값 기준(5%)을 맞추지 못했다고 이를 무조건 임상 실패로 볼 수 있을까. 임상 2a상은 비교적 적은 환자를 대상으로 진행하기 때문에 통계적 유의성을 확보하는 것이 쉽지 않다. 다만 2a상의 목적은 유효성과 안전성에 대한 확증적 근거를 마련하는 것이 아니라는 점에 주목할 필요가 있다.

⋊ 샘플 사이즈와 p값 추이

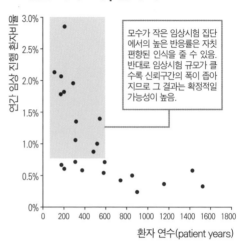

모수가 작은 임상시험 집단에서의 높은 반응률은 자칫 편향된 인식을 줄 수 있음. 반대로 임상시험 규모가 클수록 신뢰구간의 폭이 좁아지므로 그 결과는 확정적일 가능성이 높음.

⋊ 통계적 유의성과 임상 데이터 경쟁력

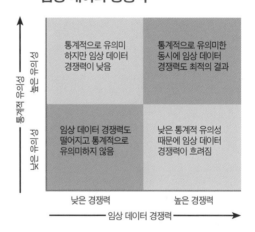

p값의 경우 샘플 사이즈가 많을수록 그 수치는 낮아진다. 자금 사정이 여의치 않은 바이오텍의 경우 임상 환자 모집 수가 대체로 적어 한두 명의 데이터로도 p값이 5% 이상 나오기 쉬운 탓에 통계적 유의성을 입증하기 어렵다. 아울러 p값이 낮고 임상 데이터 경쟁력이 높을수록 최적(optimal)의 결과치를 도출하게 된다.

즉, 2a상은 보통 유효성과 안전성에 대해 후속임상 진입 전 사전 정보를 얻기 위한 탐색적 임상(therapeutic exploratory)으로 분류된다. 따라서 후속임상에 진입해도 좋다는 안전성 및 유효성을 입증할 수 있는 적정 용법/용량에 대한 근거를 확보할 수 있다면 2a상의 임무를 다한 것이다.

전문가들은 약물 유효성을 뒷받침하는 데이터가 확보된다면 5% 이상의 p값에도 후속임상(2b) 진입이 가능하다는 입장이다. 2b상에서 좀 더 많은 환자군을 대상으로 의미 있는 효력을 확인하고 적정 용법/용량을 결정하면 된다는 얘기다. 이에 대해 허혜민 키움증권 연구원은 "2a상에서 p값에 집착해 성공과 실패를 나누는 것은 적절하지 않다"며 "좀 더 입체적인 데이터 해석이 필요한 부분"이라고 진단했다.

1차 및 2차 평가지표와 대리지표를 둘러싼 논란도 끊이지 않는다. 보통 항암제 임상에서 대리지표는 더 적은 수의 임상 피험자를 대상으로, 더 짧은 기간 동안 임상시험을 진행할 수 있도록 해준다. 항암 임상시험의 대표적인 1차 평가지표인 환자 전체 생존기간(OS)을 따지는 것은 시간이 많이 걸리므로, 암의 크기가 줄었다거나 재발하기까지의 시간 등을 측정하는 대리지표를 허용하는 것이다.

다만, 투자자의 혼란을 방지하기 위해 IND 과정에서 2차 평가지표 기재는 가급적 지양해야 한다는 것이 거래소의 기본방침이다. 무엇보다 대리지표가 인정받기 위해서는, 처음부터 임상시험계획서에 대리지표를 1차 평가지표로 정의해 두어야만 한다. 2차 평가지표에 있던 대리지표들을 임상시험이 끝난 후에 주장하는 것은 곤란하다.

일부 바이오 기업의 경우 1차 평가지표를 충족하지 못했는데도 불구하고 2차 평가지표 결과를 바탕으로 임상 성공을 발표함으로써 투자자들에게 혼란을 초래하기도 한다. 임상 목적에 따라 2차 평가지표가 의미 있는 정보에 해당한다면 처음부터 이를 구체적으로 명기해야 한다. 임상시험결과보고서 수령 후에도 관련 통계 결과 값 전부를 공개해 잡음이 없도록 해야 한다.

한올바이오파마의 사례를 살펴보자. 회사는 2020년 1월 안구건조증 치료제 'HL036'의 미국 3상 결과를 공개했다. 2차 평가지표인 CCSS(각막의 중앙부 손상 개선 정도)와 총각막염색지수(TCSS, 총 개선 정도)에서 위약 대비 유의미한 효과를 보였다며 '임상이 성공적'이었음을 강조해 발표했다. 하지만 정작 임상 주평가지표인 하부 각막염색지수(ICSS)에선 유의미한 결과를 얻지 못했다. 시장에서 논란이 제기되자 뒤늦게 '절반의 성공'이라는 입장을 밝혔다.

한올바이오파마는 2023년 5월 재도전한 HL036의 임상 3상에서도 1차 평가지표가 아닌 2차 평가지표를 확보하는데 만족해야 했다. 2차 평가지표가 그렇게 중요했다면 처음부터 규제기관과 협의한 뒤 해당 지표들(CCSS, TCSS)을 1차 평가지표로 정의 내렸어야 했다. 아울러 그렇게 설정해야 하는 합리적인 근거를 제시해 임상시험에 나섰다면 문제의 소지가 줄었을 것이다.

에이치엘비는 2019년 6월 리보세라닙의 위암 대상 글로벌 임상 3상 결과에 대해 "1차 평가지표인 전체 생존기간(OS)에서 통계적 유의성을 충족하지 못해 미국 허가 절차가 힘들 것 같다"고 발표했다. 하지만 석 달 뒤인 같은 해 9월 임상 3상 전체 데이터를 공개하며 2차 평가지표인 무진행생존기간(PFS) 효능을 바탕으로 미국 FDA에 신약 허가를 추진했다. 현재 에이치엘비는 항서제약의 면역항암제(캄렐리주맙)와 리보세라닙의 병용요법을 위암이 아닌 간암 1차 치료제로 내세워 FDA 품목허가에 도전한 상태다.

종근당도 유사한 사례가 있다. 2021년 코로나19 치료제 후보물질인

'나파벨탄'에 대한 임상 2상을 실시했는데 1차 유효성 평가지표(임상적 개선까지 걸린 시간)를 충족하지 못했다. 회사 측은 조기경고점수(NEWS) 7점 이상인 환자군에서 통계적 유의성을 확인했다고 밝혔지만 사전에 정의된 가설에 따른 것이 아니라는 점 때문에 조건부 승인이 이뤄지지 않았다. 이후 중증 고위험군을 대상으로 임상 3상을 진행했지만 결국 자진 중단을 결정해야 했다.

해외 사례는 어떨까. 알츠하이머 신약인 아두헬름이 그랬다. 치매의 경우 인지기능 저하의 개선이 1차 평가지표가 되어야 하지만, 이를 객관적으로 검증하기가 쉽지 않다. 기억력이 단기간에 급격히 나빠지는 것도 아니고 이를 보존해줄 지는 오랜 시간이 지나봐야 알 수 있다. 아두헬름은 임상 3상에서 통계적 유의성을 달성하지 못했는데도 2차 평가지표로 설정되었던 대표적인 대리지표인 '베타아밀로이드의 제거'에 효과가 있다는 결과를 바탕으로 조건부 허가를 받았다(베타아밀로이드는 알츠하이머의 원인으로 알려진 신경세포의 비정상 단백질을 의미한다). 하지만 실제 임상에서의 효과와 안전성 논란 등이 이어지며 아두헬름은 시장에서 퇴출되는 수순을 밟았다.

'비전공자'라 할지라도 바이오 투자에 나서기 위해서는 관련 뉴스를 어느 정도 스스로 해석할 수 있는 능력을 키워야 한다. 이때 가급적 뉴스보다 공시를 직접 찾아보는 것을 추천한다. 공시와 전혀 다른 내용으로 보도자료를 배포하는 바이오 기업들이 적지 않기 때문이다. 이는 개인투자자를 기만하는 행위나 다름없다. 거래소에서 고질적인 정보 비대칭성을 해소하기 위해 제약/바이오 기업들이 내놓는 R&D 관련 공시에 대해서 구체적인 가이드라인을 제시한 이유가 여기에 있다.

2023년 2월 '제약/바이오 업종 기업을 위한 포괄공시 가이드라인'에 따르면 회사가 IND를 공시할 때 반드시 임상시험계획서(protocol)에 기재

최근 10년간 미국 FDA 신약 승인 추이

출처 : FDA

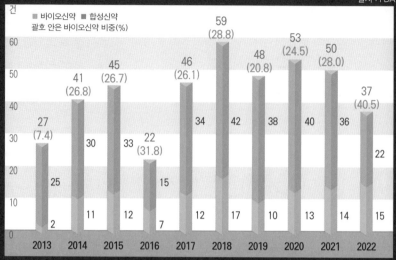

건

■ 바이오신약　　■ 합성신약
괄호 안은 바이오신약 비중(%)

연도	2013	2014	2015	2016	2017	2018	2019	2020	2021	2022
합계	27 (7.4)	41 (26.8)	45 (26.7)	22 (31.8)	46 (26.1)	59 (28.8)	48 (20.8)	53 (24.5)	50 (28.0)	37 (40.5)
합성신약	25	30	33	15	34	42	38	40	36	22
바이오신약	2	11	12	7	12	17	10	13	14	15

미국 FDA의 임상시험은 한 해 동안 승인된 신약이 2022년 기준 37건에 불과할 정도로 바늘구멍이다. 그러니 국내 기업이 FDA에서 최종 승인을 받는다는 건 그야말로 엄청난 이벤트가 아닐 수 없다. 2022년 들어 FDA의 신약 승인 건수가 감소한 까닭은 2021년 알츠하이머 치료제 아두헬름(바이오젠) 승인에 대한 부담 때문이라는 해석이 제기됐다. 당시 FDA는 아두헬름을 승인해서는 안 된다는 자문위원회의 결정을 무시하고 아두헬름을 승인했다. 시판 이후 아두헬름은 부작용 및 위험성 대비 부족한 효능으로 시장의 외면을 받았다. 이처럼 시장의 평가는 냉정하고 절대적이다. 임상시험의 성패를 둘러싼 판단을 오롯이 업계와 시장의 몫으로 두어야 하는 이유다.

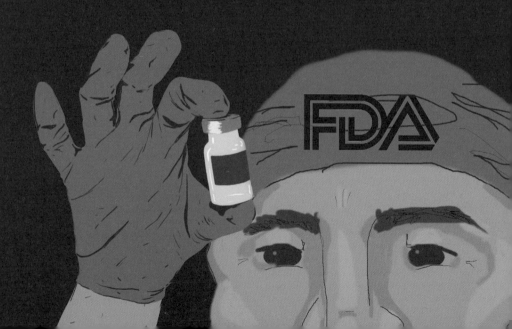

된 1차 평가지표를 넣도록 요구하고 있다. 그렇게 하지 않으면 임상시험 이후의 결과를 자의적으로 해석할 수 있다는 판단에서다. 아울러 톱라인 (top line) 데이터 수령 및 임상시험결과보고서를 받으면 유효성 결과를 공시해야 하므로, 이 때만큼은 좀 더 집중해서 해당 내용을 들여다볼 필요가 있다.

〉⦙〈 '모달리티'로 바이오 기업 분류하기 〉⦙〈

지금까지 제약/바이오 기업들의 임상을 둘러싼 뉴스나 공시 해석을 다뤘다면, 이제 '원론적인' 부분을 좀 더 짚어보도록 하자. 사실 제약사나 바이오텍에 대한 개념부터 헷갈려 하는 개인투자자들이 적지 않다. 여기에 헬스케어라는 광범위한 영역의 단어까지 더해지면서 초심자들을 더욱 혼란스럽게 만든다. 각종 미디어에서도 명확한 구분 없이 해당 내용을 기사화하는 경우가 많다.

우선 제약과 바이오의 차이부터 살펴보자. 사전적으로 '제약(pharmaceuti-cals)'은 화학적인 합성물질을 사용해 약물을 개발하고 생산하는데 초점을 맞춘다. 주로 복제의약품(generic, 제네릭, 56쪽 각주)을 생산하는 전통적인 의미의 국내 제약사들이 여기에 해당된다. '바이오'의 경우 DNA, 단백질, 세포 등의 생명체 관련 기술(biotechnology)을 활용해 제품 및 서비스 등 부가가치를 만들어내는 사업을 통칭한다. 이 밖에 의료장비, 진단키트, 미용, 전자약 등을 포함한 의료기기 영역이 있다.

미디어에서 제약과 바이오 양쪽을 기사화하는 주제는 조금씩 다르다. 제약사의 경우 매출 1조 원 클럽, 영업이익 순위, 광고 등 판관비 액수 등의 내용이 포함된 헤드라인을 자주 볼 수 있다. 기본적으로 돈을 버는 회사인 만큼 주주배당 등과 같은 사항도 주요 이슈가 된다. 주가도 이와 연동될 가능성이 높다. 의료기기 업체 역시 실적을 내는지가 중요하다는 점에서 밸류에이션 척도는 제약사와 비슷하다고 하겠다.

하지만 바이오 기업은 당장 버는 돈이 없는 경우가 많다. 운영자금은 대부분 임상 등 R&D에 투자하는 만큼 적자 회사가 대부분이다. 상장 폐지에 처할 정도가 아니라면 이들의 영업손실이 얼마인지는 그닥 뉴스거리가 되지 않는다. 대신 R&D에 필요한 돈을 외부에서 조달해야 하기 때문에 유상증자, 전환사채(CB) 발행 등의 사안이 투자자들의 관전 포인트가 되는데, 상장사일수록 특히 그렇다.

물론 R&D 측면에서 제약사와 바이오텍의 경계선은 모호해지고 있다. 바이오텍 못지않게 신약개발이나 기술이전 등에 주력하거나 아예 바이오텍을 설립하는 제약사들이 적지 않기 때문이다. 히알루론산 필러, 보툴리눔을 활용한 바이오의약품을 개발하는 의료기기 회사를 바이오 기업으로 부르지 않을 이유가 없다. 합성신약 기반의 뇌전증 치료제를 만든 SK바이오팜은 제약사가 아닌 바이오 기업에 가깝다.

투자자 관점에서 보면 일정 수준의 '범주화(categorization)'가 필요해 보인다. 특히 각종 테마에 휘둘리기 급급한 국내 주식시장에서는 더욱 그렇다. 한창 시장이 호황일 때는 IT회사가 사업목적에 신약개발을 추가해서 바이오 기업인 양 행세하는 경우도 있었다. 인공지능(AI)과 전혀 관련이 없는 회사인데도 이를 내세워 투자자의 주목을 끌려고 하는 의료기기 업체도 등장했다.

하지만 아무리 신규 사업을 추가한다고 해도 기본적으로 회사 고유의 정체성이란 게 있다. 셀트리온이 신약개발에 나선다고 해도 지금 당장의 본체는 바이오시밀러(145쪽 각주)인 것이다. 이를 구별하는 것은 결국 투자자의 몫이다.

한편, 거래소조차 제약과 바이오 그리고 의료기기 회사에 대한 영역 구분에 어려움을 겪는다. '코스닥150 헬스케어', 'KRX 바이오 K-뉴딜' 같은 지수(index)의 구성 종목을 보면 제약사, 바이오 기업, 의료기기 회사들이 뒤섞여 있는데다 기준도 명확하지 않다. 해당 지수를 통해 국내 바이오 기업 또는 의료기기 회사들의 주가 흐름을 파악하기란 쉽지 않다는 얘기다.

2023년 5월 헬스케어 지수에 편입된 에이치엘비만 해도 그전까지 거래소 내 업종 분류는 '기타 운송장비 제조업'이었다. 조 단위 시가총액의 바이오 기업이 정작 헬스케어 지수에서는 빠져있었던 셈이다. 당시만 해도 에이치엘비 매출 대부분이 선박 부문에서 발생했던 것과 무관치 않다.

헬스케어 산업을 제약, 바이오, 의료기기로 크게 나눠 좀 더 세부적인 범주화 작업을 해보자. 의료기기 업체들을 체외진단, 디지털헬스케어, 임플란트 등으로 나눌 수 있듯이 바이오 기업 역시 하위 그루핑(grouping)이 가능하다. 여기서 사용하는 대표적인 개념이 모달리티(modality)다. 신약개발사의 경우 표적 물질을 어떤 방법으로 공략할 것인가, 즉 '치료 접근법' 정도로 모달리티를 이해하면 되겠다(29쪽). 미디어에서는 '작용 기전'으로 표현하기도 한다.

예를 들어 특정 바이오 기업의 파이프라인이 어떤 모달리티를 갖고 있느냐에 따라 합성의약품(small molecule)을 포함해 항체의약품(antibody), 유전자 치료제(gene therapy), 세포 치료제(cell therapy) 등으로 나눌 수 있다.

이를 정하는 기준은 바이오 기업 IR 측면에서도 굉장히 중요하다. 키메라 항원수용체 T세포(CAR-T)처럼 유전자 치료제인지 세포 치료제인지 딱 잘라서 말하기 애매한 영역도 있지만, 대체로 한두 가지의 대표 기술력을 바탕으로 모달리티가 정의된다.

　보유 파이프라인별로 복수의 모달리티를 강조하는 회사들도 있다. 만약 그렇다면 R&D의 핵심 역량 없이 이것저것 다 하겠다고 선언하고 있는 것은 아닌지, 혹은 진정성을 갖고 파이프라인 다각화를 꾀하는 것인지 그 의도를 면밀히 따져봐야 한다. 자금여력이 풍부한 해외 빅파마라면 모를까 설립한 지 몇 년 되지도 않은 바이오 기업이 합성신약, 항체, 세포 치료제 분야 등에 모두 도전하고 있다는 걸 긍정적으로 보긴 어렵다.

　기술이 진화하면서 새로운 모달리티도 끊임없이 개발되고 있다. 항암제만 해도 화학요법, 표적항암제, 면역항암제 등에 이어 대사항암제라는 기술까지 등장했다. 투자자들은 신규 모달리티에 열광하고 언론은 이에 발맞춰 자극적인 표현을 아끼지 않는다. '세계 최초', '블록버스터 신약' 같은 용어들이 상투적으로 쓰인다. 임상으로 검증이 이뤄지지 않은 상태인데도 기존에 없었던 기술이라는 이유만으로 더 혁신적이고 우위에 있다는 식의 논조다.

　한 바이오 업계 관계자는 "합성신약을 연구하는 회사가 세포·유전자 치료 또는 마이크로바이옴 기반 신약개발사보다 기술이 덜 혁신적이기 때문에 투자가치도 떨어진다는 시각은 편협하다"며 "국내 업체만 보더라도 기술이전이 이뤄진 파이프라인의 모달리티를 살펴보면 합성신약 분야가 여전히 압도적으로 많다"고 말한다. 글로벌 제약사 얀센에 기술수출이 이뤄진 이후 비소세포폐암 치료제로 주목을 받고 있는 유한양행의 렉라자 역시 합성신약 기반의 표적항암제로 분류된다.

　개량신약(best in class)과 혁신신약(first in class)을 언급할 때도 마찬가지다. 개량신약은 오리지널 의약품과 성분·약효가 모두 동일한 제네릭과 달리, 제형이나 용법·용량 등을 개선한 의약품을 말한다. 복제의약품(제네릭)과

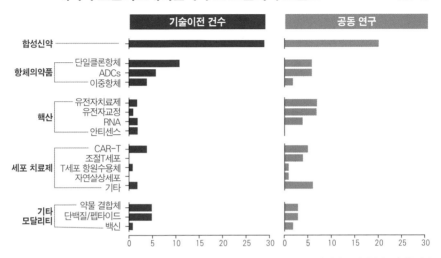

⊃⊂ 제약사 오픈이노베이션의 주요 모달리티 트렌드

단위 : 건

* 자료 참조 : 바이오센추리(biocentury). 2022년 3분기부터 2023년 2분기까지 글로벌 상위 21개 제약사들의 기술이전 및 공동연구 거래를 바탕으로 작성. 거래 건수는 중복 모달리티를 반영한 수치.

합성신약이 유전자 치료제나 세포 치료제에 비해 유행에 뒤쳐진 모달리티가 아니냐는 주장이 제기되곤 하지만, 실제로 기술이전 등 사업개발 성과나 공동 연구 등을 봐도 합성신약 기반 치료제가 여전히 비교우위를 나타내고 있다.

⊃⊂ 10대 글로벌 제약사 파이프라인 분석(모달리티)

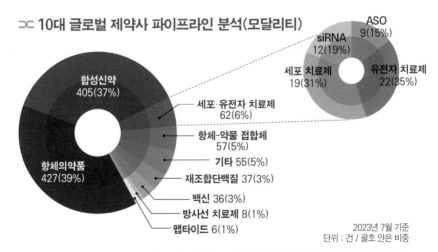

2023년 7월 기준
단위 : 건 / 괄호 안은 비중

글로벌 10대 제약사의 파이프라인을 모달리티별로 구분한 결과, 항체의약품과 합성신약이 가장 많은 비중을 차지하고 있다. 이어 세포·유전자 치료제(CGT), ADC(항체-약물 접합체), 재조합단백질(recombinant protein), 백신 등이 포진해 있다.

자료 : 국가신약개발사업단(KDDF)

함께 국내 제약 산업을 이끌어온 주역이지만 기존에 없던 계열 내 최초 신약(혁신신약)과 비교하면 저평가를 받는다. 국가신약개발재단(KDDF)은 개량신약이나 바이오시밀러에 대해선 자금 지원을 하지 않고 있다. 언론 노출 사례만 보더라도 일부 제약사들이 개량신약 도전을 언급할 뿐 바이오 기업 대부분은 혁신신약만을 강조하고 있다.

혁신신약의 경우 시장에서의 선점 효과와 함께 상당기간 독점적 지위를 누릴 수 있지만 개발 자체가 쉽지 않다. 따라서 혁신신약에 비해 임상 기간이 짧고 R&D 비용이 적게 들어가는 개량신약이 차선책이 될 수 있다. 특허기간 내 출시가 불가능한 제네릭과 달리 오리지널 의약품의 특허를 회피하는 것도 가능하다. 바이오 기업 입장에선 선택 사항일 뿐 어느 쪽이 더 낫다의 문제는 아니라는 얘기다.

글로벌 빅파마 BMS의 '옵디보'가 면역항암제 시장의 포문을 열었지만 머크의 '키트루다', 로슈(Roche)의 '티쎈트릭' 등이 후발주자로서 존재감을 발휘해 왔다는 점에 주목할 필요가 있다. EGFR 변이 비소세포폐암을 타깃으로 하는 유한양행의 '렉라자' 역시 '베스트 인 클래스(best in class) 신약개발 전략'*을 취하고 있다.

그렇다면 특정 모달리티 또는 특정 표적을 제어하는 치료제 개발에 실패했을 때 이와 같거나 비슷한 접근법을 가진 바이오 기업에는 어떤 영향을 미칠까. 해외 경쟁사의 R&D 실패가 마치 엄청난 기회로 작용하는 것처럼 보도하는 기사를 접할 때가 있다. 주가 측면에서 국내 바이오 기업에 대단한 '호재'인 것처럼 자극적인 제목을 내세운다.

---

* 같은 치료기전을 가진 치료제 중에 가장 우수한 효과를 보이는 신약개발에 초점을 맞추는 방식. 후발주자라는 핸디캡이 있긴 하지만 아예 경쟁 약이 없는 '퍼스트 인 클래스(first in class) 신약'을 만드는 것에 비해 R&D 부담이 덜함.

이에 대해 박동영 DSC인베스트먼트 심사역은 "경쟁사가 실패했다면 유사 기술을 보유한 회사들은 어떤 전략을 가져가야 할지에 대한 분석이 필요할 것"이라며 "단순히 남의 실패는 나의 기쁨이라는 식의 접근은 옳지 않다"고 했다. 글로벌 제약사인 노바티스(Novatis)가 항TGF-β 신약개발을 중단했다고 해서 같은 영역에서 경쟁 중인 국내 바이오 기업의 시장가치가 올라가진 않는다는 얘기다.

그 반대의 경우도 마찬가지다. 인터루킨2(IL-2) 기반 면역항암제 개발사인 넥타 테라퓨틱스(Nektar Therapeutics)가 2022년 흑색종 환자 대상 임상 3상에서 실패했을 때다. 일부 언론에서 국내 IL-2 관련 바이오 기업들이 같은 기술을 연구 중이라는 이유로 이들에 대한 밸류에이션 기대치를 낮췄지만 꼭 그렇게 볼 것만은 아니라는 얘기다.

김선진 코오롱생명과학 대표는 "완벽한 복제품이 아니라면 치료제의 분자생물학적인 구조나 생화학적 물성의 차이가 있기 마련"이라며 "선행주자의 실패가 성공 가능성을 떨어뜨릴 수는 있어도 얼마든지 기회는 있다"고 설명했다.

＞◯◯◁ '질환' 중심으로 바이오 기업을 나눈다면 ＞◯◯◁

바이오 기업은 적응증(indication), 즉 어떤 질환을 타깃으로 하는 치료제를 만드느냐에 따라 구분되기도 한다. 항암, 희귀질환, 자가면역질환, 뇌질환, 호흡기질환 등 다양하다. 항암 분야 안에서도 각 회사가 목표로 삼는 세부 암종이 추가로 나뉜다.

보통 임상개발 측면에서 가장 앞서있는 파이프라인의 적응증이 메인 타깃이라고 보면 된다. 회사 홈페이지에 들어가보면 보유 파이프라인의 임상 현황 및 적응증을 각각 확인할 수 있다. 일부 전문가들은 혁신 기술 또는 FDA 승인 여부를 따지는 모달리티보다 질환 중심의 회사 분류가 좀 더 '환자중심적'이라는 점에서 의미를 부여하기도 한다.

바이오 기업 입장에선 신약물질 발굴에 많은 시간과 비용이 드는 만큼 하나의 파이프라인을 여러 질환에 활용하려고 한다. 즉, 적응증 확대 전략이다. 전립선비대증 치료제로 개발 중이던 프로페시아(Propecia)가 머리카락이 자라나는 효과를 보여 탈모약으로 변신한 것처럼 의외의 소득을 가져오기도 한다. 협심증과 고혈압 치료제로 등장한 비아그라가 대표적인 발기부전 치료제가 된 것도 비슷한 맥락이다. 2015년 3월 흑색종 치료제로

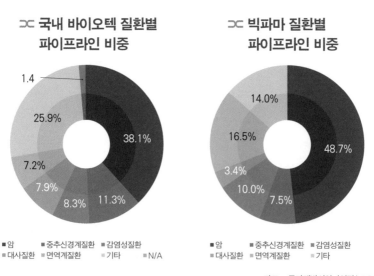

자료 : 국가개발신약사업단(KDDF)

바이오 기업들이 타깃으로 하는 적응증은 유행을 탄다. 항암제 분야가 여전히 파이프라인 숫자나 시장규모 면에서 압도적이긴 하지만, 2020년 코로나19 팬데믹을 거치면서 호흡기질환 치료제를 개발하는 업체들이 주목을 받았다. 2021년 알츠하이머 치료제(아두헬름)의 첫 FDA 승인 이후에는 뇌질환 분야가 핫이슈로 떠올랐고, 2023년에는 당뇨와 비만 치료제 등이 세계적인 관심을 끌었다.

최초 도입된 키트루다의 국내 승인 적응증 개수는 20개가 넘는다.

일부 바이오 기업은 적응증 확대라는 목표 아래 성과 없이 임상 계획만을 투자자에게 어필하기도 한다. 결국 주가 올리기가 주목적인 마케팅 전략이지만 자칫 시장 전체의 신뢰 하락으로 이어질 수 있다. 코로나19 팬데믹 당시 국내 제약사들의 '약물재창출' 행보가 그랬다(294쪽). 기존에 시판 중인 백혈병, 췌장염, 말라리아 의약품 등 온갖 기성 약제들이 코로나19 치료제로 개발될 것이라고 홍보했지만, 제대로 된 성과를 거둔 곳은 없었다.

바이오 기업들이 타깃으로 하는 적응증은 유행을 탄다. 항암제 분야가 여전히 파이프라인 숫자나 시장규모 면에서 압도적이긴 하지만 코로나19 팬데믹을 거치면서 호흡기질환 치료제를 개발하는 업체들이 주목을 받았다. 2021년 알츠하이머 치료제(아두헬름)의 첫 FDA 승인 이후에는 뇌질환 분야가 핫이슈로 떠올랐고 관련 회사들에 우호적인 펀딩으로 이어졌다.

2023년부터는 당뇨와 비만 치료제 등이 세계적인 관심을 끌고 있다. 일라이릴리(Eli Lilly)가 존슨앤존슨(J&J)을 꺾고 제약/바이오 부문 시가총액 1위(2023년 기준)에 오른 것도 이와 무관치 않아 보인다. 유한양행과 설립연도가 비슷한 덴마크의 노보노디스크의 시가총액은 덴마크의 GDP를 넘어선 상태다. 최근 GLP-1(글루카곤 유사 펩타이드-1) 유사체 관련 파이프라인을 내세운 국내 제약/바이오 기업들이 급증한 건 결코 우연이 아닐 것이다.

23 라이선스아웃, 거래금액이 전부는 아니다

2019년은 여러 바이오텍들이 임상 3상에 도전한 해였다. 코오롱티슈진, 신라젠, 에이치엘비, 헬릭스미스, 메지온, 강스템바이오텍 등이 그랬다. 하지만 이들 모두 기대에 미치지 못하는 결과를 냈고, 주가는 폭락했다. "국내 바이오텍의 3상은 무리"라는 인식이 팽배해진 시점이기도 했다.

국내 바이오 기업은 임상을 수행할 능력이 없으니 '기술이전', 즉 라이선스아웃(license-out, L/O)을 우선해야 한다는 의견이 지배적이다. 실제로 별도의 캐시카우가 없는 중소 바이오 기업들은 임상 후기로 갈수록 늘어나는 R&D 비용을 감당하기가 어렵다. 이때 특정 질병에 효과가 있을 것으로 기대되는 신약 후보물질을 직접 개발하기 보다는 타사에 넘기는 전략이 낫다고 판단할 수 있다. 물론 이 역시 거래 상대방과 니즈(needs)가 맞아야 성사될 수 있다. 바이오 기업들이 이구동성으로 기술이전을 외치지만 정작 의미 있는 딜(deal)을 선보인 회사가 많지 않은 이유다.

투자자들도 라이선스아웃에 대한 편견을 버려야 한다. 뉴스 제목에 나오는 거래금액만 보고 함부로 판단하기 보다는 계약금, 마일스톤 등의 조건을 꼼꼼히 따져볼 필요가 있다. 기술반환에 대해서도 '실패'라고 낙인찍기보다는 길고 긴 신약개발 과정의 일부로 받아들이는 자세가 필요하다.

바이오 기업이 돈을 벌 수 있는 창구

라이선스아웃은 기업의 R&D 역량과 거래 파트너와의 협상력을 집대성한 결과물이다. 기술이전 회사는 기술도입 회사로부터 계약금, 임상개발 단계 및 허가 마일스톤, 별도의 판매 로열티 등을 받게 된다. 선급금(upfront)으로 불리는 계약금은 계약과 동시에 받는 금액으로 보통 반환의무가 없다고 계약서에 명시된다. 마일스톤(milestone)은 향후 약물의 개발 단계(전임상, 1상, 2상, 3상) 또는 규제기관 허가 결과에 따라 책정되는 옵션이다. 여기에 최종 제품화 이후 매출 실적에 따라 받을 수 있는 돈이 판매 로열티다.

이런 점에서 라이선스아웃은 바이오 기업이 돈을 벌 수 있는 몇 안 되는 창구이기도 하다. 특히 빅파마와 글로벌 라이선스아웃이 이뤄지면 상당한 수준의 계약금과 마일스톤을 기대할 수 있다. 2022년 초 프랑스의 글로벌 제약사인 사노피에 파킨슨병 치료 후보물질(ABL301)을 넘긴 코스닥 상장사 에이비엘바이오가 그랬다. 거래규모가 최대 10억6,000만 달러(약 1.3조 원), 계약금 900억 원의 빅딜이었다. 회사는 마일스톤 유입액까지 포함해 2022년에 처음으로 연간 흑자를 기록했으며, 2023년 상반기에도 플러스 실적을 달성했다. 시장은 에이비엘바이오가 '돈 버는 바이오'로서의 명성을 계속 이어갈 수 있을지 주목하고 있다.

물론 회계적으로 보면 계약금 등이 모두 에이비엘바이오 매출로 잡힌 건 아니었다. 회사 측은 회계법인의 권고에 따라 계약금을 3년간 분할인식하는 방식을 택했다. 2022년 1분기에 26억 원을 매출로 잡은 후 나머지 874억 원은 매출로 인식될 때까지 계약부채로 분류했다. 그럼에도 에이비엘바이오가 향후 코스닥 상장사로서의 자격을 유지하는 데는 큰 문제가 없어 보인다. 기술특례 상장사의 경우 일정 유예기간이 지나서 달성해야 할 연

매출 요건이 30억 원이다. 한 번의 빅딜로 인한 유동성 확보가 바이오 기업의 지속가능한 경영 관점에서 매우 유의미하다고 볼 수 있다.

비상장 바이오 기업 입장에서 라이선스아웃은 기술특례 상장을 위한 통과의례로 받아들여진다. 거래소가 공식적으로 심사 규정에 포함한 건 아니지만 바이오 기업의 신기술을 판단할 만한 객관적 지표가 될 수 있는 셈이다. 별다른 성과도 없는데 경영진의 장밋빛 전망만 가지고 상업성을 따지긴 어렵기 때문이다.

브릿지바이오의 경우 기술특례 상장을 위한 기술성 평가에서 두 번이나 고배를 마신 경험이 있다. 하지만 2019년 7월 베링거인겔하임(Boehringer Ingelheim)과 특발성 폐섬유증 신약 후보물질에 대한 최대 11억 유로(1조4,600억 원) 규모의 라이선스아웃 계약을 체결했다. 이후 두 달도 안 돼 회사는 세 번째 기술성 평가를 통과할 수 있었다.

IPO를 앞둔 바이오 기업들의 부담은 무리한 라이선스아웃 전략으로 이어지기도 한다. 굳이 기술이전을 해야 하는 상황이 아닌데도 '울며 겨자 먹기'식의 라이선스아웃을 수행한다. '기술이전을 위한 기술이전'인 셈이다. 일부 바이오 기업은 해외 빅파마와의 기술이전 대신 해외 자회사를 만들고 여기에 기술을 넘기는 거래를 단행하는 꼼수를 부린다.

투자자로선 라이선스아웃에 대해 '옥석'을 가릴 수 있는 안목을 길러야 한다. 기술이전을 했다는 이유만으로 묻지도 따지지도 말고 매수 버튼을 눌러선 곤란하다. 거래소에서도 기술이전에 대한 공시 가이드라인을 내놓은 만큼 관련 내용을 꼼꼼히 따져봐야만 한다.

))◗◀《 라이선스아웃 옥석가리기 》◀◗◀((

바이오 기업들이 공시하는 기술이전 내역을 좀 더 세부적으로 살펴보자. 기술이전(도입) 계약은 대부분 신약개발, 품목허가 등의 성공을 조건으로 하는 조건부 계약의 형태를 띠고 있다. 거래소는 투자자의 혼란을 막기 위해 판매 로열티를 제외한 계약금액(계약금 + 허가 마일스톤 + 판매 마일스톤)과 그 상세 내역을 최대한 공개하는 것을 원칙으로 하고 있다.

하지만 뉴스 제목에서 전체 딜 사이즈만을 강조하는 사례가 자주 발견된다. 막상 뜯어보면 초기 개발 단계에서는 의미가 없는 판매 마일스톤과 로열티 등을 넣어 전체 계약규모를 부풀린 것인데도 말이다. 이 때문에 투자자들은 상장 바이오 기업들의 기술이전 관련 뉴스를 볼 때 공시 내용을 '이중 체크'할 필요가 있다.

전체 거래규모가 조 단위라고 해도 '기술반환'되는 사례가 적지 않다는 점을 고려하면 계약금이나 단기 마일스톤이 더 중요할 수 있다. 말 그대로 거래와 함께 회사로 유입되는 현금이라는 점에서 해당 약물의 현재가치를 따져볼 수 있는 핵심 지표로 분류된다.

계약금이 많다는 얘기는 그만큼 파트너 기업이 현재 해당 기술에 대해 높은 금액을 책정하고 있음을 의미한다. 물론 계약금 반환 조건이나 실제 수령 여부 등도 확인해야 한다. 2015년 11월 사노피와의 빅딜 당시 한미약품이 받은 계약금은 4억 유로에 달했다. 나중에 절반가량을 반환한 점을 감안해도 국내 제약/바이오 기업이 받은 기술이전 계약금 중에서는 여전히 가장 큰 규모다.

계약금 액수가 전체 거래규모에서 어느 정도의 비중을 차지하는 지도 관전 포인트다. 일반적으로 승인 기대감이 높은 약물일수록, 임상 단계가 후

✂ 2023년 국내 제약/바이오 주요 기술이전 현황

(단위 : 원, 자회사 대상 기술이전 등 제외)

구분	회사명	계약 상대	파이프라인	계약 규모
1월	이수앱지스	알팜(러시아)	면역항암제 'ISU-106'	비공개
	진코어	비공개	유전자가위기술 'TaRGET'	4,348억
	HK이노엔	유로파마(브라질)	항궤양제 '케이캡'	비공개
	대웅제약	CS파마슈티컬(중국)	특발성폐섬유증 치료제	4,128억
2월	큐리언트	TB얼라이언스(국제기구)	결핵 치료제(텔라세벡)	비공개
3월	차바이오텍	아스텔라스 재생의학센터(일본)	망막세포상피 및 배아 세포	430억
	온코닉테라퓨틱스	리브존(중국)	항궤양제 '자스타프라잔'	1,600억
	바이오오케스트라	비공개	고분자 기반 약물전달체 기술	1조1,050억
4월	대웅제약	비탈리바이오(미국)	자가면역질환 치료제	6,391억
	카이노스메드	장수아이디(중국)	에이즈 치료제(KM-023)	로열티 수령
5월	이뮤노포지	비공개	비공개	비공개
8월	SK바이오팜	히크마(중동)	세노바메이트	250억
10월	지아이이노베이션	마루호(일본)	알레르기 치료제 'GI-301'	2,980억
11월	종근당	노바티스(스위스)	샤르코-마리-투스병 CMT	1조7,000억
	오름테라퓨틱	BMS(미국)	GSPT1 단백질분해제	2,340억
12월	피노바이오	컨쥬게이트바이오(미국)	ADC플랫폼	3,250억
	레고켐바이오	얀센(미국)	LCB 884	2조2,000억

⋈ K-바이오 연간 기술이전 규모 추이

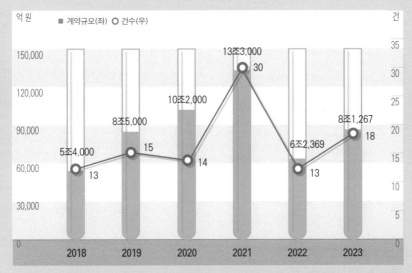

억 원 ■ 계약규모(좌) ○ 건수(우) 건

2023년 국내 제약/바이오 기업이 달성한 라이선스아웃 총액은 8조1,267억 원으로 6조 원이 넘었던 2022년과 비교하면 2조 원 이상 늘어난 것으로 집계됐다. 계약규모 등을 비공개한 사례까지 포함하면 이보다 훨씬 클 것이라는 분석이다. 기존 바이오텍 외에도 대웅제약, 종근당, HK이노엔 등 제약사들의 기술이전 성과가 눈에 띈다.

⋈ 라이선스아웃 수익 구조

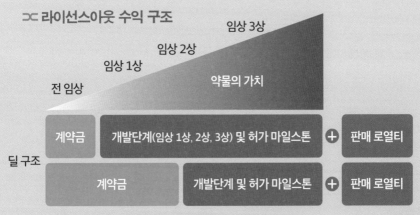

계약금이 많다는 얘기는 그만큼 파트너 기업이 현재 해당 기술에 대해 높은 금액을 책정하고 있음을 의미한다. 계약금 액수가 전체 거래 금액에서 어느 정도의 비중을 차지하는 지도 관전 포인트다. 일반적으로 승인 기대감이 높은 약물일수록, 임상 단계가 후기로 갈수록(그만큼 개발비가 투입되기 때문에) 전체 계약규모 대비 계약금 비율이 올라간다.

자료 : 바이오스펙데이터

기로 갈수록(그만큼 개발비가 투입되기 때문에) 전체 거래규모 대비 계약금 비율이 올라간다. 해당 기술을 도입하는 거래 상대방 입장에선 그만큼 더 많은 리스크를 부담했다는 의미다. 반대로 초기 발굴 또는 전임상 단계 약물의 경우 신약개발 불확실성이 커지는 만큼 계약금 비중이 낮아지기 마련이다.

국내 바이오 기업들의 기술이전 거래규모 대비 계약금 비중(%)은 대체로 한 자리 수인 경우가 많다. 에이비엘바이오-사노피 딜만 해도 7% 정도였다. 보통 빅딜로 평가받는 해외 업체 간 기술이전 거래에서 계약금 비중이 두 자리 수를 넘는 것과 차이가 있다. 상황이 그렇다보니 계약금이 몇 십억 원에 그치는 경우도 흔하다. 사실 그 정도 수준으로는 상장을 위한 매출액 요건을 맞추기도 쉽지 않다. 심지어 계약금을 현금이 아닌 주식으로 받는 사례도 있다. 향후 거래 상대가 IPO에 성공할 경우 자본이득(capital gain)을 얻을 수 있지만 진정성 있는 딜로 받아들이긴 힘들다.

기술이전 관련 세부 거래 내역이 '비공개'인 점은 이와 무관치 않아 보인다. 기술수출 낭보에도 계약금이나 마일스톤 등을 확인하기 어렵다면 기업가치 개선 요인으로 받아들일 수 있을까. 계약금과 단기마일스톤을 합친 숫자를 애매하게 밝히는 경우도 많다. 해당 바이오 기업 입장에선 거래 상대방과 맺은 비밀 보장 조항 때문에 어쩔 수 없다는 점을 강조한다.

하지만 계약금 액수가 작기 때문에 이를 의도적으로 숨기려는 것일 수도 있다(바이오 기업이 숨기는 건지 도입 쪽에서 감추고 싶은 건지도 확인이 필요하다. 가령 도입을 많이 하는 기업 입장에서는 도입 금액이 알려져서 협상력을 잃는 사례도 있기 때문이다).

보도자료나 공시 등을 통해 기술이전을 알린 바이오 기업이라면 계약금 정도는 공개하는 것이 바람직하다. 계약금이 '컨피덴셜(confidential, 기밀성)'한 정보라면 처음부터 거래 전체에 대해 보안을 유지하는 방향으로 갔어야 한다. 이는 경영 투명성과 연관되는 문제이기도 하다. 회사가 계약금의

'undisclosed'(대외비)를 고수하면 어쩔 수 없지만 그럼에도 공개하는 업체에 대해선 차별화가 필요하다. 특히 기술이전 결과를 해당 기업에 대한 투자지표로 활용하는데도 선결 과제가 된다.

연말만 되면 그해 완료된 바이오 기업들의 기술이전 결과가 언론사 등을 통해 집계되곤 한다. 이때 어떤 회사가 가장 우수한 실적을 기록했는지 판단하기가 쉽지 않다. 거래 대상인 파이프라인에 대한 정성적인 평가와 함께 정량적인 지표가 들어가야 하는데 단순히 거래규모나 건수로만 평가할 경우 단편적인 결과로 이어지기 때문이다. 계약금이나 전체 거래규모 대비 계약금 비중 등이 그나마 정량적인 지표가 된다.

╳▥╳ 기술반환, 꼭 나쁘게만 봐야할까 ╳▥╳

대규모 기술이전을 마치고 계약금을 받았다고 해서 마냥 안심하긴 이르다. 경우에 따라서는 거래 상대방이 기술을 반환하거나 추가적인 임상 진행을 포기할 수도 있다. '규제기관에 의한 연구개발 중단, 품목허가 실패 등이 발생할 경우 계약이 해지될 수 있다'는 조건부 계약 내용이 투자 유의사항으로 공시 상단에 명기되는 이유다. 끝날 때까지 끝난 게 아니라는 얘기다. 기술반환이 자칫 주가 하락으로 이어질 수 있는 만큼 투자자들은 관련 소식에 민감할 수밖에 없다.

코스닥 상장사인 브릿지바이오의 사례가 그랬다. 2019년 7월 베링거인겔하임에 특발성 폐섬유증 치료제(BBT-877)의 전 세계 독점실시권을 기술이전하는 계약을 체결했다. 총 거래규모 1조5,000억 원 가운데 600억 원을 계약금 및 단기마일스톤으로 받는 구조였다. 하지만 2020년 11월 임상 2상 진입을 앞두고 베링거인겔하임 측이 해당 물질의 잠재적 독성을 우려해 브릿지바이오에 권리를 반환했다.

브릿지바이오가 베링거인겔하임에 되돌려줘야 할 계약금이나 중도금은 없었다. 하지만 당시 언론은 기술반환 때문에 바이오 기업으로서의 생명력이 완전히 끝난 것처럼 보도했다. 신약개발 성공률이 10%도 안 되고 기술이전 이후 계약 파기가 흔한 일인데도 실패자로 낙인을 찍는 데 급급했다. 일부에서는 브릿지바이오가 해당 기술이전 덕택에 코스닥 입성까지 했는데 이번 결과로 투자자를 배신한 것 아니냐는 주장을 펴기도 했다.

임상개발 과정에서 기술반환 혹은 협업에 대한 계약파기는 다양한 이유로 인해서 비일비재하게 일어난다. 약물의 효능과 안정성에 문제가 있을 수도 있겠지만, 의약품 업계의 환경 변화나 임상에서의 치료 환경, 가이드라인의 변화에 따른 대응, 비슷한 모달리티를 가진 후보물질의 등장, 거래 상대방의 R&D 전략 변경 등이 계약 해지로 이어지기도 한다. 향후 독점적 지위를 갖기 위해 경쟁사 약물을 일부러 사들인 후 임상개발을 중단하거나 사장시키는 '캐치 앤 킬(catch and kill)' 전략도 거론된다. 이러한 배경만 보면 기술반환이 기술이전한 기업에 일면 불리한 요소로 보일 수 있지만, 계약파기가 곧 임상개발의 중단은 아니다.

현재 브릿지바이오는 반환받은 BBT-877에 대한 끈을 놓지 않고 있다. 2022년 7월에는 BBT-877에 제기됐던 잠재적 독성 우려를 모두 해소하고 FDA로부터 임상 2상 개시를 승인받았다. 2023년 4월에는 임상 2상을 위한 환자 투약도 이뤄졌다. 회사는 기회가 된다면 기술이전 재도전에 나설 계획임을 밝혔다.

기술반환이 아예 전화위복으로 작용하는 사례도 있다. 한미약품은 2023년 7월 말 에페글레나타이드의 비만 치료제 개발을 위한 국내 임상 3상 시험계획을 제출했다. 해당 약물은 원래 2015년 글로벌 기술수출이 이뤄졌지만 이를 가져간 사노피가 경영전략 변경을 이유로 2020년 6월 한미약품 측에 제반 권리를 반환했다. 에페글레나타이드를 당뇨 치료제로 개발할 계획이었던 한미약품은 이를 비만 치료제로 바꿔서 신약 재도전에 나선 상태다. 최근 삭센다, 위고비 등 글로벌 제약사의 GLP-1 계열 비만 치료제가 시장에서 높은 호응을 얻고 있다는 점도 영향을 미쳤다.

이정규 브릿지바이오 대표는 "바이오 기업이 라이선스아웃을 하는 것만으로도 무조건 '홈런'이라고 여겨지던 때가 있었다"며 "하지만 이제는 타석에 들어가서 배트를 휘두르는 행위 자체로 이해해야 한다"고 말했다.

경우에 따라서는 삼진을 당할 수도 있고 안타를 칠 수도 있지만 결국 여러 번 휘둘러봐야 홈런 기회가 생긴다. 휘두르지 않으면 어떤 결실도 이뤄낼 수 없다. 기술반환을 무조건 실패로 치부하기보다는 신약개발 과정의 일부로 받아들여야 한다는 얘기다.

⫸⫷ '라이선스인', 비즈니스 돌파구 ⫸⫷

라이선스인(license-in)은 라이선스아웃과는 정반대의 전략이라고 보면 된다. 자체적으로 후보물질을 발굴하기에는 시간과 비용이 드는 만큼 외부에서 가능성 있는 물질을 도입하는 형태다. 라이선스인, 즉 기술도입은 기존 비즈니스 또는 파이프라인 개발이 한계에 부딪힌 바이오 기업들에게 새로운 활로가 되기도 한다. 회사가 보유현금이 충분하다면 이를 통해 유망 후보물질을 사들일 수 있다는 얘기다.

차세대 항암제 기술로 항체약물접합체(ADC)가 주목을 받으면서 국내 바이오 기업들이 관련 기술을 잇달아 도입한 것이 대표적인 라이선스인 사례다. 셀트리온은 2022년 10월 국내 바이오 기업인 피노바이오의 ADC 링커-페이로드 플랫폼을 활용할 권리를 확보했다. 바이오시밀러가 주력인 셀트리온의 신약개발 도전 가능성에 업계가 주목하는 이유다. 네덜란드 시나픽스(Synaffix)로부터 ADC 기술을 도입한 에이비엘바이오는 이중항체 기반 ADC 개발을 목표로 하고 있다.

라이선스인의 경우 계약금, 마일스톤 등을 지급해야 하지만 직접 회사를 인수하는 것보다 비용 부담을 최소화할 수 있다. 투자자들은 회사가 도입한 파이프라인에 대해 지속적으로 개발을 이어나가는지 지켜봐야 한다. 이때 라이선스아웃과 마찬가지로 도입 비용과 후속 마일스톤 등을 최대한 투명하게 공개해야 한다는 전제가 필요하다.

기술도입 사실만을 언론에 알린 뒤 정작 후속 개발과 관련해선 침묵으로 일관하는 회사들이 적지 않다. 코로나19 팬데믹 당시 치료제와 백신 개발에 나선 국내 제약사와 바이오텍 상당수가 그랬다. 따라서 투자자 입장에서는 라이선스인을 통해 유망 후보물질의 확보나 파이프라인의 다각화를 모색하는 기업들의 진정성을 꼼꼼히 체크해야 한다. 단순히 유행과 대세에 따르기 위해 '보여주기'식으로 신규 파이프라인을 확보하려는 것인지, 혹은 시류에 부응하는 용어들을 전면에 앞세워(buzz word) 충분한 핵심 역량 없이 사업을 전개하는 것인지 따져봐야 한다.

라이선스인은 아예 새로운 비즈니스 모델이 되기도 한다. 과거에는 창업자가 직접 신약 후보물질을 발굴(drug discovery)해 사업화까지 하는 것을 '정석'으로 여겼지만 지금은 꼭 그런 건 아니다. 에이치엘비나 카나리아바이오의 경우 원래 바이오 기업이 아니었지만 해외에서 항암제 후보물질을 도입해 업종 전환으로 이어진 케이스다. 브릿지바이오처럼 '연구(research)

는 하지 않고 개발(development)에만 주력하는' NRDO(no research development only) 모델로 시작한 회사도 있다.

이 때문에 순수 연구에 초점을 맞춘 교수나 과학자보다 사업 역량을 가진 인물이 바이오 기업 CEO로서 더 주목을 받기도 한다. 기술 이전과 도입 등의 실무를 담당하는 사업개발(business develoment) 전문가들의 역할이 갈수록 중요해지는 이유다.

라이선스인과 결이 비슷하면서도 투자자 입장에서 제대로 된 해석이 필요한 부분 중 하나가 '특허 취득'과 관련된 내용이다. 바이오 기업 IR이나 공시에서는 다양한 종류의 특허권 취득을 확인할 수 있다. '물질 특허', '용도 특허', '제형 특허' 등 그 종류도 다양하다. 특허 기술을 상당 기간 배타적으로 사용함으로써 경쟁 회사들의 무임승차를 최소화하겠다는 취지다. 특허 취득은 보통 자율공시로 기타 경영 사항에 기재되는 경우가 많다.

하지만 특허 취득 공시만 보고 무조건 '호재'라고 생각해서 해당 주식을 매입해선 곤란하다. 특허 등록 이후 기술이 상용화되고 실적으로 이어지기까지는 상당한 시간이 소요된다. 해당 회사의 비즈니스와 전혀 무관한 특허 취득으로 투자자들을 현혹하기도 한다. 특허 취득 또는 양수만으로 밸류에이션 상승이라고 판단하긴 어렵다는 얘기다.

세부적으로는 공시 상에 기재된 특허의 주요 내용과 함께 향후 회사 비즈니스와의 연관성을 설명하는 '특허 활용 계획'을 꼼꼼히 살펴봐야 한다. 전문가들은 국내 특허인지 해외 특허인지 여부와 함께 해당 국가 특허로 방어할 수 있는 시장규모, 배타적 독점권 등을 확인해야 한다고 지적한다. 회사로서는 특허 청구항이나 명세서 내용을 그대로 '복붙'하기보다는 '비전공 투자자'들의 눈높이에 맞춰 해당 내용을 보다 상세하게 소개하는 자세가 필요하다.

🧬 오픈이노베이션? 개방형 혁신? 기준이 필요하다 🧬

라이선스아웃이나 라이선스인을 얘기할 때 빠지지 않고 등장하는 용어가 있다. 이른바 '오픈이노베이션(open innovation)'이다. 일부 언론에서 '개방형 혁신'이라는 표현을 쓰기도 하는데, 같은 뜻이다. 신약개발이 독자적으로 이뤄지기 어려운 작업인 만큼 업체 간 협업(콜라보레이션, collaboration)이 필요하다는 취지에서 시작됐다.

하지만 오픈이노베이션의 정확한 기준이 무엇인지, 어떤 회사가 오픈이노베이션을 잘 수행하는 지에 대해선 투자자들이 알 길이 없다. '○○회사가 오픈이노베이션을 잘한다더라' 정도의 평판만 있을 뿐이지 실질적으로 이를 계량화할 수 있는 척도가 없다는 얘기다. 이 때문에 단순히 제약사나 바이오 기업들의 보도자료용 홍보 문구로 전락했다는 지적도 나온다.

국내 주요 제약/바이오 기업의 BD 임원을 대상으로 '오픈이노베이션'의 개념을 물어본 적이 있다. 답은 제각각이었다. 라이선스인/아웃 외에도 바이오텍 지분 매입 등 외부 투자 정도(건수나 자금 투입 규모, 지분율), 외부 투자 이후 IPO 등을 통한 성과 등 다양한 의견이 나왔다. 이 밖에 대학이나 연구소와의 공동연구, 외부 인력 영입 등도 오픈이노베이션으로 분류될 수 있다.

다만 오픈이노베이션을 둘러싸고 제약사와 바이오 기업을 관통하는 공통의 키워드는 필요해 보인다. 일부 바이오 기업은 다양한 외부 투자 포트폴리오로 주목을 받긴 하지만 정작 그 자체를 오픈이노베이션으로 보기에는 무리가 있다. 회사의 주력 R&D 파이프라인과는 아무 상관이 없는 단순 자본이득이 목적인 경우가 대부분이기 때문이다. 기술이전 계약에 앞서 양해각서(MOU)나 텀시트(term sheet)*가 오가는 단계를 오픈이노베이션으로 과도하게 포장하는 사례도 있다.

⊃⊂ 제약/바이오 기업의 4가지 오픈이노베이션

partnering and collaboration : 지식 및 경험 공유, 역량 활용 및 개발 위험 분산 등을 위한 협력	[early R&D] 공동 R&D : 계약건수(MOU, MTA, 최종 계약서), 공동발표 특허/논문/포스터 건수
	[late R&D] 공동 임상 연구 : 계약, 임상 진입/결과, 공동 발표, 논문/포스터 건수
	[시판 후] 공동 마케팅, 공동 프로모션 : 계약, 판매에 따른 배분 수익 산정
	[기타] 조인트 벤처 : 설립 여부, 연구개발 성과, 수익
라이선싱 인/아웃, M&A : 기술 품목의 도입/ 수출 및 자산화	라이선스 인/아웃 : 라이선스 계약 건수, 거래규모(계약금, 개발 마일스톤/로열티, 제품 출시 이후 판매 마일스톤/로열티), 라이선스 품목의 허가/승인 상황
	M&A : 건수, 거래규모(총 금액), 확보품목/기술가치
투자 : 벤처 펀딩 참여	재무적/전략적 투자 : 건수, 확보지분(+가치), IPO 이후 회수투자금
	기업형 벤처캐피털(CVC, corporate venture capital)의 설립 및 기술 기반 바이오텍 투자 : 설립 여부, 투자 건수, 장기적으로 확보한 기술
NRDO 비즈니스 기반 외부 협업	협업 CRO, CMO, 대학과의 서비스 계약 건수

제약/바이오 업계의 오픈이노베이션(개방형 혁신)을 딱 잘라서 정의하긴 어렵다. 제약사와 바이오텍이 처한 각각의 상황에 따라 의미가 달라지기 때문이다. 한미약품의 경우 partnering and collaboration(공동으로 진행되는 연구 및 임상, 의약품 판매 등이 여기에 해당), 기술이전 및 M&A, 투자(지분 매입 후 IPO 등으로 회수), NRDO 기반 외부 협업 등 크게 4가지로 오픈이노베이션을 나누고 있다.

---

* 투자가 진행될 때 투자자가 투자하려는 회사에 제공하는 투자계약의 조건을 담은 서류

24

임상 실패를
밝힐 용기가 있는가

국내 바이오 기업이 상장을 앞두고 통과의례처럼 거치는 행사가 있다. 기자간담회. 비상장사의 공식적인 IR 행사라고 할 수 있겠다. 보통 여의도의 대형 중식당을 활용하곤 한다. 증권부 기자들이 IPO 기업들을 대부분 담당하는 만큼 이들의 접근성을 고려한 것일 게다.

기자간담회 순서는 의외로 간단하다. 대표이사를 포함한 회사 C-레벨 소개 이후 대표이사가 나와서 회사 개요 및 IPO 이후의 R&D 계획 등을 발표한다. CEO가 목에 핏대를 세워가며 회사가 보유한 신약개발 파이프라인 또는 플랫폼 기술을 어필하지만 상당수 기자들은 시큰둥하다. 내용이 어려우니 질문 자체도 별로 나올 게 없다.

그나마 책상 위에 가지런히 정리된 보도자료가 있으니 기사를 쓰는 데는 문제가 없다. 제목, 도입 글부터 마지막 문장까지 기사 형식을 취한 만큼 기자들 입장에선 그대로 정리만 하면 된다. 너무 똑같으면 곤란하니 예의상 문장 일부를 고치는 정도로 마무리한다. 기사 대부분은 상장 이후에도 우상향의 기업가치를 보일 것이라는 장밋빛 전망으로 채워진다.

〉⬤〈 바이오 기업에 맞는 IR이란 〉⬤〈

필자가 제약/바이오부 취재기자 시절을 떠올린 비상장 바이오 기업 IPO 기자간담회의 풍경이다. 후배 기자들 얘기를 들어보면 지금도 크게 다르지 않아 보인다. 코로나19 팬데믹을 거치면서 아예 유튜브 라이브 등으로 IR(investor relation, 기업설명회)을 진행하는 회사들도 늘어났다. 물론 대표이사가 회사를 소개하고 질의응답으로 이어지는 기존의 방식에서 크게 벗어나지 않는다. 회사로서는 기관 수요예측을 앞두고 기업가치를 잘 부각시키는 우호적(?) 기사들이 최대한 많이 나오길 바랄 뿐이다. 그래야 공모가격을 높일 수 있기 때문이다.

문과 출신인 기자가 바이오 기업들의 IPO 기자간담회에 갈 때마다 느끼는 건 발표 내용을 이해하기가 정말로 어렵다는 점이다. 기자 가운데 일부 생명과학 전공자들이 있지만 이들 역시 회사가 말하는 R&D 영역의 '신기술'을 리뷰하는데 한계가 있다. 반면, 해당 회사 CEO는 이를 쉽게 설명하려 하지 않는다. 오히려 더 전문적인 용어를 섞어가며 허세를 부려야만 자사의 기술력을 제대로 어필했다고 생각하는 이들도 있는 듯 하다(특히 교수 출신 CEO 가운데 그런 경우가 많다). 난해한 회사 IR 자료를 볼 때도 마찬가지다.

유럽의약품청(EMA)이 2022년부터 임상시험 결과에 대해 '일반 언어 요약본(plain language summary : PLS)' 발표를 의무화했다는 소식은 시사하는 바가 크다. 비전공자들도 이해하기 쉬운 용어로 기술함으로써 임상시험의 투명성과 환자의 알 권리, 투자자들에 대한 접근성을 개선하겠다는 취지다. 아울러 임상시험에 대한 환자 및 대중의 참여를 촉진하기 위한 정책이기도 하다. 글로벌 제약사 관계자는 "국내에선 아직 명문화된 규정이 없다"며 "다만 바이오 연구 정보에 대한 문해력을 증진시킴으로써 시장과의 신뢰를 쌓아가는 것도 바이오 기업의 역할"이라고 말했다.

기자, 증권사 애널리스트 등 업계의 최전선에서 회사 IR을 접하는 이들의 대부분은 바이오 전공자들이 아니다. 당연히 바이오 기업 측이 강조하는 '전 세계 유일한', '독보적인(?) 기술'을 미리 예습하기도 어렵다. 그렇다고 완전 '바이오 초보자' 대상의 교육용 자료를 만들라는 건 아니지만 적어도 실수요자들의 눈높이를 배려할 필요는 있어 보인다.

이 부분이 해결되지 않다보니 기자들 입장에선 회사 측이 제공한 보도자료 내용을 '있는 그대로' 기사로 옮기는 것이다. 기자간담회 이후 보도되는 기사들의 내용이 천편일률적인 이유다. 기자만의 시각(view)을 바탕으로 기업가치를 재해석해 전달하는 기사(review)를 찾기란 쉽지 않다. 독자 또는 투자자 입장에선 해당 바이오 기업에 대한 '정보 비대칭' 문제를 온전히 체감하는 순간이다.

이 과정에서 '정보 제공자'인 바이오 기업의 R&D 기술은 '과대 포장'되기 일쑤다. 일부 바이오 기업 CEO는 자사 신약으로 마치 다수의 질환을 모두 해결할 수 있는 것처럼 강조한다. 근거가 명확하지 않는 주장들이라는 점에서 이들은 옛날 저잣거리 '약장수'처럼 보일 때가 많다. 신약 파이프라인의 개수가 많다는 점을 단순히 '보여주기'식으로 자랑하는 회사도 있다. 모두 경계해야 하는 대상이다. 아직 시장에 알려지지 않은 비상장 바이오 기업일수록 이런 경향이 짙다. 펀딩이 지상 최대의 과제인 이들로선 일단 투자자를 사로잡을 만한 '후크(hook)'가 필요한 것이다. 임상시험 등을 통해 증명하는 건 그 다음의 문제다.

설립 초기 비상장사가 자사 R&D를 소개하는 과정에서 '무리수'를 던진다면 회사 정체성(identity)을 수립하기가 어려워진다. 기자 입장에서 처음 만나는 바이오텍 CEO에게 늘 요청하는 게 있는데, 한문장으로 회사를 표현해 달라는 것이다. 만약 이 부분이 명료하게 정리되지 못하고 난해한 문장들로 채워진다면 회사에 대한 물음표가 사라지지 않게 된다. 초기 기업일수록 여러 개의 칼(파이프라인)보다는 평소 관리를 잘 해놓은 제대로 된 무기 하나가 중요하다. IR 전략 측면에서는 더욱 그러하다.

사실 이러한 부분들을 도와주는 곳이 외부 IR 서비스 업체다. 바이오 기업들이 연구개발에만 집중해 왔던 만큼 전문적인 IR에 익숙하지 않다는 점에서다. 그런데 IR 업체의 업무는 기자간담회 장소를 예약하고, 현장 사진을 찍고, 회사가 써준 보도자료 내용을 있는 그대로 기자들에게 전달하는 데 그칠 뿐이다. 고객사의 R&D 역량에 대한 이해도가 떨어지다 보니 업무 역량 면에서 IR 업체 간 차별화가 이뤄지지 못한다. IR 서비스 업체로선 고객사의 IPO 흥행과 상관없이 수수료만 받으면 그만이다. 시장에서 바이오 영역을 전문으로 취급하는 IR 서비스 업체가 필요하다는 주장이 꾸준히 제기되는 이유다.

〉〉)|||(〈〈 회사의 비전 그리고 환자중심주의 〉〉)|||(〈〈

그동안 바이오 기업들의 IR을 지켜보면서 불편하게 느꼈던 또 다른 지점은 수익화에 대한 접근법이다. 바이오 기업 대부분이 현재는 적자 상태이지만 IPO 이후 몇 년 안에 어떻게 흑자를 낼 것인지 어필하는데 주력한다. 예를 들어 파이프라인을 향후 몇 개로 늘릴 것인지, 글로벌 기술이전을 통해 매출을 얼마나 일으킬 것인지 등에 집중한다. 아무리 IR이 '투자자'를 대상으로 하는 거라지만 환자를 먼저 배려하는, 질병 그 자체에 대한 문제의식은 찾아보기 어렵다.

인간의 질병을 다루는 신약개발을 주요 사업으로 영위하는 바이오 기업의 경우 IR을 일반기업과 다르게 접근할 필요가 있다. 투자자도 중요하지만 약을 필요로 하는 수요자(환자)에 대한 근본적인 관심이 중요하다는 얘기다. 이른바 '환자중심주의'다. 환자 입장에서는 바이오 기업이 수익을 내는지 여부가 중요하지 않다. 이들에게는 제대로 된 치료제 개발이 더 절실하다. 회사가 돈을 벌기에 앞서 어떤 가치관과 미션을 가지고 신약개발에 임하는지를 IR에서 제대로 구현해야 하는 이유다.

해외 제약사들은 어떨까. 이들의 IR 자료에는 'mission' 또는 'vision statement' 등과 같은 회사의 설립취지가 상당수 포함되어 있다. ○○치료제를 만들어 환자를 치료하고 사회에 기여하겠다는 내용이 주를 이룬다. 속내는 수익 창출에 있더라도 이 정도의 어필조차 하지 않는 기업과는 분명 차별화가 된다. 일부 빅파마들이 환자중심주의 심포지엄을 열고 이를 실현할 수 있는 조직 문화를 구성하겠다고 보도자료를 내놓는 것도 같은 맥락이다.

사실 오너가 꿈꾸는 수익실현 시나리오로 IR 자료가 채워지는 건 어쩔 도리가 없다. 하지만 환자 또는 질병 치료에 대한 창업자 또는 CEO의 가치관이 담긴 진정성 있는 문장 또는 코멘트 하나가 좀 더 괜찮은 IR 효과를 낼 수도 있다는 생각이다. 회사가 아무리 좋은 파이프라인과 혁신적인 기술을 갖고 있어도 CEO의 그릇된 판단이 잘못된 결과로 이어지는 경우가 적지 않다. CEO가 어떤 경영 마인드를 가지고 있는지, 직원을 대하는 태도가 어떤지, 사회에 기여하려는 바가 무엇인지 등이 오히려 투자자 입장에서 의사결정을 좌우하는 핵심 요인이 될 수 있다.

인간의 질병을 다루는 신약개발을 주요 사업으로 영위하는
바이오 기업의 경우 IR을 일반기업과 다르게 접근할 필요가 있다.
아무리 IR이 투자자를 대상으로 하는 거라지만 환자를 먼저 배려하는,
질병 그 자체에 대한 문제 인식 등은 찾아보기 어렵다.
투자자도 중요하지만 약을 필요로 하는 수요자(환자)에 대한
근본적인 관심이 중요하다는 얘기다.
이른바 '환자중심주의'다.

〉〉〉〉 IR의 투명도 및 R&D의 타임라인을 주목하라 〈〈〈〈

앞에서는 주로 비상장 바이오 기업들의 IR에 대한 내용을 다뤘다. 그렇다면 시장에 많이 알려진 상장 바이오 기업들의 IR은 어떻게 다를까. 상장사들은 회사 주요 결정에 대한 공시의무도 있고 증권사 애널리스트들의 모니터링 대상이 된다는 점에서 여러 가지로 신경 쓸 부분이 많다. 특히 IR의 목적이 처음부터 끝까지 '주가 관리'에 맞춰져 있다. 주가가 높아야 증자 등 자금 조달이 수월해지기 때문이다. 바이오 기업은 일반 제조기업처럼 매출이나 이익을 내는 경우가 드문 탓에 실적 발표보다는 기존 파이프라인에 대한 임상 진행 등 R&D 현황을 설명하는 것으로 IR을 채운다.

바이오 기업의 주가 변동성이 크다보니 일명 '주담'(주식 담당)이라고 불리는 IR 실무자들은 스트레스가 이만저만이 아니다. 이들의 KPI(key performance indicator, 핵심성과지표)를 주가와 연동시켜 책정하는 바이오 기업도 있다고 한다. 하지만 주가가 떨어졌을 때 이들이 할 수 있는 건 그리 많지 않다. "주주들의 어려움을 잘 알고 있다. 최대한 노력하겠다. 해결책을 찾아보겠다" 정도의 대응이 이들이 할 수 있는 최선이다.

그렇기 때문에 '꼼수'를 부리는 사례도 적지 않다. '대규모 유상증자', '라이선스아웃 계약 파기', '미충족 임상 결과' 등의 공시가 금요일 장 마감(오후 3시)이 지나서 나오는 건 결코 우연이 아니다. 평일 장중에 증자 공시가 이뤄지면 후폭풍은 예상보다 커질 수 있다. 각종 기사들이 쏟아지고 그만큼 주가에도 직접적인 영향을 미친다. 개인, 기관 모두 꺼려질 수밖에 없다. 하지만 금요일 장 마감 이후라면 얘기가 달라진다. 주말이라는 '버퍼'를 가져갈 수 있다. 기자들도 퇴근을 해야 하는 만큼 미디어 노출을 최소화할 수 있다.

기업가치에 악영향을 미칠 만한 내용이지만 공시의무 사항이 없다면 굳이 알리지 않을 때도 많다. 코로나19 팬데믹 당시 국내 제약/바이오 기업들이 보였던 행태가 그랬다. 30곳이 넘는 회사가 약물재창출 또는 외부 파이프라인 도입 등으로 백신이나 치료제 개발에 도전했다. 당국에서도 패스트트랙 등으로 임상 승인을 둘러싼 지원을 아끼지 않던 상황이었다.

하지만 결과적으로 백신 또는 치료제 개발에 성공한 회사는 셀트리온과 SK바이오사이언스 등 일부에 그쳤다. 대부분은 환자 모집조차 못하거나 임상을 진행하더라도 원하는 결과를 얻는데 실패했다. 무엇보다 이 같은 실패 내용을 IR을 통해 공개하기는커녕 어떻게든 숨기기에 급급했다. 백신과 치료제 개발에 착수할 당시 보도자료 등을 통해 주가 올리기에 혈안이었던 상황과 크게 대비됐다.

회사 입장에서는 당장의 주가 하락을 우려했을 것이다. 하지만 IR에서 중요한 건 '악재'도 당당히 알릴 수 있는 자신감이다. 솔직하게 있는 그대로의 정보를 공개하는 것이 궁극적으로 투자자들의 신뢰를 얻어낼 수 있다. 이는 장기적인 밸류에이션 제고에도 긍정적으로 작용한다. 조인수 사노피 의학부 이사는 "커뮤니케이션의 투명성은 최첨단 사이언스를 다루는 분야에서 과학 이상의 중요한 역량"이라고 강조한다. 100% 공감한다.

요즘 'ESG'가 기업가치 판단의 척도로 운영되곤 하는데, 여기에 추가해야 할 한 가지가 더 있다면 단연 T(transparency, 투명성)가 아닐까 싶다. 최근 거래소가 코스닥 제약/바이오 업종을 위한 포괄공시 가이드라인을 지속적으로 업데이트하는 모습은 의미 있는 변화가 아닐 수 없다.

에이비엘바이오의 사례를 살펴보자. 이중항체 기반으로 신약을 개발하는 회사는 2020년 11월 다국적 제약사 하이파이바이오와 코로나19 치료제 공동개발이 무산됐다고 밝혔다. 임상시험 지연으로 향후 사업성 측면이 우려돼 양사 합의 하에 협상을 종료했다는 설명이다. 회사로서는 보도자료를 내기 전에 주가 하락 등 부담이 적지 않았을 터이다. 여타 회사들처럼 R&D 중단 사실을 외부에 알리지 않을 수도 있었다. 하지만 회사는 선제적으로 해당 내용을 공개함으로써 회사의 이미지 및 IR 투명성을 높이는 계기가 됐다는 평가를 받고 있다.

국내 'NRDO(no research development only) 기업'으로 잘 알려진 브릿지바이오 역시 '자진신고'로 눈길을 끌었다. 2020년 8월 초 진행된 IR에서였다. 경영진은 베링거잉겔하임으로 기술이전된 특발성폐섬유증 파이프라인(BBT-877)이 잠재적 독성 우려로 임상이 지연된다는 사실을 언급했다. 해당 딜이 2019년 국내 바이오 기업이 단행한 최대 규모의 기술이전 거래였다는 점에서 시장의 동요는 상당했다. 결국 2020년 11월 회사는 BBT-877의 기술반환 사실을 공식적으로 밝혔다. 다만 일정 부분 예고된 '악재'였다는 점에서 주가 하락은 예상보다 덜했다.

지놈앤컴퍼니의 경우 2022년 말 면역항암 치료제 후보물질(GEN-001)의 임상중단 소식을 알렸다. 해외 파트너사와 협의를 거쳐 PD-L1 항체 '바벤시오' 병용요법으로 진행 중이던 고형암 대상 임상 1/1b상의 조기종료 사실을 공시했다. 당시 온라인 IR 간담회도 별도로 진행했는데, 회사로선 전략적 판단이라는 시장 평가를 받으며 큰 손실 없이 상황을 마무리할 수 있었다.

사실 임상중단이나 기술반환 등과 같은 이슈에 대해 유독 국내에서 과민하게 반응하는 측면도 없지 않다. 투자자들은 이 같은 사안이 발생하면 마치 당장이라도 회사가 망할 것처럼 받아들인다. 하지만 국내외를 막론하고 신약의 최종 승인 가능성은 10% 미만이다. 임상실패 확률이 높은 게 당연한데도 성공 시나리오에만 베팅하는 건 문제가 있다.

경영진의 횡령이나 배임과 같은 도덕적 해이가 문제라면 모를까 정상적인 과정을 거쳐 R&D를 진행해 나가는 중이라면 좀 더 인내하는 마인드가 투자자에게도 요구된다. 실제로 브릿지바이오는 BBT-877에 대한 독성 문제 해소 이후 2022년 7월 미국 FDA로부터 임상 2상 진행 허가를 받기도 했다.

항암제를 개발하는 에이치엘비의 경우 조금은 다른 방식으로 '악

에이치엘비의 진양곤 회장은 2020년 6월 환매 중단 사태를 빚은 옵티머스자산운용 펀드에 회사 자금 400억 원을 투자한 것에 대해 회사에 피해가 가지 않도록 사재를 출연하겠다고 유튜브 채널을 통해 밝혔다.

재'에 대응해 전화위복으로 이어진 케이스다. 회사는 2020년 당시 환매중단 사태로 논란이 된 옵티머스 펀드에 약 400억 원 가량을 투자한 상태였다. 바이오 기업이 임상에 투입해야 할 자금을 사모펀드를 통해 무리하게 운용한 것 아니냐는 논란이 일었다. 이에 최대주주인 진양곤 에이치엘비 회장이 직접 해당 사실을 밝히는 것과 동시에 회사 손실액에 대해선 사재를 출연하겠다는 입장을 밝혔다. 여론은 펀드 투자를 문제 삼기보다 진 회장의 '책임 경영'을 긍정적으로 받아들였다. 일부 바이오 기업이 고위험자산 투자 사실을 숨기려다 뒤늦게 알려져 비난을 자초한 점과 대비된다.

상장 바이오 기업들이 IR에서 간과하는 또 다른 하나는 R&D를 둘러싼 '타임라인'이다. 해외 바이오 기업과 달리 국내 기업은 보유 파이프라인에 대한 임상개발을 포함한 중·장기 계획을 공개하는데 소극적인 편이다. IR 자료를 보더라도 주로 이미 진행된 임상 결과라든가 특허 등 기술에 대한 우수성을 소개하는데 그치는 사례를 자주 확인할 수 있다. 특히 회사 안에서 연구개발/전략/IR 업무에 대한 소통이 원활하지 않거나 창업자의 일방적인 의사결정에 따른 결과일 때가 많다.

물론 신약개발처럼 장기적인 투자가 필요하고 불확실성이 큰 사업의 경우 미래를 예측하는 데 한계가 있다. 성과 도출이 예상되는 시점 자체를 특정하기 쉽지 않은 만큼 바이오 기업 입장에선 굳이 IR을 통해 이를 공개적으로 약속하기가 꺼려지기 마련이다. 추후 타임라인을 지키지 못하기라도 한다면 투자자들의 집중 포화를 감수해야 하기 때문이다.

그럼에도 불구하고 타임라인의 필요성에 대해선 전반적으로 공감하는 분위기다. 파트너사와의 계약 문제 때문에 제대로 밝히기 어려운 경우를 제외하면 회사의 사업 방향성을 주주들과 일정 부분 공유하는 것이 중요하다는 것이다.

설사 목표 달성에 실패했다고 해도 그때 가서 문제점을 솔직히 설명하고 새로운 목표를 설정하면 된다. 구체적으로 '몇 월'까진 어렵겠지만 '상반기', '하반기'와 같은 대략적인 시점을 공개하는 것만으로도 투자자들의 의사결정에 긍정적으로 작용한다. 물론 투자자들도 중도에 타임라인이 변경되거나 목표가 바뀌는 부분들에 대해서 비난보다는 지켜볼 줄 아는 인내심이 요구된다.

앞서 말한 정보 투명성과 타임라인 제시 등의 근간이 되는 건 결국 투자자와의 꾸준하고 정기적인 소통이다. 단순히 회사 홈페이지에 IR 자료를 공개하는 것만으로는 부족하다. 비용을 들여서 대면(對面) IR설명회를 자주 연다고 해서 주가에 반드시 긍정적인 효과를 가져오는 건 아니다. 하지만 바이오 기업이 정보 비대칭성 해소를 위해 노력하고 있다는 모습을 보여주는 것만으로도 투자자의 신뢰를 쌓아나갈 수 있다.

최근에는 IR을 통해 일반 개인투자자들과 접점을 늘려나가는 바이오 기업들이 적지 않다. 그만큼 보도자료 기사에 의지하지 않고 회사와 직접 소통하겠다는 개인투자자들이 늘고 있다는 방증이 아닐까. 오프라인에 국한

하지 않고 유튜브나 SNS 등 다양한 채널을 활용하는 바이오 기업들이 늘고 있다는 사실도 이와 무관치 않다.

✕〉〉◖ '빅파마'와의 파트너링에 속지마라 ◗〈〈✕

공식적인 IR이 아니더라도 바이오 기업 입장에서 투자자들에게 어필하는 방식은 여러 가지가 있다. 각종 학회 발표나 해외 컨퍼런스 참여는 회사의 R&D 기술력을 알릴 수 있는 좋은 기회다. 익히 알려진 바이오 USA, JP모건 컨퍼런스 외에도 미국임상종양학회(ASCO), 미국암연구학회(AACR), 유럽종양학회(ESMO) 등 매달 1개 이상이 열린다고 보면 된다. 적응증이나 모달리티 별로 진행되는 행사까지 고려하면 훨씬 많아진다.

그 중에서도 매년 1월 미국 샌프란시스코에서 열리는 JP모건 컨퍼런스는 국내 제약/바이오 회사들이 가장 신경을 쓰는 이벤트다. 회사 핵심 기술이나 파이프라인을 전 세계에서 모인 다국적 제약사에 알릴 수 있는 기회다. 공동개발 또는 상업화 파트너까지 다양한 비즈니스 모델을 도출하는 것도 가능하다. 성공적인 딜로 이어질 경우 투자 유치에도 긍정적으로 작용할 수 있다. 회사들이 많게는 수천만 원의 비용을 감수하며 사업개발(BD) 인력을 현지에 보내는 이유다.

특히 이때는 상장 바이오 기업들의 보도자료가 쏟아진다. JP모건 컨퍼런스 참석을 홍보 또는 IR에 적극 활용하기 위해서다. 제목은 대략 'K-바이오, 빅파마와 파트너링 위해 샌프란시스코 출격' 같은 식이다. 파트너링(partnering)은 현지에 모인 빅파마들과의 1:1 미팅 등을 통해 글로벌 네트워크를 강화한다는 취지다. 기사만 보면 마치 엄청난 빅딜을 예고하는 듯 하다.

매년 1월에 개최되는 JP모건 헬스케어 컨퍼런스. 전 세계 제약/바이오 기업들이 사업개발을 논의하기 위해 한자리에 모인다. 하지만 현장에서 발표 기회를 얻는 국내 제약/바이오 회사들은 보통 10곳(메인 트랙 기준)이 안 된다. 투자자로선 메인 트랙 또는 이머징마켓 등에서 실제 발표 기회를 갖는 회사들이 어딘지를 주목할 필요가 있다.

하지만 막상 자료를 세부적으로 뜯어보면 의미 있는 내용을 찾아보긴 어렵다. 빅파마와 협상을 진행한다고 하지만 1:1 미팅 등은 대부분 비공개이기 때문에 진위 여부를 알 수 없다. JP모건 측의 공식 초청장을 받지도 않았는데 마치 주최 측의 부름을 받은 것처럼 포장하기도 한다. 투자자들은 '컨퍼런스 참석이 호재'라는 점을 내세워 주가 상승을 도모하겠다는 바이오 기업들의 꼼수를 경계해야 한다.

JP모건 컨퍼런스의 경우 현장에서 발표 기회를 얻는 국내 제약/바이오 회사들은 보통 10곳(메인 트랙 기준)을 채 넘지 않는다. 투자자로선 메인 트랙 또는 이머징마켓 등에서 실제 발표 기회를 갖는 회사들이 어딘지를 주목할 필요가 있다. 사실 JP모건 컨퍼런스 발표는 전반적으로 회사 소개에 초점이 맞춰져 있다. 최신 임상결과 등을 확인하기 위한 목적이라면 ASCO나 AACR과 같은 학회 행사에서 공개된 논문 초록 등을 확인하는 것이 좀 더 효과적일 수 있다.

최근에는 투자자들도 바이오 기업들의 이 같은 홍보성 전략을 조금씩 눈치 채고 있는 듯하다. 과거에는 JP모건 컨퍼런스 참석 전후로 제약/바이오 상장사들의 주가가 다소 상승하기도 했지만, 단기 이벤트성에 그치는 게 일반적이다. 글로벌 제약사와 파트너링을 한다고 해서 실제 대형 기술이전으로 이어지는 건 아니기 때문이다.

자갈밭에서 옥구슬을 찾는 안목

조인수(사노피, 희귀질환/신경질환 의학부 Medical Head)

바이오는 투자자들에게 매우 흥미롭고 역동적인 산업이다. 코로나19 시국을 지나며 투자심리와는 무관하게 급속한 성장을 이어왔고, 또 앞으로도 멈출 기미를 보이지 않는다. 동시에 바이오는 정보 비대칭으로 가려진 고위험 투자시장이기도 하다.

인류는 팬데믹 시대에 PCR(polymerase chain reaction)이라는 '유전자 증폭 진단 기술'을 경험했다. 또 백신과 치료제의 눈부신 발전도 이뤄냈다. 하지만 시장은 기술의 진화를 제대로 담아내지 못한 듯하다. 신약 파이프라인의 임상결과에 대한 과학적이고 논리적인 접근을 통해 주식시장이 움직이기를 바라는 것은 너무 큰 기대였을까? 바이오 기업들은 창업자의 불확실한 시나리오를 앞세워 자금 조달에 열을 올렸고 벤처캐피털(VC) 등 투자자들은 수익률을 높이기 위해 투자가치를 유지하는 데만 급급했다.

바이오 업계에 종사해온 사람이라면 주변에서 자주 듣는 말이 있다. "의약은 잘 모르니 오르는 바이오 종목 몇 개만 찍어 달라"는 요청 말이다. 이는 마치 스포츠토토를 사기 전에 어떤 축구팀이 승리할지 찍어달라는 저잣거리의 와자지껄한 소음 같다.

사사로운 뉴스에도 주가가 크게 흔들리는 바이오 섹터는 한방을 노리는 개인투자자들에게는 도박장이나 다름없다. 아무리 뛰어난 증시전문가라 해도 어디로 튈지 모르는 럭비공 같은 바이오 시황을 예측하는 건 불가능하다는 푸념이 여기저기서 회자되는 이유다. 불과 몇 년 전까지만 해도 미증유의 치명적인 바이러스로부터 인류를 구하려고 고군분투하던 산업은 온데간데없다.

저자를 알게 된 건 그 즈음이다. 바이오의 혼탁한 미래가 조금도 나아질 것 같지 않던 혼돈의 시기에 우연히 그가 쓴 기사를 읽었다. 바이오텍 CEO의 이력과 전문성이 실제 성과에 미치는 영향을 따져보는 내용이었다. 제약/바이오 섹터에서는 흔치 않게 진정성을 느낄 수 있는 글이었다.

이를 계기로 저자가 쓴 글을 꼼꼼히 찾아 읽으며 SNS로 의견을 나누기 시작했고, 자연스런 만남으로 이어졌다. 우리는 늘 카페에서 커피 한잔을 두고 바이오 산업에 관한 속 깊은 대화를 시간 가는 줄 모르고 나눴다. 바이오텍의 자금 조달 루트와 돈의 사용처, IPO 이후 기업가치의 변화, 기술 이전과 반환의 후일담, 좀비바이오에 이르기까지 다양한 주제들이 오갔다. 그가 쏟아내는 언어는 제약/바이오의 문외한이 들어도 귀가 트일 만큼 쉽고 명료하면서도 인사이트가 넘쳤다. 그의 말과 글을 어딘가에 기록해 두고 필요할 때마다 꺼내 읽고 싶었다. 그가 책을 썼으면 좋겠다는 생각이 든 이유다.

나의 바람이 전해졌던 걸까. 어느 날 그에게서 대용량의 PDF 파일이 담긴 메일이 왔다. 책으로 낼 원고라며 추천사를 부탁하는 내용이었다. 엄청난 부담감이 엄습했지만 그의 말과 글을 나만큼 모니터링해온 사람이 또 있을까 싶어 흔쾌히 허락했다. 원고를 읽는 내내 저자와 나눴던 대화가 떠올랐다. 때론 날카롭게 대립했고, 때론 격하게 공감했던 주제들이 잘 정돈된 텍스트와 이미지가 되어 한 권의 책으로 묶였다.

기자인 그는 궁금한 게 참 많은 사람이다. 항상 취재했고, 이를 바탕으로 글을 썼다. 그의 질문들은 업계 종사자건 투자자건 누구나 궁금해 하는 이슈들이지만 복잡·난해한 제약/바이오의 속성상 질문하는 것조차 쉽지 않은 주제들이다. 바로 그 난제들이 책의 목차가 됐다.

책은 과거(역사)를 통해 미래를 통찰한다. 팬데믹 전후로 불었던 바이오 광풍을 2000년 초 '닷컴버블'과의 평행이론으로 규명한다. 버블은 허무하지만 반드시 나쁜 것만은 아니라는 문장은 시장을 향한 가치관을 확장한다.

"하지만 버블이 항상 나쁘게만 이어지는 건 아니다. 돈의 출처가 어떻든 간에 대규모 투자금 유입은 특정 산업의 기술 혁신에 기여한다. 버블이 없었다면 IT산업에 대한 수많은 관심도 없었을 것이고 결과적으로 네이버나 카카오와 같은 기업도 존재하지 못했을 가능성이 높다. 국내 바이오 산업이 겪은 거품과 그 거품이 붕괴되는 과정 역시 크게 다르지 않다."_ 38쪽

책이 다루고 있는 주제들은 매우 논쟁적이다. 이를테면 바이오 1세대 창업자들의 세대교체에 대해서는 특히 그렇다. 해당 기업마다 매우 민감해하는 부분이지만 짚고 넘어가지 않을 수 없는 사안이다. 저자는 '창업자의 유효기간'이 얼마 남지 않았다고 직설한다. 이어 창업자 중심의 지배구조와 사업 방향이 바이오텍의 기업가치에 심각한 영향을 미칠 수밖에 없는 이유를 낱낱이 설파한다.

책은 시종일관 바이오 업계에 대한 편견이 불러온 오해를 바로잡는 데 방점을 찍는다. 정말로 파이프라인이 많을수록 바이오텍의 투자가치도 커지는지, 비상장 바이오 기업들이 왜 그토록 IPO에 목을 매는지, 버닝레이트를 통해 바이오텍의 증자 시점을 어떻게 예측할 수 있는지, 외부에서 조달한 자금으로 부

동산에 투자하는 건 무조건 비난 받을 일인지, 바이오텍 창업자의 지분 매각이 유독 도덕적 해이로 지탄받는 이유 등등 제약/바이오의 종사자 혹은 투자자라면 제대로 알고 있어야 할 핵심 이슈들을 명쾌하게 풀어낸다.

개인적으로 이 책에서 가장 주목한 챕터는 실패를 먹고도 진화할 수 있는 바이오 업계의 생리를 다룬 6장이다. 저자는 파이프라인 기술이전의 반환을 실패로 낙인찍는 맹목적인 투기성 움직임을 저격한다. 이는 임상개발 실패를 바라보는 관점의 전환이 필요하다는 저자의 메시지이기도 하다.

마침 이 책의 원고를 다 읽은 저녁, 글로벌 제약사 로슈가 실패를 거듭했던 치매 치료제의 개발 여정에 새로운 파이프라인을 도입했다는 소식을 접했다. 이미 간테네루맙과 크레네주맙의 알츠하이머 신약개발에서 실패를 선언했지만 다른 후보물질인 베프라네맙과 세모리네맙의 개발을 포기하지 않았다는 점이 주효했을 것이다.

임상개발이란 그건 것이다. 선행 연구의 실패가 후속 파이프라인에게는 소중한 자산이 되고 새로운 동력을 만든다. 글로벌 혁신신약을 개발하는 과정 역시 마찬가지다. 특정 기업 혹은 특정 모달리티의 실패를 바이오 섹터 전체의 추락으로 이해해선 곤란하다. 이는 곧 저자가 이 책의 전체에서 강조하는 것이기도 하다.

저자가 머리말에서 밝혔듯이 책은 어떤 바이오 종목을 사라고 콕 짚어주지 않는다. 대신 옥석을 가리는 안목을 제시한다. 책을 다 읽은 뒤 바이오텍들을 찬찬히 들여다보자. 그들을 다루고 있는 수많은 기사와 리포트의 행간에서 보이지 않던 정보들이 읽힌다면, 당신은 자갈밭에서 옥구슬을 찾아내는 눈을 갖게 된 것이다.

바이 바이오

초판 1쇄 발행 | 2024년 2월 7일

지은이 | 민경문
펴낸이 | 이원범
기획 · 편집 | 어바웃어북 기획편집실
마케팅 | 안오영
표지 · 본문 디자인 | 강선욱

펴낸곳 | 어바웃어북 aboutabook
출판등록 | 2010년 12월 24일 제2010-000377호
주소 | 서울시 강서구 마곡중앙로 161-8(마곡동, 두산더랜드파크) C동 1002호
전화 | (편집팀) 070-4232-6071 (영업팀) 070-4233-6070
팩스 | 02-335-6078

ISBN | 979-11-92229-35-5 03320